安倍政権時代

空疎な7年8カ月

高野 孟

Hajime Takano

花伝社

はじめに

安倍晋三首相が2020年8月28日、辞任を表明した。一人密かに辞任を決断したのは同月24日、今月2度目の慶應大学病院での診察で持病の悪化を防ぐ術がないことを告げられた後だった。その日は第2次安倍政権が発足してから2799日目で、大叔父＝佐藤栄作の連続在任期間を抜いて歴代トップを記録した日だったというのは、偶然ではない。6月に体調不全が始まって以来、国会は開かず会見は持たず会食も控えるという半ば蟄居生活を送り、体も心も衰えていく中で、おそらくは「長い割にはろくな遺産も残せずに終わるのだとすれば、せめてその長さだけでは歴代最長を達成して去ろう」と思い詰めたのだろう、ようやくこの日にまで辿り着いて、そこで力尽きたのである。

逆に、今になって振り返ると、とにかく長く続けるという以外に、安倍政権には何の目標もなかったのかもしれないとさえ思えてくる。自らに課した最大の課題であったはずの「憲法改正」にしても、96条お試し改憲論から始まって、閣議決定による解釈改憲、9条1項2項温存のまま3項付け加え論など、こちらがダメならあちらはどうかとメニューをコロコロと入れ替えて、何ひとつ成果が上がらなくとも「やってる感」だけは振り撒き続けるというのは、政権を長続きさせるための策略だったのではないか。

「アベノミクス」も「拉致」も「北方領土」もみな同じで、結果が出るまで突き詰めていくと上手くいかなかった場合に責任を追及され辞任を迫られる危険があるから、最後まで行かずに放り出し、横っ飛びするように次のテーマに移って目先を変えてしまう。「女性活躍」「地方創生」「一億総活躍社会」「働き方改革」「人づくり革命」など電通のコピーライターに作らせたとかいうキャッチフレーズが次々に繰り出されたが、そのどれもが何が達成され何が達成されなかったのかの総括もなされぬままに消えていった。それらは単に、政権の無能を国民の目から隠すための煙幕のようなものだったのだろう。

「モリカケ」や「桜を見る会」や「河井夫妻1億5000万円」など数々の金銭疑惑から逃げまくって、世間が忘れてくれるのをひたすら待つかのようであるのも、きちんと事実検証をして説明責任を果たそうとすれば、何度辞任しても足りなくなるからに違いない。

こんな風に、嘘、強弁、言い逃れ、誤魔化し、隠蔽、改竄、目眩し、引き伸ばしのようなことを日々重ねていては、心が病んでいくのは当たり前。彼が難病を抱えているのは気の毒で、少しでもよくなって安穏な余生を過ごせるようになることを願うものではあるけれども、この病を悪化させる最大の原因である精神的なストレスを自分の中に溜め込んできたのは彼自身で、それは、「落ち着きがなく絶えず動き回ってしまう」「思いついたことを突発的に行動に移す」「何かをやり遂げることが苦手」等々の多動症的な性格によるところが大きい。その意味では自業自得とも言える結末である。

こうした安倍政権の特異な性格はすべてそのままコロナ事態への対応にも流れ込んで数々の失態を招き、それが政権失墜へのダメ押しとなった。菅直人政権の3・11対応を、あることないこと言い立てて馬鹿にし民主党政権時代を〝悪夢〟と罵るのが安倍の演説や答弁の決め文句だったが、私の見るところ、安倍政権のコロナ対応はそれを遥かに上回って悪夢的ではないだろうか。

安倍の決め文句はただの印象操作というかデマゴギーにすぎず、それに対して民主党側からは、菅直人自身による『「原発ゼロ」の決意――元総理が語る福島原発事故の真実』（七つ森書館）、当時官房副長官として対処に当たった福山哲郎の『原発危機　官邸からの証言』（ちくま新書）、やはり内閣官房参与だった田坂広志の『官邸から見た原発事故の真実』（光文社新書）など当事者による証言や、いくつかの第三者事故調査委員会による詳細なレポートなどが出ていて、事実に即して検証し教訓を導くことが可能である。コロナ禍についても、一段落した後に安倍自身をはじめ官邸や厚労省の関係者、専門家など周りで働いた人々から、それぞれの立場で捉えた真実が語られるに違いないので、それが出揃うまでは、どちらが悪夢的かという判定は留保しておくことにしよう。

それにしても、最初の段階のダイヤモンド・プリンセス号における対策は、政治家としては橋本岳厚労副大臣と自見英子政務官の不倫コンビが取り仕切り、その直下には医系技官の大坪寛子官房審議官がいて、実際にはこれまた〝コネクティングルーム不倫〟（これ、今年の新語大賞候補ですかね）相手の和泉洋人首相補佐官と連絡を取りながら実務をこなしていた。不倫など個人の勝手とも言えるけれども、この2組のカップルは、人々の命に関わる未曾有の危機を防ぐ最前線の指揮を任されながら公務の場をも利用して愛を確かめ合っていたもので、そのような信じがたいほどの弛緩ぶりが、当時、岩田健太郎神戸大学病院感染症内科教授が告発したように、船内のレッドゾーンとグリーンゾーンを峻別するという最も初歩的なルールさえも徹底されずに船内のスタッフが感染していたという事態に繋がっていた。あるいは、感染なしと判定され下船を許された乗客を横浜港で放してしまい、公共交通機関で帰宅するに任せたり、帰国の途に就いたオーストラリア人が航空機内で陽性反応を示し後に死亡したり、まあ出鱈目と言っていいフォロー体制がとられていた。ここから日本の失敗はすでに約束されていたと言える。

それで焦った官邸官僚が、全国一斉休校措置、アベノマスク配布、各戸30万円でなく各人10万円一律給付など、思いつくままにあれこれの衝動的な「やってる感」演出を乱発し、もう訳がわからなくなってしまった。この辺りから安倍の病状悪化が始まったものと推測される。

次が誰になるにせよ、どん底状態の日本を押し付けられて苦難のスタートとなる。何よりもまず、コロナ対策の立て直しだろう。安倍は「政権投げ出し」批判を避けるために、28日の辞任会見までに新たな対策方針を決定したと胸を張って見せたが、その中身は、「感染拡大防止と社会経済活動の両立」「1日平均20万件の検査能力を確保」「各都道府県で病床や宿泊療養施設を整備」「ワクチンは来年前半までに全国民に提供できる数量を確保」「雇用調整助成金の給付上限1万5000円への引上げを12月末まで延長」（官邸HPより）など、変わり映えしない。PCR検査については、安倍も繰り返し「増やす」と約束しながらなかなか増えず、そこには「感染症法に基づく行政検査」という法的な縛りがあるので国立感染症研究所から保健所に至るピラミッド型体制の中でしか行えないという仕組みの問題があるとされてきた。そうした法律的・制度的構造問題をどうするかの検討もなしに、ただ数字だけ挙げても、また「やってる感」の安売りになるだけである。

付け加えると、近頃のコロナ報道で私がいちばん驚いたのは、政府・自治体が発表する「陽性率」の数字がまったく当てにならないというか意味がないという指摘だった。8月28日付『読売新聞』によると、全国20政令都市と東京23区の計43の自治体のうち、陽性率を発表しているのは約半分の22で、他の21は非公表だという。非公表には仙台、京都、福岡など8政令都市と東京の13区が含まれる。理由は、「医療機関から検査数が報告されない自治体もあり、全検査数が把握できず、正確な陽性率が計算できない」だと。何ですかね、この発展途上国丸出し状態は。これでは一体何を根拠に、政府も自治体も専門家も「検査を増やせ」とか「いや、そんなに増やさなくても大丈夫」とか議論しているのか分からない。

ことほど左様に、経済も社会保障も、外交も安保も、福島原発の汚染水も辺野古基地建設の軟弱地盤も、五輪開催も、スキャンダルも、何もかもが安倍政治の負の遺産としてガラクタの山をなしていて、その〝呪い〟を一つひとつ解いていく気の遠くなるような作業がこれから始まるのである。

本書は、私が『日刊ゲンダイ』に連載してきた「永田町の裏を読む」と題したコラムが今年の夏で380回を超えた中から、半分弱の170編余りを選んで一冊に編んだ、言わば「第2次安倍政権の裏も表も余すことなく照らし出す曼荼羅帳」である。

何やら因縁めいたものを感じるのは、一つには、『日刊ゲンダイ』編集部からこの連載を担当しないかと誘われたのが2012年秋も深まった頃で、「では年が明けてから始めましょうか」と言っているうちに年末総選挙があって、第2次安倍政権がスタートした。それで13年1月12日付同紙で始まったこのコラムの第1回は、安倍の就任早々の米国訪問計画が出足からヨタついていて、それは安倍が「保守」なのか「右翼」なのかを米オバマ政権が見極めきれないでいることに一因があるという趣旨のものとなった（第3章1）。

二つには、今年の夏になってこの連載を本にしようという話がまとまり、8月24日から具体的な編集作業が始まって私が原稿の手入れを始めたのが26日で、翌28日の午後には完了して送り返した。それでホッとして夕方にテレビを点けたら、安倍晋三首相の辞任表明の記者会見だった。

というわけで、期せずして本書は、第2次安倍政権の7年8カ月を初めから終わりまでピッタリとカバーする「同時進行ドキュメント」という意味を持つことになった。

各稿はその時々の状況と切り結びつつ鮮魚を捌いて店頭に並べるようにして書いているので、このように時間が経ってから一冊に纏めることにはためらいもあるのだが、問題別に13の章を設け、その中は基本的に掲載日の順に並べることで（第3章は例外）、問題ごとの流れや変転が捉えやすくなっていると思う。なお、本書の性質上、文中の肩書きは執筆当時のもの。また敬称は略した。

皆さんがご自身で安倍政権の7年8カ月を振り返るための一助として頂ければ幸いである。

安倍政権時代——空疎な7年8カ月◆目次

第2章　最初から「失敗」が約束されていたアベノミクス　37

第4章 「やってるふり」だけで前進しなかった拉致問題の18年間 102

第5章 「集団的自衛権」という地雷原に踏み込んでしまった無自覚 123

第6章 「オール沖縄」の民意を蹴散らし基地建設を強行した安倍官邸 150

第9章　福島原発の処理をできないまま原発再稼働を進める支離滅裂　202

第13章　コロナ禍でごまかしようがなくなった安倍政権の黄昏　277

第1章　低姿勢でスタートもたちまち馬脚を露わした第2次安倍政権

安倍晋三という政治家は「保守」なのか「右翼」なのか。田原総一朗は「ちゃんとした保守本流で、右翼は個人の趣味」と見るのに対し、私は右翼が彼の本質で保守は仮面だと思っている（本章1）。そもそも保守と右翼をどこで分け、それぞれをどう定義するかは人によっても違うので、それを抜きに論じても意味がないが、私の説は、戦前回帰型の「保守反動」が「右翼」とほぼ同義で、何よりも日本の戦前の行いを「侵略」であるとは絶対に認めず、それどころか戦後の憲法を全面的に否定して天皇を元首とする大日本帝国を復活させたいと願っている人たちである、と思っている。

安倍にそれほど体系だった思想があるわけではなく、単に祖父＝岸信介への憧れから、お祖父さんが作った満洲国が、お祖父さんが東條内閣の一員として率いた太平洋戦争が「侵略」であったはずがないじゃないかと思い込んでいる心情右翼である（本章9）。保守本流が過去の戦争を肯定することはないし、軍国日本の復活を求めることもない。

1　安倍首相はどこまで本気の右翼なのか疑わしい（2013年2月2日）

28日に召集された通常国会。冒頭の安倍晋三首相の所信表明演説は、翌日の『毎日新聞』朝刊の見出しを借りれば「慎重に安倍カラー、『強い経済』前面に」という、もっぱら安全運転最優先に徹したもので、さっそく維新の石原慎太郎共同代表が「憲法改正をなぜはっきりと言わなかったのか。安倍君だからこそ言ってほしかった」と文句をつけた。

改憲だけでなく、尖閣も原発もTPPも、面倒なことは何ひとつ直接触れずにパス。

そもそも演説が約4700字と、森内閣以降の13年間で4番目の短さになったのも、長くやるといろいろなことを具体的に言わなければならなくなるからだったに違いない。

安倍に近い筋に聞くと、「いやあ、はじめチョロチョロ、中パッパですよ。3月初旬の施政方針演説では、もっと踏み込んでご自分の考えをはっきり打ち出すと思いますよ」と言う。

まずは猫かぶりで世間を欺こうという魂胆が見える。

ところが、田原総一朗の見方は違っていて、面白い。

「安倍さんはね、政治家としてはちゃんとした保守本流であり、『右翼』は個人の趣味なんだ」

へえー、そうですか。世間は、右翼が彼の本質で、今はそれを隠して保守を演じているだけだと思っていますよ。アメリカだって、安倍が河野談話を見直し、尖閣でも強硬路線を打ち出して、中国と戦争でも始めるんじゃないかと警戒しているのに。

「いや、違うと思う」と田原は言う。

「この前、本人に右翼は趣味でしょうと言ったら、苦笑しながら『おっしゃることは分かります』と言って、否定しなかったもの。だから『総理でいる間は、趣味はやめておいた方がいい』と言ってやったんだ」と。

安倍はこのアドバイスに耳を傾けるのかどうか。第一次安倍政権のスタート時に、「アメリカより先に中国を訪問した方がいい」と知恵をつけたのは田原だから、今回も従うのであろうか。

とすると、「今にド右翼の本質を現すぞ」と待ち構えている野党やマスコミは、肩すかしを食らうことになる。趣味で右翼も困ったものだが。

2　ひと言でいえば無教養、一知半解ですぐボロが出る（2013年6月13日）

安倍晋三首相が6月5日の成長戦略スピーチで「1人当たりの国民総所得を10年間で150万円以上増やす」と公約したのはまあいいとして、その後の街頭演説では「みなさんの所得」あるいは「年収」が「150万円増えます」などと言い回って、またもや大恥をかいた。菅義偉官房長官は「分かりやすく言おうとしただけ」と弁解したが、そういう問題ではない。うちの妻ですら「この人、経済学の初歩の初歩も知らないでしゃべっているのね」とあきれるほどの無知ぶりをさらけ出したのだ。

この一事をもってしてもアベノミクスは終わったと言っていい。

いまさら繰り返すまでもないが、国民総所得は一国の経済規模の全体の大きさを所得面から見た場合の捉え方で、実体的には、企業収益と金融利益と雇用者所得にほぼ三分される。企業が内部留保を増やして賃上げを抑制すれば「みなさんの所得」に回る分はゼロになることだってあり得るわけで、安倍の言い方は虚偽を超えて詐欺である。

既に引退した自民党古参の元議員がボヤく。

「ひと言でいえば無教養。何事もきちんと勉強したことがなく、取り巻きのブレーンから吹き込まれただけの耳学問だから、一知半解で、すぐにボロが出てしまう」と。

確かにその通りで、4・28「主権回復の日」祝賀式典は、そんなことをしたら沖縄が怒り、天皇もご不快になるということに思いが至らず大失敗。憲法96条先行改正論は、保守派の改憲論者である小林節慶大教授からも「立憲主義の否定」「裏口入学」と罵倒されて頓挫。河野談話・村山談話の見直しは米国から「歴史修正主義者」「国粋主義者」とレッテルを貼られて沈黙……とズッコケ続きである。

さらに最近では、安倍の「占領憲法」史観に対して戦後史研究家の保阪正康から「かなり危うい」「実に乱暴な表現で史実を語る」「当時この憲法［第9条］を制定するのに一身を賭した吉田茂や幣原喜重郎、それに賛意を示した昭和天皇の努力・熱意を侮辱するもの」と痛烈な批判が浴びせられている（6月8日付『毎日新聞』）。第9条がマッカーサーの一方的な押しつけでなく、日米合作のたまものであったことは今では学界多数派の意見であるというのに、そんなことも知らずに幼稚なことを言い続けているのがわが国の総理大臣である。

3　安倍首相の言動を理解するための「人格障害」基礎知識（2013年6月27日）

先週の本欄（本書不収録）で、安倍晋三首相がフェイスブックで外交評論家の田中均や民主党の細野豪志に反論する際に、批判されただけでカーッと血が上って、批判の内容にマトモに答えず、全然別の話を持ち出して相手をケナそうとするのは「論争術としては下の下だ」と書いた。これを読んだ知人の医者からメールがあり、「これは論争術の問題というよりも『人格障害』を疑ったほうがいいですよ」と言う。それでさっそく岡田尊司著『パーソナリティ障害』を読んでみた。

人格（パーソナリティ）障害にも、境界性、自己愛性、演技性、反社会性、妄想性、依存性などいろいろなタイプがあるが、安倍にその傾向が強いと思われるのは「自己愛性人格障害」だろう。その主な特徴は、①自分は特別な存在で、それにふさわしい華やかな成功をいつも夢見ている、②実際に優れた才能を持つ場合もあるが、時にはそれが親譲りのプライドや、古い家柄だけだったりする、③自分を称賛してくれる取り巻きを求める、④ささいなことでも自分のやり方に注文をつけられると、相手かまわず激しく反撃に出る、⑤気まぐれで、気分がよいとペラペラと長広舌をふるうが、機嫌がわるいとささいなことで怒鳴り声をあげ、耳を疑うような言葉でののしったり、見当外れな説教をしたりする、⑥明らかに過ちを犯しても、謝罪は口だけで、心の中では自分が正しいと思っている……。

②の「親譲りのプライド」というのは、安倍の場合は、総理になれなかった父＝晋太郎ではなく、母方の祖父の岸信介への憧れである。③の「称賛してくれる取り巻きを求める」というのはまさにピッタリで、前回政権の時には「おともだち内閣」とまで言われた。

フェイスブックなどネットを好むのも、もともと安倍が嫌いな人はわざわざ寄ってきて書き込みをしたりしないから、おのずとネトウヨ的な称賛者ばかりが集まってきて快適な空間に浸ることができるからだろう。

④「相手かまわず激しく反撃」とか⑤「見当外れな説教」とかは、今回のケースそのものである。

こうして、安倍に「自己愛性人格障害」に近い傾向があると考えると、彼の言動もだいぶ理解しやすくなるのである。

4　麻生副総理の「ナチス発言」撤回は偽装にすぎない（2013年8月8日）

麻生太郎副総理が「ナチスの手口を学んだらどうか」という発言を撤回したのは、内外の世論やユダヤ人人権団体からの批判をかわすための偽装である。

彼が本当はナチスに学びたいと思っていることは疑いない。何を学ぶのかといえば「静かなる実質改憲」である。

ヒトラーは1933年1月に政権を奪取したが、翌2月には「国会放火事件」が起きて「非常事態」を宣言。共産党と社会民主党に大弾圧を加え、それから1週間もしないうちに選挙を断行し、647議席中288議席を得て、連立相手の国家人民党の52議席と合わせて過半数を確保した。

それで新たに開かれた国会の冒頭に取り組んだのが「全権委任法」によってワイマール憲法を無力化することだった。

この法は、政府に立法権を付与して、しかもその政府立法は憲法に違反しても構わないという、事実上の憲法停止法で、後のヒトラー独裁体制への重大な一歩となった。

興味深いのは、その全権委任法の採択が、ヒトラーが息の根を止めようとしたワイマール憲法の手続きに従って行われたことである。

同憲法では、憲法的事項の議決には国会議員の3分の2以上が出席し、その3分の2の賛成が必要と、二重に「3分の2の壁」を設けていた。与党と他の6つの群小政党を足しても373で3分の2には遠く及ばない。

そこでヒトラーがどうしたかというと、全権委任法の審議に先立ってまず「議院運営規則」を改正して、欠席した議員は「出席して棄権したものとみなす」ことにした。つまり、採決の母数にカウントしないことになるから、3分の2の壁が低くなる。

しかも、共産党議員81人全員と社民党の26人はすでに拘束されていて、出席したくてもできない状態にある。それで全権委任法は、まさに「民主的」な手続きを経て、圧倒的多数で粛々と採決された。

これが「静かなる改憲」の実態である。

まず手続き法から手をつけ、3分の2の壁をあらかじめ低くしてから本丸を攻めるというのは、すでに安倍政権が「96条先行改正」論で試みようとしたことである。

法制局長官の首をすげ替えて集団的自衛権の政府解釈を変えさせ、やがてそれを9条の明文改憲につなげていこうというのも同じ発想。安倍政権は実に立派なヒトラーの生徒なのである。

5　歪んだ政治主導で内閣に近衛兵団をつくるのか（2013年8月29日）

「内閣人事局」を設置して、官邸で全省庁の幹部人事を一元的に管理するという構想がまたぞろ浮上してきた。安倍政権は秋の臨時国会にそれを盛り込んだ国家公務員制度改革関連法案を提出、来年4月からのスタートを目指している。

これは、第1次安倍内閣の下で「内閣人事庁」構想として議論が始まり、福田内閣以降、民主党政権までの間に3度も法案化されたが、いずれも官僚側の反発と自民党内からの抵抗があって実現に至らなかった経緯がある。

一般論としては、天下り制度とも深く結びついた官僚人事という〝聖域〟に官邸が手を突っ込めるようにすることは、それこそ「政治主導」で特権官僚体質を突き崩していくひとつの方法であって、望ましいことだとはいえる。「しかし」と、福田政権時代に自公民でこの関連法案の修正協議にも関わったことのある民主党議員が語る。

「安倍政権でこれをやると危ない。安倍首相は、アベノミクスを指示通りに実行してくれる人物を持ってきて日銀総裁の首をすげ替えた。今度もまた、集団的自衛権解禁をやらせるためにだけ法制局長官を外部から連れてきた。それ以外にも、菅義偉官房長官が中心となって、現行の官邸による『閣僚人事検討会議』を活用し、次官人事などにも口を出してきた。〝政治主導〟が歪んでいるから、自分好みの政策をやってくれる人や、政権に忠誠を誓う人を官邸で選別して幹部に登用するという、私情による情実人事がまかり通ることになりかねない」

その通りで、この立案に当たった宮沢洋一自民党政調会長代理は「内閣に近衛騎兵団をつくる。忠誠を尽くす軍団をつくる。そういう発想の下につくった」と、その狙いを隠していない。

合計1000人ほどのリストを各省庁から提出させて、その中から600人もの高級官僚の配置を官房長官・副長官ら数人で鉛筆をなめなめ「こいつはダメ」とか査定する。こういう陰湿な密室作業に委ねられるのであれば、人事が恣意的に悪用されるのは目に見えている。判断の材料や判定の基準を国会と国民に見えるようにする「透明化」が担保されないと、内閣人事局構想は危ない。

6　次々と発覚する閣僚不祥事のネタ元は検察・警察という噂も（2014年10月30日）

9月4日付の本欄（本書不収録）で安倍改造人事に触れ、すべてがダラダラとして「こんなんで大丈夫なのか」という声が自民党内からも上がっていると書いたが、そのとおりになってきた。

小渕優子経済産業相と松島みどり法相を思い切りよく同日辞任させれば「政権はもつ」というのが菅義偉官房長官の判断だったが、その後も宮沢洋一経産相や望月義夫環境相らに火の粉が飛ぶのを防げず、菅長官の思惑は外れつつある。

野党のほうも、本筋の政策論争に力を入れずに政治資金収支報告書の重箱の隅をつつくようなことばかりやっているのはどうかと思うが、一強多弱といわれる中で、せめて一太刀、二太刀浴びせて政権を揺さぶる糸口をつかむためには、妥当な戦術だろう。

もうひとり、閣僚が辞任するようなことになれば、それだけで内閣はもたなくなる。

それにしても、こう次々に「重箱の隅」の話が出てくるのはなぜなのか。慢心のあまり身体検査もロクにしなかったのだろうというのが一般的な解釈だが、永田町にはいま妙な噂が回っていて、「どうもツボを押さえた話題がポンポンと出てき過ぎる。検察もしくは警察の中に安倍の右翼路線の暴走を面白く思わない奴がいて、裏から情報を流しているのではないか」というのである。

言われてみればそうで、たとえば宮沢の地元幹部が1万8000円を払ったのが「SMバー」だなどというのは、政治資金収支報告書をパラパラとめくってすぐに分かるようなことではない。

大臣就任3日目にその話が飛び出してくるのは、むしろ不自然だ。

最近、検察は政治家に手を掛ける入り口として政治資金規正法を重視しているといわれ、また警察には、昔の後藤田正晴官房長官のような保守リベラルの思想系譜を受け継ぐ者もいる。彼らのうちの誰かが、まさか倒閣を狙うわけもないが、安倍と官邸のあまりの傍若無人ぶりに腹を立てて、「ちょっとお灸をすえてやろう」と思っているのかもしれない。

噂の真偽は不明だが、官僚体制の中で、安倍政治で喜んでいるのは外務省と防衛省くらいだというのは事実だから、そういうこともあっておかしくはない。すでに安倍政権はそこまでガタがきているということだ。

沖縄県知事選の敗北必至、消費税再増税の先延ばし、川内原発再稼働、TPPの無理やり決着、日中首脳会談の成否などが折り重なる11月、安倍政権があっけなく腰折れし、破れかぶれで来年1月の通常国会冒頭、野党の選挙協力態勢が出来る前に解散・総選挙に打って出るのでは？　という観測も強まっている。

7　安倍政権の命運握る過激なスピーチライター（2015年4月2日）

安倍晋三首相が「戦後70年談話」でどこまで村山富市元首相の「戦後50年談話」を引き継ぐのか、あるいは引き継がないのか。その歴史修正主義の度合いが、中国、韓国のみならず東南アジアや米欧まで含めた世界的な関心事となりつつある。

安倍は自ら望んで、4月末の訪米の機会に米議会で演説する予定を立てた。しかし、米国の在郷軍人団体は「かつての戦争への明確な反省を表明するのでなければ、ルーズベルトが立ったのと同じ演壇に立たせるわけにはいかない」とまで言ってロビー活動を行っている状況だ。はたして米中韓をはじめ世界と安倍取り巻きの右翼とを同時に満足させるような巧妙な表現を見いだせるのだろうか。

そこで注目されるのが、安倍のスピーチライターである谷口智彦内閣官房参与の能力である。ある自民党議員が言う。

「五輪招致のスピーチで、福島原発事故が『アンダー・コントロール』だと言わせたのは彼。これで安倍は嘘つきということになってしまった。先の中東訪問でのカイロでのスピーチで、言わなくてもいい『ISIL（イスラム国）と戦う周辺諸国に2億ドルを支援する』という刺激的な一句を盛り込んだのも彼で、それが結果的に後藤健二記者らの命が奪われることにつながった。ド右翼の谷口が、外務省の口出しを一切遮断して、勝手に安倍の思いを増幅して過激なことを言わせ、国際的孤立を招いている」

だとすると、4月末の米議会演説も、8月15日の戦後70年談話も、単に村山談話を引き継ぐという穏健なものとはならないのはほぼ確実だ。この国は難しいところへ自ら突入していくことになるのではないか。

谷口は東大法学部卒業後、反北朝鮮の牙城とも言うべき佐藤勝巳の「現代コリア研究所」研究員、『日経ビジネス』記者、外務省の副報道官などを経て、13年2月に内閣官房に入った。日経時代の上司に聞くと、「仕事は早いし、米英に留学して英語も達者で、いわゆるデキるタイプ。それだけに自信過剰に陥りがちで、右翼思想の地が剥き出しにならないか心配だ」と言う。

おそらく、谷口にしてみれば、70年談話のための有識者懇談会など単なるお飾りにすぎない。「最後にまとめ上げるのは俺だ」「ここがスピーチライターの勝負どころだ」と思っているのだろう。彼の筆先ひとつに安倍政権の命運がかかっているといえそうだ。

8　首相のヤジは「どうせ法案は通る」というおごりの表れ（2015年6月4日）

安保法制をめぐる与野党の攻防も2週目に入った。新聞も近頃は政府側答弁のいい加減さや分かりにくさを書き立てるようになってきたし、野党も安倍晋三首相を挑発して品のない野次を引き出して謝らせたりしてそこそこ頑張っているのではないか。某野党幹部にそう投げかけると、「いやあ、全部ジャブばかりでパンチはひとつもないですよ。野次にしたって、ある意味では安倍のゆとりとおごりの表れのようなもので、後で口先で謝るなど屁でもない。『はいはい、謝って済むならいくらでも謝りますよ。どうせ法案は通るのだから』と顔に書いてあったじゃないですか」と言う。

しかし、世論調査や新聞の投書欄などを見ると、反対、疑問、もっと時間をかけて議論しろといった声がだいぶ強まっている。

「そんなことは安倍と官邸は織り込み済みというか、こういう高度な安保論議などバカな国民があまねく理解するなんてことはあるわけがないのだから、形の上で誰からも文句を言われないだけの審議時間を費やしたら、あとはポンと上げればいいと思っているのでしょう」と先の野党幹部は続ける。

普通、この手のいわゆる重要法案は衆議院で80時間かけると、十分に審議したということになるらしい。

「うちの国対に聞くと、週3日で1日7時間審議すると、6月19日に80時間を超えるから、その日の夕方以降に強行採決する。23日が沖縄戦没者追悼式典で24日が会期末だから、いくら遅くても22日の月曜日までに上げて、8月10日までの会期延長を決めて参議院に回すと、最初から決まっている。だから安倍はアメリカで自信をもって『夏までに成立させる』と約束してきたのです」

そうだとすると、事は安倍の思惑通りに進んで、その勢いで9月の自民党総裁選で無投票再選、改憲へという流れになるのを見ているしかないのか。

「いやあ、そうは一直線にいかないでしょう」とベテラン政治記者。

「野党はもちろん国民まで蹴散らして突き進もうとする安倍の政治姿勢に対する世の反感が高まれば、自民党内にも安倍のやり過ぎに危惧を抱いている者は実は少なくないので、流れを変えようとする動きも表面化するのではないか。今年冬に『愚かなお坊ちゃんをこれ以上調子に乗らせるわけにはいかない』と言っていた古賀誠が、岸田派の1~2回生に勉強会をつくらせたり、野田聖子を総裁選に立てようとしたりしていることに、官邸は相当ナーバスになっている」と言う。

もはや自民党内からの反乱に期待するしか抵抗線の張りようがないというのが余りに情けない。

9　頑なに「侵略」を認めない右翼的心情が浮き彫りに（2015年8月20日）

戦後70年談話とその発表会見を通じて改めて浮き彫りになったのは、なんとしてもかつての戦争が日本の「侵略」であったことを認めまいとする安倍晋三首相のいじらしいまでの右翼的な心情であった。

確かに、世論の圧力と公明党の懇請によって「侵略」という単語は談話に取り入れたものの、それは歴史認識の問題とはまったく無関係な個所にポコッと放り込まれただけだった。

安倍は会見で、この談話は21世紀構想有識者懇談会の報告書の上に立って作成したものだと強調。その報告書は「日本は、満州事変以後、大陸への侵略を拡大し、……世界の大勢を見失い、無謀な戦争でアジアを中心とする諸国に多くの被害を与えた」と述べていたのだが、安倍はこの中から「世界の大勢を見失い」という部分だけを借用し、前後は無視した。天皇も今年の新年にあたっての感想で「満州事変に始まるこの戦争の歴史を十分に学び、今後の日本のあり方を考えることが、いま極めて大切」と言っていて、少なくとも満州事変以降の中国や東南アジアへの侵攻が侵略でなかったなどと言う人はあまりいないが、安倍はその極少数派のひとりである。

有識懇報告書は、侵略の言葉を使いながら、それに「複数の委員より異論があった」と注釈を付し、その理由として①国際法上、侵略の定義は未定、②歴史的考察からも満州事変以後を侵略と断定することに異論がある、③他国が同様の行為をしていた中、日本だけを侵略と断定することに抵抗がある――の3つを挙げていた。聞くと、それを頑強に主張したのは安倍ブレーンの中西輝政であり、他に1人がややそれに同調したとのことで、つまりこの3点は安倍の考えだということだ（だったら談話でそう言えばよかったのに！）。

侵略の定義は、1974年の「侵略の定義に関する国連総会決議」の第1条・第3条でほとんど定まっている。日本政府も08年12月の参院外交防衛委の答弁でそれを「相当包括的な内容」のものと認めている。国際的に定まっていないのは、主として、その定義を国連安保理の侵略認定や国際刑事裁判所の侵略犯罪判断にどう適用すべきかという「運用方法の問題」であって、定義そのものではない。

侵略について日本と世界の常識からかけ離れた考えを持っている安倍に、集団的自衛権による海外武力行使の判断を委ねるなど危険極まりないことが、この談話・会見でますますはっきりした。

10 安倍首相も同じ？ 振付師の言いなりに振る舞う疑似独裁者の暗愚（2016年11月10日）

本物の独裁者は、本当に自分ひとりで何でも発案し決裁する天才肌の戦略家でなければ務まらず、ヒトラーは多分そうだったし、今ならプーチン露大統領がそうだろう。

今も昔もむしろ多いのは、それほど有能ではなくて、陰に策略家や振付師がいて、その言うがままに表舞台で振る舞うことが上手なだけの「暗愚の帝王」タイプの疑似独裁者である。これは怪僧ラスプーチンに宮廷を牛耳られたロマノフ王朝最後の皇帝ニコライ2世以来、米ＣＩＡの傀儡だったイランのパーレビ国王やチリのピノチェト大統領、ネオコン一派に政権中枢を乗っ取られて無駄な戦争に突っ込んだブッシュ・ジュニア米大統領、飯島勲秘書官が取り仕切っていた小泉純一郎内閣など、枚挙に暇がない。

今それで国民から糾弾され、議会による弾劾に直面しているのが、新興宗教の教祖の娘とかいう親友の言いなりになっていた韓国の朴槿恵大統領であるけれども、我が安倍晋三首相の「一強多弱」というのもこの疑似タイプに近い。今週の『週刊ポスト』は「安倍政権を影で動かす『今井家』の謎」という記事を掲げているが、これは「謎」でも何でもなく、少なくとも永田町では周知の事実であって、大手マスコミがこれまで書き立てるのを遠慮してきただけである。

今井尚哉総理首席秘書官は、第1次安倍内閣の時に経産省派遣の総理秘書官となって安倍と親しくなり、第2次安倍政権で首席秘書官に引き立てられた。アベノミクスそのものに始まり、その失敗を糊塗するための消費再増税延期や、それを合理化するために伊勢志摩サミットを利用して偽データで国際社会と国民をだまそうとした策謀、「1億総活躍」という無意味な新目標の策定、原発再稼働、武器輸出、中国包囲網外交など、何から何まで今井プランだ。天皇の「生前退位」に関する有識者会議の座長に叔父の今井敬元経団連会長を据えて、一時的な「特別立法」でお茶を濁そうとしているのも今井である。

12月にプーチンを来日させて山口県の温泉で会談し、日ソ共同宣言から60周年に当たる今年に北方領土問題解決の道筋をつけ、それをバネに年明け解散・総選挙という政権延命戦略を描いたのも彼で、その発想のベースには「ロシアはいま経済的に苦しいから経済協力を前面に出せば妥協してくるだろう」という外交ド素人の甘い判断がある。これでは本物の独裁者＝プーチンと丁々発止戦うことは難しく、安倍は大恥をかくことになりかねない。疑似はしょせん疑似でしかないのである。

第2章　最初から「失敗」が約束されていたアベノミクス

アベノミクスがなぜダメだったのかについて、私は「大銀行という巨大ダムに阻まれて世の中に金が回っていかない」（本章1）と言ってきた。そうなってしまう構造的な問題として、日銀はマネタリーベースを増やすべくお札を刷って民間銀行から国債を買い取り、その代金を各行が日銀に置いている「日銀当座預金」に振り込む。その金が各銀行を通じて世の中に出回って経済を潤すと想定されていたが、そうはならなかった。

理由は簡単。人口減、低成長のこの国には資金の需要がなく、あっても企業は内部留保を持っているから借り入れる必要がないからである（本章16）。この数字の最新のものを掲げておく。日銀は430兆円お札を刷り増したが、そのうち400兆円は当座預金に滞留していることが分かる。

	2013年3月		増分		2020年7月
マネタリーベース	134・7兆円	→	+430・1	→	566・8兆円
日銀当座預金	47・4	→	+400・7	→	448・1
企業内部留保	304・2	→	+166・6	→	470・8

1　自民党内にも広がる「アベノミクス」を危惧する声（2013年5月30日）

政策通の自民党若手議員が言うには、5月23日の株価暴落の後、アベノミクスの先行きへの不安が同党内でも広がりつつある。

「私は、アベノミクスの第1の柱である黒田流金融緩和には最初から疑問を抱いているひとりですが、あの株価暴落と国債利回りの上昇、そして、たまたまなんでしょうが、24日に日本銀行が公表した『民間金融機関資産・負債』統計で、3月末の国内銀行の『預貸ギャップ』が191兆5000億円という史上最高に達したという数字にビビっています。党内でも、経済が分かる議員ほど『これはまずいぞ』と危機感を持つ人が増えてきました」と言うのだ。

預貸ギャップとは、銀行が持つ預金から貸し付けを引いた差額で、銀行の余裕資金の大きさを示す。銀行は本来、人々から貯金を集めてそれを産業界の設備投資や個人の住宅ローンなどの形で貸し付けて経済全体の血の巡りをよくしていくという社会的な使命があるはずだが、バブル崩壊後の「失われた20年」には債権回収や貸し渋り・貸し剥がしばかりやっていて、そのうちにカネを貸すということを忘れてしまった。

そうかといって有り余るカネを寝かせておくわけにいかないので、国債や投信や株式市場にブンブン回してその運用益で飯を食うようになったわけだ。だから、特に大銀行には、運用マネジャーは育ったかもしれないが、企業の相談に乗って経営を診断し、リスクをかけて融資を決断し、後々まで親身になってその企業を育てていく、そんな街中を自転車で走り回るような本当の銀行マンは、もはやいなくなってしまった。「歌を忘れたカナリア」はかわいそうなだけだが、「貸し付けを忘れた銀行」は経済の活性化にとっては百害あって一利なしだ。

こういう銀行の現状をそのままにしておいて、黒田日銀がいくら金融をジャブジャブにしても、結局は大銀行という巨大ダムに阻まれて世の中にカネが回っていかない。そう若手議員は憂えるのである。「金融緩和で人々の気分が緩めば実需が湧くはずだという安倍シナリオは、もはや破綻寸前。6月にもそのことが誰の目にも明らかになるとすると、参院選をどう戦ったらいいのか」と、同議員は不安顔だ。

2　首相ご自慢のフェイスブックにも批判殺到（2013年10月17日）

長い政界の夏休みが終わって、臨時国会が幕を開けた。

端的に言って、これを「成長戦略実現国会」にしたい安倍政権と、「原発汚染水追及国会」にしたい野党との攻防ということだろう。与党の自公両党は衆参両院で圧倒的多数を握っている。議席数だけから見れば、どんな法案でもスイスイと通ってしまいそうだが、必ずしもそうとは言えない。

第1に、世間の安倍晋三首相を見る目が、特に10月初めの消費増税〝決断〟を境にだいぶ変わってきた。首相ご自慢のフェイスブックには、「庶民としてまったく支持しない」「弱い者いじめだ」などの批判のコメントが殺到し、彼にとってそこが居心地のよい情報空間ではなくなってきた。

また、福島原発の汚染水ダダ漏れのニュースが続くなか、各種の世論調査では「コントロール下にある」という安倍発言に対して「そうとは思わない」という人が8割前後に達している。

マスコミはこういう〝空気〟の変化には臆病なほど敏感だから、あまり安倍にベタベタしていたのではまずいと、お尻の位置を少しずつズラし始めた気配がある（安倍後援会機関紙と呼ばれる読売は別にして）。

第2に、肝心の「成長戦略」に関わる産業競争力強化など法案の中身がひどい。自民党伝統の公共事業バラマキと小泉内閣＝竹中平蔵流の規制緩和を接ぎ木して、いかにも経産省あたりの役人が思いつきそうな、例えば「3Dプリンターのリース業に支援」とか、くだらない具体策を数だけ並べたもので、「21世紀をどう生き抜いていくか」について国民に夢と希望を与えるには程遠い「骨なし戦略」である。そのことは論戦を通じて浮き彫りにされるだろう。

第3に、野党は、及ばずといえども、まずは国民誰もが不安を抱いている汚染水問題を徹底追及して流れをつくり、さらに終盤に近づくにつれ、いよいよもって公約違反もはなはだしいことになりそうなTPP問題を攻めるだろう。

そうすると、与党は短い会期の中で来年度予算編成とも関わる景気関連法案の成立を焦って、数の横暴に訴える場面も出てきそうだ。

あるベテラン政治記者は「安倍が高転びするのではないか。早ければこの会期末だ」と予測する。実は安倍にとって危険がいっぱいの秋の国会である。

3　安倍政権が着手する〝3大迷惑〟プロジェクト（2014年9月11日）

原発再稼働、辺野古基地建設、そしてリニア新幹線着工は似たもの同士の3兄弟で、いずれも、国民の多くが「今どきそんなものが必要なのか」と疑念を抱き、周辺住民は「本当に大丈夫なのか」と不安に怯え反対の声をあげている。にもかかわらず、そうした疑念や不安を蹴散らすようにして安倍政権がこの秋に本格的に着手しようとしている3大迷惑プロジェクトである。その中でもほとんど議論のないまま、10月にも着工されようとしているのがリニア新幹線だ。ある民主党議員が言う。

「自民党だけでなく、我が党にも推進議員連盟があって、当然ながらルート沿線に選挙区がある先生方はみな賛成。おまけに、9兆円を超える事業費はJR東海が全額負担するのだから、これは民間の事業だということで、国会でも議論されない（注・のちにそのうち3兆円を財投資金でまかなうことに）。しかし、全国新幹線鉄道整備法に基づいて基本計画や整備計画を〝決定〟し、工事実施計画を〝認可〟し、営業主体・建設主体を〝指名〟するのは国土交通大臣ですから、原発と同じ〝国策民営〟なんですよ」

そもそも、スモール＆スローがビューティフルとされる時代に、東京～名古屋間を40分で飛ぶように移動しなければならない人がどれだけいるか。いたとしても、最大の競合相手は東海道新幹線だから、その東海道新幹線の儲けでリニアを造ろうという構想は最初から無理がある。昨年9月に「リニアだけでは絶対にペイしない」とJR東海の山田佳臣社長（当時）が告白したのは本当で、それならリニアなぞやめて東海道新幹線を大幅値下げした方がよほど世の中のためになる。加えて、全体の86％が地下や山岳のトンネルで、それによる環境破壊、とりわけ地下水系の異常による大井川はじめ多数の河川の生理変化は予想がつかず、中央構造線・糸魚川静岡構造線を横切った時にどのような活断層に出くわすかも分からないなど、不安要素があまりにも多すぎる。

それでも、一度掘り始めてしまったものは「やってみたらダメでした」というわけにいかないから「影響は軽微」とか言って突き進むに決まっていて、それでリニアはますます危険な乗り物になる一方、建設コストはおそらく予定の数倍に膨らんでいくだろう。そうなると原発事故を起こした東京電力の二の舞いで「国策民営なのだから税金投入で救済」という話になる。いや、そういう話にならないよう、今から国民的にも国会的にもちゃんと議論してから始めるべきだと、この議員は心配しているのだが、与野党幹部の誰も耳を貸そうとはしていない。

4　消費税増税の原点を思い出して本質的な議論を（2014年10月16日）

内閣府が7日に8月の景気動向指数を発表した際、一致指数が前月比1・4ポイント低下したことを主な理由に、景気の基調判断をこれまでの「足踏み」から「下方への局面変化」に修正した。

　また、同じ日にＩＭＦが発表した世界経済見通しでは、日本の今年の成長率予測は7月の1・6％から0・9％に、来年についても1・0％から0・8％に下方修正された。

　明らかに日本経済は景気後退局面に入っていて、この状況で安倍政権が消費税を10％に再増税する決断を下すことは難しい。菅義偉官房長官を筆頭に政府・与党内が大きく「見送り」の方向に傾いているのは当然だ。

　そこで臨時国会後半の野党に問われるのは、論争力である。民主党の枝野幸男幹事長はテレビ討論などで再増税への態度を問われると、「消費税を上げられるような経済環境をつくることだ」という、ちょっとひねった言い方をしていて、これはなかなか面白い。共産党などはそもそも消費増税そのものに反対だから、円安が暮らしを大打撃、実質賃金は低下、消費は低迷という中でこれ以上庶民を苦しめるのか、という反対の仕方をするが、民主党は「3党合意」の当事者だから、そういう反対の仕方はできない。

　論点は大きく2つあって、1つは「アベノミクスは消費税10％を実現できるような経済環境を生み出すことに失敗した」ということである。金融緩和で人為的に株価上昇と円安を演出して、それで世間が浮かれ気分になっている間に、実体経済の回復を目に見えたものにするという安倍のアクロバット作戦は、失敗に帰した。そこを徹底的に総括して、安倍に「間違いでした」と膝をついて国民に謝罪させるほどの経済政策論争を仕掛けられるかどうかである。

もう1つは、「3党合意」は正式には「社会保障・税一体改革に関する3党合意」だったことを思い出すことである。このままでは、早晩、社会保障の財源に大穴が開いて立ち行かなくなるとの強い危機感の下、子ども・子育て支援、国民年金・厚生年金はじめ社会保障制度の全般的改革を推進することを条件に、その財源を確保するために消費増税を国民にお願いしたのがその合意なのだから、安倍政権の2年間を通じて国民が「これで安心」と思えるような社会保障改革が実現したのかどうかを徹底的に総括する必要がある。

そういう本質的な論点で安倍を追いつめられるかどうかが焦眉で、単に景気判断との絡みで、いま上げるのか上げないのかという皮相的な議論に終われば、この国は沈む。

5 白を黒と言いくるめる政府と日銀の詐術 (2015年5月28日)

安倍晋三首相が「戦争法案」を「平和安全法案」と言い換えたり、放射能汚染水のダダ漏れが止まらない福島第1原発を「アンダー・コントロール」と言い切ったりするのは、言葉遊びも度が過ぎて、白を黒と言いくるめる詐術だが、もうひとりそれを得意にする人がいる。黒田東彦日銀総裁である。

彼は22日の金融政策決定会合の後の会見で、4月までは「緩やかな回復基調にある」としていた景気判断を、「基調」を外して「緩やかな回復過程にある」と変更し、それを「半歩というか一歩というか、見方を前進させた」と説明した。マスコミの解説によると、これは景気判断の「上方修正」なのだそうだが、一般国民にはまったく理解不能な日本語である。

これには前例があって、昨年3月までは黒田は、「緩やかな回復」と言っていたのを、4月の消費税アップで消費がガクンと落ちて物価も下がったのを受けて「基調的には緩やかな回復」と、「基調」を付け加えた表現に変更した。これは、事前に「消費増税の影響は軽微である」と言っていた予想が大外れして慌てた黒田が景気見通しを「下方修正」したことを意味していたのだという。消費増税の影響が大きかったことを口が裂けても認めたくないので、「基調」の2文字を付けたり外したりして、その意味を知っている市場関係者にだけは密かにサインを送っているわけだ。これでは景気の動向について国民に本当のことを知らせないためのマインドコントロールに等しい。

実際、消費増税の影響は甚大で、黒田が命懸けのようにして追求している物価上昇率2％の目標も、当初の「15年度を中心とする期間」を「16年度前半ごろ」と言い換えて先延ばしを図ってきた。この時も「15年度達成は公約ではなかったのか」と問われて、「いや、15年度を中心にと言ってきたので、それには16年度前半も含まれる」というようなごまかし方をしたが、それでも目標達成のめどは立っていない。

むしろ物価上昇率はゼロ近辺で低迷し続けていて、専門家の間ではデフレ転落への懸念が出始めている。かといって、ここで追加緩和など打ち出せば、「回復」とか「回復基調」とか言い続けてきた嘘を認めることになるので、それもできない。もうそろそろ、金融緩和でインフレ誘導すれば景気が上向くというアベノミクスのインチキ経済学を「失敗だった」と正直に国民に謝るべきではないか。

6　忘れられた「成長戦略」が示す安倍政治の本質（２０１５年６月25日）

成長戦略がアベノミクスの「第3の矢」であったことなど、多くの国民はもう忘れているだろうが、毎年6月には出されることになっていて、22日に政府が決めたのがその3度目である。今年はまた一段と中身が薄くて、『毎日新聞』は「成長戦略、目玉乏しく」、『日本経済新聞』は「成長戦略、即効性が課題」という見出しで不満げに報じた。

ところが、その日経の株式面の人気コラム「大機小機」18日付では筆名「隅田川」子が「慣例化した成長戦略」と題して、「今までの成長戦略は『戦略』の名に値しなかった。……『市場に歓迎されるか』『新しい内容や目立った内容が含まれるか』ではなく、『オーソドックスな経済的知見に基づくか』『長期的な成長に資するか』で評価されるべきだ。戦略を打ち出す側も、期待する側も考え方を改めたほうがいい」と、より根本的な批判をしていた。

実際、アベノミクスは、金融緩和を通じて株価をつり上げれば人々が景気がよくなったと錯覚して財布の紐をといて消費にお金を回し始めるだろうという、全く非オーソドックスなブードゥー（おまじない）経済学に立脚しているので、成長戦略といっても、実体経済がしっかりとした足取りで回復に向かう長期的な展望などとは無縁で、株式市場が好感してくれて目先の株価をはやし立てられればそれでいい、という程度の位置付けしか与えられていない。だから中身も、各省庁に「何か出せ」と声をかけ、役人らが来年度予算に盛り込みたい施策をデスクの引き出しから引っ張り出して、それを並べただけのお粗末なものになってしまう。それでますます目玉に乏しく、株価つり上げにも即効性がないものになるのでは、もう出す意味さえもない。

自民党中堅がボヤく。

「結局、安保法制もアベノミクスも共通して、この政権がいかに〝戦略性〟に欠けているかを証明しているようなものですよ。安保では米国を喜ばせたい、経済では市場から喝采を浴びたいという目先狙いばかりなので、すべては寄せ集めで論理的整合性がとれないし、従って国民にうまく説明して説得することもできない。そこを突かれると『我々の政策は正しい。なぜなら私が総理大臣なんですから』と、ワケの分からないことを口走る。こういうことでは、いくら会期を延ばしても政権が行き詰まりかねない」と。

内閣支持率がついに40％を割って39％（朝日）に落ちたのも、戦略も論理もない安倍政治の本質が見透かされ始めた表れではないか。

7 OECD調査が示す日本の現状と「GDP600兆円」の虚しさ（2015年10月29日）

安倍晋三首相は先の組閣を終えて「新内閣は未来へ挑戦する」と見えを切り、いったいどんな未来を描いてみせるのかと思えば「GDP600兆円」だから腰が抜けそうになった。

政策立案に携わる旧知の官僚に「何なのよ、これ。安倍もブレーンたちもいまだに発展途上国時代の〝量的成長〟の思考に凝り固まっている。衰えたりとはいえ世界第3位の成熟先進国として〝質的充実〟の展望を打ち出さないとお話にならないでしょう」と問うた。

彼は「いやあ、私らスタッフも頭を抱えているんですよ。で、何とか発想を大きく切り替えなければということで、私がいま勉強しているのはコレ」と言いながら茶封筒から取り出したのは、OECD（経済協力開発機構）が10月13日に発表した主要国の「幸福度調査」の分厚いリポート。「これを見ると、平均寿命ではスペインと並んで世界トップだとか、15歳児の読み書き・算数では韓国に次いで2位とか、自慢できることもいくつかはあるが、ほとんどの指標でまあまあの中程度かそれ以下で、何だか面白くもない平凡な国になってしまったんだなあと実感します」と嘆くのである。

ページをめくると、平均寿命は確かに一番だが、その表のすぐ下に「長寿は必ずしも健康な生活を意味しない」とコメントがあって、次の「自分の健康を『非常によい』『よい』と答えた人の比率」という表に続く。それを見ると、ニュージーランド、カナダ、米国が90％前後でトップクラスだが、日本と韓国は35％程度で、対象の35カ国中で最下位。本来なら尊ばれ敬われて、社会全体で大事にされるべき長寿者の3分の2が健康問題に悩み、政治や行政が彼らを厄介者扱いするこの国のありさまが浮かび出ている。

そうはいっても、まだ日本は世界の中でも豊かな国のはずだと思いたいのだが、「正規雇用者の年収」を購買力平価で比較した表を見ると、OECD平均より低く、韓国より1つ下、スペインより1

つ上という程度である。親が失業中の家庭で暮らす子どもの割合は、全体平均で10％だが、日本は16％で、ギリシャやポルトガル並み。こういう統計を次々に突きつけられると愕然とする。

アベノミクスの無残な失敗の後に出て来たのが「600兆円」の空文句だけという安倍にこの国を委ねていては、未来も何もあったものではないことを、このリポートが示している。

8　悪いことはすべて「他人のせい」の情報操作に加担する大メディア（2016年2月4日）

年初からの株価崩落でアベノミクスの化けの皮が剥がれ、甘利明経済再生担当相の閣僚辞任で屋台骨が傾いで安倍政権もヨタヨタ。さぞかし内閣支持率も下がるだろうと思いきや、先月末の各社調査では、その1カ月前に比べて49・4％から53・7％へ（共同）、43％から51％へ（毎日）と、4～8ポイントも上昇している。

その原因について、『日本経済新聞』2日付は「内閣支持率なぜか堅調」と題した分析記事を掲げ、甘利疑惑の早期収拾、従軍慰安婦問題での日韓合意、SMAP騒動による紛れ、野党の低迷などいろいろな要因を挙げているが、その中で「年明けから続いた株価の大幅な下落も、アベノミクスへの不信よりも、むしろ中国の景気不安や原油価格の急落など海外発の要因に目が向いた」ことを指摘しているのが興味深い。

NHKや朝日を筆頭に（もちろん日経自身を含めて！）マスコミが盛んに流している論調は、「中国経済の減速」こそが最大の心配事であり、その中国の需要減が主因となって「原油価格下落」が引き起こされていて、そのどちらもが「日本経済には打撃」になりそうなので株価が暴落した、というものである。しかし、中国経済の減速は習近平政権がスタートする前から公言していたことで今に始まったことではない。さらに、統計を調べれば分かるが、昨年を通じて中国の石油消費は減るどころか増え続けていて、原油価格下落が中国のせいだというのは冤罪である。

原油価格の下落が日本経済に悪影響を及ぼすなどというのはますますタワゴトで、ガソリンや灯油、それに産業用の重油の価格が下がれば国富の海外流出が10兆円近くも抑えられ、その分、経済活動が活発になって消費を押し上げるプラス要因になると考えるのが常識だろう。

原油価格が長期低迷して「悪影響」を受けるのは、石油の先物市場で巨額かつ超高速のマネーゲームを展開して大儲けをしてきた投機ファンドと、その投機家に頼って人工的な株高をつくり出し、「成長幻想」をあおってきた安倍政権だけなのだ。

悪いことは何もかも「中国のせい」「他人のせい」でごまかして、アベノミクスの真実から目をそらせようとする投機屋たちの情報操作に、マスコミもまた加担しているという狡猾な支配構造を見抜く必要がある。

9　「統計詐欺」に頼るしかなくなったアベノミクスの末路（2016年8月25日）

アベノミクスが完全に手詰まり状態に陥る中で、安倍晋三首相と黒田東彦日銀総裁は共謀して「経済がうまくいかないのは、GDPや消費などの統計が間違っているからだ」という究極の国民欺瞞キャンペーンに打って出ようとしている。

地方創生・行政改革担当大臣になった山本幸三が就任直後の会見で、「政府統計が各省間でまったく調整が取れていない。その結果、日本のGDP統計はどこまで信用していいのか分からない」として、経済統計の整理・統合に乗り出す方針を明らかにしたのが、そののろしである。いくら各省にまたがる問題だとはいえ、行革担当大臣の仕事ではないだろうと誰もが思うが、大蔵官僚出身の山本はアベノミクスの仕掛け人のひとりで、「アベノミクスを成功させる会」の会長でもある。経済失政の責任を逃れようとして、最後に思いついたのがこれなのだ。

確かに政府の経済統計にいろいろ問題があることは周知で、民間からはとうに疑問が出されていたし、昨年秋には経済財政諮問会議の席上で、麻生太郎財務相が総務省の家計調査が実態を反映しておらず、経済産業省の商業動態統計と乖離が大きいと指摘。高市早苗総務相が色をなして反論するという一幕もあった。それを受けて、安倍側近の桜田義孝自民党行革推進本部長は5月に、「経済政策立案に際して〝勘と経験と思い込み〟に左右されがちであり、各種統計データの整備、分析について見直すべき」とする同本部としての提言を安倍に提出した。その黒幕は山本だったとされる。

そこで今度は日銀が動きだして、内閣府発表の２０１４年度の名目ＧＤＰは４９０兆円、実質０・９％のマイナス成長だが、日銀統計調査局が独自の方法で計算すると「30兆多い５１９兆円で実質２・４％のプラス成長になる」と7月20日に発表した。黒田も26日の経済財政諮問会議で「税収が良いのにＧＤＰ推計が予想より低いのは違和感がある」と、自らの失敗を統計のせいにするかの発言をしている。

仮に内閣府の統計が過小だったとしても、統計の取り方を変えて数字をかさ上げすれば、そのぶん国民が豊かになるというわけではない。安倍は伊勢志摩サミットでも1次産品価格の下落がリーマン・ショック前と同じだとするトリッキーなグラフを持ち出して、「今はリーマン・ショック級の危機寸前」と主要国の首脳たちを言いくるめようとしたが失敗した。もはや「統計詐欺」に頼るしかないアベノミクスの末路である。

10　勤勉の美徳をなげうってカジノ資本主義に走るのか（２０１６年12月8日）

自民党が何が何でも今国会でカジノ法案を成立させようと、なりふり構わず突き進んでいるのは、ＴＰＰが潰れ、北方領土交渉も行き詰まるなど、安倍外交が八方ふさがりで、何かに夢中になっていないと居ても立ってもいられないという強迫観念のなせる業であるということは、理解できる。

しかしこの件は、拙速に扱うにはあまりにも重大ないくつもの問題をはらんでいる。第1は文明論の次元で、米国式の電子的金融資本主義のふしだらがリーマン・ショックで破裂して、『資本主義の終焉』（水野和夫著）が宣告される一方、額に汗して働く者が報われるようなルールづくりに希望を見いだそうとする「資本主義を救え」論（ロバート・ライシュ、邦訳書名は『最後の資本主義』）の真剣な模索もある。その中で、誰よりも勤勉に、丹精込めてモノをつくることに長けていると尊敬を集めてきたこの国は、その評判をなげうって「カジノ資本主義」の道を進むと宣言するのだろうか。

第2は政治論の次元で、今のところ民進党は「あまりに乱暴な国会運営だ」などとして抵抗姿勢を示しているものの、2010年にIR議連ができる時に熱心だったのは、自民党よりもむしろ当時の民主党である。そのため、自民・民進の談合で、民進は形の上だけ「押し切られた」格好をして法案を成立させることになる公算が大きい。当然にも共産、社民は反発し、いま次期衆院選に向けて本格的な野党統一候補態勢をつくれるかどうかが政局の最大焦点であるというのに、野党の足並みは乱れる。

第3は業界レベルの話で、実は「カジノ解禁」はパチンコの景品換金の合法化とワンセットであり、今の法案が通れば、次には必ずそれが出てくる。カジノ議連発足当時の新聞を見ると「カジノ合法化法案の成立を目指し14日に発足する超党派の『カジノ議連』は13日、警察の裁量で換金が事実上認められているパチンコについてもカジノ法案と同じ仕組みで立法化していく方針も固めた。カジノを合法化すれば『パチンコは賭博ではないのか』との議論が起こりそうなため、パチンコによる換金も行政の監視下で合法化させるのが目的だ」（14年4月14日付『産経新聞』）とある。
カジノなどつくらなくても、パチンコ産業は20兆円産業で、日本はすでに世界有数のギャンブル大国。その両方を解き放つことで、この国はますます「額に汗して働く」ことがバカらしく思えるような世の中に転がり込んでいくのである。

11　竹中平蔵が寄稿したアベノミクス「中間総括」の笑止千万（2017年12月21日）

相も変わらず安倍政権の提灯持ちを続けている竹中平蔵が、16日付『ジャパン・タイムズ』に「アベノミクスの中間総括」という一文を寄せている。なぜ「中間」なのかといえば、安倍が来年9月に自民党総裁として3選されれば、2021年の夏まで9年間の任期を全うすることになるので、5年目の今が、ほぼ半ば過ぎだというのである。

さてそれで、彼がこの5年間に「明らかに経済は目覚ましく改善した」証拠として持ち出しているのは、株価（8000円台から2万2000円へ）、有効求人倍率（0・9から1・55へ）、失業率（4％から2・8％へ）、外国人観光客数（800万人から2400万人へ）などである。経済パフォーマンスを語るならまず真っ先に挙げるべきは実質GDP・賃金・消費などの基本指標であるはずだが、それには一切触れないで、都合のいい数字だけを並べるというのは、詐欺話だ。

株価は、日銀も年金ファンドも出動させて何が何でもこのレベルを維持させようとする官邸主導の官製相場がつくり出しているもので、市場の日本経済評価とは無関係である。失業率や有効求人倍率は人口減少社会では当たり前の人手不足傾向の表れであって、アベノミクスの効果ではない。ましてや外国人観光客の増加は、そもそもアベノミクスの達成目標には入っていないし、仮に入っていたとしても日銀の金融政策とは何の関係もない。

アベノミクスはそもそも、異次元金融緩和によってマネーをジャブジャブにすればすぐにでも物価上昇2％の目標が達成され、それにつられて全てが好循環に向かうという（私に言わせればインチキそのものの）理屈に基づいていた。13年3月に138兆円だったマネタリーベースは17年11月までに338兆円も増えて476兆円の史上最高を更新しつつあるが、さて物価上昇2％目標はこれまでに6回延期されて、まだ実現していない。

なぜかというと、各銀行が日銀に置いている当座預金は、同じ期間に47兆円から319兆円増えて366兆円の史上最高に達していて、つまりマネタリーベースの増大分の95％は日銀当座預金に滞留して日銀構内から外へ出ていないのである。

このばかばかしい事態がなぜ起きたのかを正面切って論じなければ、アベノミクスの中間総括などできるはずもない。安倍が選挙演説で「有効求人倍率」を自慢するのは仕方がないとして、ブレーンのエコノミストがこんな稚拙なことを言っているようでは、安倍の3選はまず難しい。

12　アベノミクスの後始末を押しつける日銀黒田再任人事（2018年2月22日）

黒田東彦日銀総裁の再任が決まったことについて、マスコミが「実績を高く評価」（時事）、「経済の安定重視」（読売）、「市場に安心感」（朝日）などと歓迎の意を示しているのは異様な光景である。アベノミクスの大黒柱とされた「異次元金融緩和」は、すでに理論的にも政策的にも金融論としても、とんでもない大間違いだったことがはっきりしてしまったので、本当ならば黒田のクビを叩き切って国民におわびし、遅まきながらも政策転換を決行しなければならないが、それだと黒田だけでは済まず、安倍晋三首相もクビを差し出さなければならないから、とてもできない。

そこで、異次元緩和を続けていくようなフリをしながら微修正を重ねて何とか出口を探し出していくという面倒な仕事を誰かに押しつけなければならないが、こんな5年がかりの大間違いの後始末を引き受けてくれる奇特な人などいるわけがなく、どうにもならなくて、「もうイヤだ。辞めさせてくれ」と哀願している黒田に押しつけたのである。

アベノミクスの理論的基礎を提供したのは、ノーベル賞経済学者のポール・クルーグマンで、その輸入代理業者である浜田宏一が、この「お札をドンドン刷れば人々は勘違いしてお金を使うから景気がよくなる」という珍理論を安倍に吹き込んだのが事の始まりであることは知られている。しかし、そのクルーグマンは2年半も前の2015年10月20日付の『ニューヨーク・タイムズ』電子版で「日本再考」と題して「私の理論は日本では通用しなかった。その最大の理由は、日本の人口減少という構造要因による需要減を計算に入れていなかったことだ」という趣旨の告白をしたというのに、少なくとも日本の大マスコミでこれを、アベノミクスの大前提が崩壊した重大事件として報道したところは絶無だった。

安倍も黒田も、その時にすべてをクルーグマンのせいにして「ごめん、間違えた」と言ってしまえばよかったのに、その勇気がなかった。そこで失敗を糊塗するために、為替市場だけでなく債券市場も株式市場も事実上、官邸が管制塔となって日銀を手先に使って統制・管理するという、中国でもやっていない、やっているとすれば北朝鮮くらいかという市場機能停止の暴挙へと突き進んできた。

その後始末に黒田は次の5年間、苦しんだ揚げ句に失敗し、史上最低の総裁という烙印を得るだろう。が、安倍は5年後は総理総裁ではないから「俺の知ったことではない」というのがこの人事である。

13 世界的な波に致命的に乗り遅れて凋落した平成日本の現実（2019年3月28日）

間もなく終わろうとする平成という時代を振り返るため、いろいろな分野のデータを集めているのだが、その中でもとりわけ驚いたのは、日本株の時価総額の凋落ぶりだった。

1989（平成元）年はバブルのピークで、その当時の日本株の時価総額は全世界の半分を超えていた。中尾茂夫明治学院大学教授の近著『日本が外資に喰われる』（ちくま新書）に掲げられている分かりやすい図表を見ると、89年の世界時価総額ランキングの断然のトップはＮＴＴで、それに続き日本興業銀行、住友銀行、富士銀行、第一勧業銀行と5位までを日本企業が占め、それ以下も三菱銀行（7位）、東京電力（9位）、トヨタ自動車（11位）、三和銀行（13位）、野村証券（14位）、新日本製鉄（15位）など、なんと上位30のうち21社が日本企業である。

それに対して、２０１８年のランキングを見ると、最上位を占めるのはアップル、アルファベット（グーグル）、マイクロソフト、アマゾン、テンセントなど米国と中国のＩＴ系企業で、世界トップ30のうち18社が米国、5社が中国。日本はどうしたのかと思えば、辛うじて29位にトヨタが残っているだけである。この一事を見ただけでも、30年間の最後5分の1を占めるアベノミクスを含めて、平成の日本が結局のところバブル狂乱の後の崩壊と収縮に何ら対処することができないままに、世界的なＩＴ化の波に致命的に乗り遅れてきたことが分かる。

国連が毎年発表する「世界幸福度ランキング」でも、日本は15年の46位から下がり続けて19年は58位。近辺にどういう国があるかというと、上にエクアドル（50位）、タイ（52位）、韓国（54位）、エストニア（55位）、下にホンジュラス（59位）、カザフスタン（60位）といったところである。

あるいは、米ＣＩＡの「ワールド・ファクトブック」最新版の世界実質成長率ランキングを見ると、日本は１６４位で、アジアの中では17位。下にはブルネイ、北朝鮮、東ティモールがいるだけの最下位集団である。こうした数字は、たぶん読者の皆さんが抱いている自国イメージとだいぶかけ離れているのではあるまいか。にもかかわらず、総理大臣を筆頭にこの国の人々は、まだ40年も前の「ジャパン・アズ・ナンバーワン」幻想にとらわれていて、多くの指標で上位にある近隣諸国に軽蔑の言葉を投げたりしている。これが平成末の「世も末」の姿である。

14　アベノミクスと原子力政策における「失敗の本質」（2019年4月18日）

アベノミクスがなぜ失敗に終わったのかを考える上で、原真人の近著『日本銀行「失敗の本質」』（小学館新書）は示唆に富んでいる。書名から分かるとおり、太平洋戦争における軍部の失敗とアベノミクスにおける黒田日銀の失敗とを並べて、奇襲・転機・強行・誤算・泥沼・終局という迷走の揚げ句に破滅に転がり込んでいく軌跡がピッタリと重なり合っていることを指摘していて、納得させられる。

原に言わせれば、「短期決戦」は力のない者が強力な相手に挑む時に取る戦術で、だから緒戦のワンチャンスに賭け、イチかバチかの真珠湾奇襲攻撃に出た。しかし、それで戦争の帰趨を決められず、長期戦となって次第に形勢を悪化させ敗戦に至った。日銀も「2年で物価上昇2％達成」という期間限定の奇襲作戦に打って出たが、賭けに失敗し、ズルズルと6回も期限を延期してなお目標を達成できず、ついに6年目に至って目標を立てるのをやめて「長期戦化」を宣言した。目標設定そのものが間違っていたとは死んでも言いたくないので、無期延期するしかないわけだが、これでは破綻した時の国民生活へのダメージは余計に酷いことになるに決まっている。

同じことを「持たざる国の精神主義」という言い方で論じているのは、片山杜秀著『平成精神史』（幻冬舎新書）である。領土・資源・人口・工業力・科学力などトータルな国力で見劣りする日本は、日露戦争までは「やる気」に頼って何とか勝ったが、第1次大戦以降、物量の多寡で勝敗が決するようになるともうダメで、「なるべく速戦即決で全面長期戦争にならないように、奇襲による短期決戦を考え」たがる。ところがそれも行き詰まると、精神力信仰が合理的判断を狂わせ、体当たり攻撃で長期戦にも勝てるという壮絶な思想にのめり込んでいく。片山はこれをアベノミクスではなく、原子力政策とその福島原発事故による破局と重ね合わせ、「日本は背伸びをして世界に冠たる国となり、無理して転んだときの怪我の度合いも世界に冠たるものだということの証明」と断じている。

戦略不在ゆえにその場限りの奇襲や短期決戦に頼り、それで失敗しても絶対に非を認めないで何とか言い抜けてごまかし続けるという刹那主義。その史上最悪の見本が安倍政治である。

15　参院選「消費税」の争点は増税時期の問題だけではない（2019年7月11日）

消費税の10％への増税が選挙戦のひとつの争点で、与党は賛成、野党は反対と一見分かりやすい対抗軸のようだが、実はなかなかややこしい。

共産党や「れいわ」は消費税そのものに反対という立場だ。これはこれでひとつの議論だとは思う。

しかし私の意見では、個人所得税や法人税など直接税を中心とする税体系は重厚長大型の製造業の大企業が経済成長の推進力となった産業社会にふさわしいもので、ポスト産業社会とか情報サービス社会とか言われる段階となると目覚ましいことは中堅・中小企業、ベンチャー企業、さらには自営業などで起こることが多く、事業所単位で大きく網をかけるように徴税することが難しくなる。そのため総じて先進国では間接税の比重を大きくし、産業構造・就業構造と税体系のミスマッチを防ぐのである。

さて立憲や国民はというと、アベノミクスは失敗で景気が悪くなり、家計も圧迫されているこの時期に消費税を上げるべきではないという反対の仕方である。野党からそう言われると、自民党としてはアベノミクスは成功したと言い張っている以上、いまさら消費増税を再々先送りすることはできず、増税賛成と言わざるを得なくなる。ここは大いに意見を交わしてもらいたいところだが、実はこれは、この10月というタイミングで増税するのが適切かどうかという論争で、結局、アベノミクスの総括とそれに基づく景気判断というところに帰着する。

しかし、国民が本当に聞きたいのは、もっとレベルの高い議論ではないか。そもそも事の起こりは、野田政権下で与党の民主党と野党の自公両党との3党間で合意された「社会保障と税の一体改革」である。年金をはじめ福祉の不安を解消しつつ財政再建をも図っていくために、当時は5%だった消費税を8%、10%と2段階で上げていくという話だったのだが、後を継いだ安倍政権は消費増税だけを食い逃げして、肝心の年金・福祉の立て直しと財政赤字克服の一体的改革の構想を練り上げることは放り出してしまった。

旧民主党の流れを引く立憲や国民が問題にすべきはまさにそこで、「社会保障と税の一体的改革の責任ある構想を伴わない、単なる消費増税には反対だ」という反対の仕方をすべきである。そうすれば、「2000万円老後資金」問題とも自然につながってきて、実りある論争になるのではないだろうか。

16 異次元緩和でジャブジャブにしたはずのマネーはどこへ？（2019年7月18日）

最近、ある講演会で聴衆から「安倍さんはアベノミクスは成功したと言い張っていますが、異次元緩和と称してつぎ込んだお金は一体どこへ行ったのでしょうか」という質問があった。

その日は経済がテーマでなかったが、私は「ちょっとお待ち下さい」と言ってパソコンの中から1枚の画像を探し出してスクリーンに映した。それは、半年に一度は数字を改定しながら常時持ち歩いている「異次元緩和を阻む3段階ダム」と題する図で、アベノミクスが始まった2013年の3月から6年間で、日銀が供給するマネーの総額である「マネタリーベース」は138兆円から523兆円に3・8倍も増えたというのに世の中にはそれほどお金が出回っていない現象がどうして起きるのかという構造を示している。

日銀は刷り増したお札をヘリコプターで撒くわけにはいかないので、そのお金で国債を買う。それも直接市場から買うことはできないから民間銀行が保有する国債を買い上げ、その代金は各行が日銀内に設けている当座預金口座に振り込む。ここの利率は低いか、もしくはゼロ、さらに16年2月からは一部にマイナス金利が課されることになり、置いておくだけ損になるから、各行はドンドン引き出して貸し出しや投資に回すだろうと想定されていたのだが、各行はいっこうに引き出さず、増刷マネーは口座に貯まる一方。そのため、同口座の残高は6年前には58兆円に過ぎなかったのに、353兆円も増えて何と7倍の411兆円にまで膨らんだ。理由は簡単で、世の中には設備投資や消費ローンを組むような需要がないからである。

もともとアベノミクスは、マネーをジャブジャブにすれば人々は金持ちになったと勘違いして投資や消費に走るだろうというインチキ経済学をベースにしている。しかし、芽（需要）のないところに肥料（マネー）だけ撒いても芽が出てくるわけがないことは子どもでも分かる話で、やっぱり原理的に間違っていたことが6年かかって証明されたわけだ。

なので、冒頭の「何百兆円ものお金はどこへ？」の問いに対しては、「せっかくのお金は日銀本店構内からほとんど外に出ていないのです」という残念な答えを返すしかないのである。

17　安全保障上の危機は外よりも先に内側から迫り来ている（2019年10月24日）

旧知の都市工学の教授と語る機会があった。安倍晋三首相ほど無知蒙昧、一知半解にまみれた指導者も珍しいが、その中でも彼の最大の勘違いは「日本の安全保障上の危機はどこから迫り来るか」についての認識ではないかということで、大いに意見が一致した。

私自身が房総半島の鴨川市の山中に居住し、台風15号と19号で計13日間の停電と断水、計9日間の電話・携帯・無線ネットの断絶など散々な目に遭った。その体験から、「もちろん気候変動による災害の激甚化で今までの想定を超えたことが次々に起きるのだけれども、それよりも日本の社会生活を支える基本的なインフラがすべて劣化しつつあるために、それに耐えられなくなっていることが問題なのではないか」という感想を述べた。

教授は「その通りだ」と言い、さらにこう指摘した。

「安倍さんは、北朝鮮のミサイルが飛んでくるとか言って、小学生に机の下に潜る訓練をさせたり、バカ高い値段のステルス戦闘機やイージス・アショアを米国から買い付けたりしているが、とんでもない。日本国民の安全保障上の危機は外から来るより先に内からすでに切迫していて、それが今回の台風被害であらわになった。戦後復興期から高度成長時代に一挙に建設したインフラが、40年から50年を経て一斉に耐用年限を迎えたり、それに近づきつつあって、いま政治が総力を挙げて取り組むべきは『戦後インフラの総決算』だ。戦後日本の総決算で『改憲』だなんて冗談を言っている場合じゃない」と。

例えば、我が家の停電は山中の送電線の鉄塔や街道沿いの電柱がバタバタと倒れたことによるが、それらは1970年代に一斉に建設されたものが多く、その技術的基準は「風速40mに耐える」と経産省令で定められている。その初期のものはすでに50年を経て弱ってきているのに、9月12日付の日経によると、「東京電力は原発事故で経営が厳しくなり、1991年に送配電設備に9000億円を投じていたのに最近は8割減の2000億円」に減らしている。だから50mを超える風には耐えられなかった。

このように、電気だけでなく浄水場や水道管も、道路や橋やトンネルや堤防も、放置された杉林も、何もかもがその上に成り立っている戦後の社会的遺産が劣化しつつあるということの自覚が求められるのである。

18 都合のいい数字だけ列挙し現実を見ない「アベノチャット」（2020年1月30日）

自民党の経済通のベテラン議員に先の安倍晋三首相の施政方針演説の感想を聞くと、「アベノチャット、絶好調だね」と笑う。それ、何ですか？

「安倍話法というか、安倍流おしゃべり技法だ。第1に、アベノチャットでは常に、何を言うかよりも何を言わないかが大事だ。国民の皆さんがいちばん聞きたいことは、言わない。第2に、じゃあ何を言うかといえば、自分の理解可能な分野だけ取り上げて、都合のいいエピソードや数字の断片だけを並べていくので、文脈の流れとか論理の組み立てというものがない。前に進まずに、ひたすら横に流れて行ってしまうしゃべり方なので、いくら聞いても何の印象も残らない」とのこと。

確かに、数字もいろいろ挙げて、説得力がありそうに見せてはいる。

「先日の演説で一例を挙げれば」と、同議員が説明する。安倍が「日本経済はこの7年間で13％成長し」と言ったので、え、そうなのかなと思って資料に当たった。円建ての名目GDPで見れば、円安効果もあってだいたいそのくらいだが、ドル建てで見れば12年の6兆2018億ドルから18年の4兆9564億ドルに縮んでいる。世界の名目GDP総計の中でのシェアを見ても、12年に8・3％だったのが18年には戦後最低の5・7％にまで落ちた。さらに1人当たり名目GDPでは、12年には世界第11位だったのに18年には20位にまで下がった。

中国との対比では、10年に中国にGDPで肩を並べられ、わずかに追い越されて世界第3位に下がったのだが、それから8年後の18年には中国のGDPは13兆8949億ドルで、日本の2・8倍の経済規模である。

前出ベテラン議員は手帳を開いていくつかの数字を示しつつ、こう言う。

「成長について語るのなら、このようにいろいろな側面から見て、全体としては日本は衰弱に向かいつつあるのではないかという危機感を共有し、それへの対応戦略を語るのでなければならない。『日本経済新聞』が1997年元日に『2020年からの警鐘』という連載の中で、20年には日本のGDPシェアが9・6％にまで落ちるとの予測を紹介し、『日本（の世界の中での存在感）が消える』と表現した。実際に20年を迎えたら、そのリアルな数字は5・7％だから、もう〝消えている〟わけだ。なのに、見栄えのいい数字だけ拾って、うまくいっているフリをするだけ。世も末ですよ」と。

第3章　外遊の回数は史上最多でも外交の成果が何もないという不思議

外交を扱うこの章だけは、対米、対中、対露、対韓などに分けて、そのそれぞれの中で掲載日順にしている。また対北朝鮮・拉致問題は次章にまとめた。

安倍は外交の初仕事として訪米を選び、それを機にベタベタとまつわりつくような属国化路線にのめり込んで行った（本章1など）。ところが、そうすればするほど中国やロシア、韓国や北朝鮮との関係がギクシャクするというディレンマに陥る。米国から戦闘機やミサイルなど超高額の最新兵器を買ってトランプを喜ばせようとすると、それを合理化するために中国や北朝鮮の〝脅威〟を強調しなければならなくなるし、そういう安倍の姿を見てロシアのプーチンは北方4島の一部でも返還すればそこに米軍基地を建設するのではないかと疑念を抱き、領土交渉は頓挫してしまった。

多次元の利害関係を立体的に動かすような戦略的な外交は、安倍のシンプル思考では無理なのである（本章21など）。

1　安倍政権は米国から危険視され、切り捨てられる（2013年1月12日）

安倍外交が出足からヨタついている。選挙前から構想し、12月初旬には「すでに米側に打診した」とまで報じられた「1月訪米」が延期になった。マスコミは「オバマ大統領が多忙のため」と、外務省の説明をそのままタレ流しているが、この時期にオバマが忙しいことなど初めから分かりきっていることで、日米双方の事情はもっと根深い。

安倍首相としては、民主党政権下で傷ついた日米同盟の修復を華々しく謳い上げ、尖閣を念頭に置いた対中国軍事包囲網の強化、防衛大綱の見直し、集団的自衛権の解禁、ひいては憲法改正へとつながるレールを敷設して「さすが保守政権」と称賛を浴びたかったのだろう。が、米国にしてみれば、安保強化は既定路線の範囲内だから、「TPPはどうなんだ」と迫ってくるに違いない。

この問題で与党内に深い亀裂を抱えている安倍が、今の段階で安易に参加表明などしたら参院選は戦えなくなる。だったら慌てて行くのは得策ではない。

そんな打算が、官房長官や幹事長のレベルで働いたとみられる。

これは日本側の事情だが、より深刻なのは、ワシントンが安倍政権は「保守」なのか「右翼」なのかについて判断しかねていることだ。日米同盟強化はいいとして、米国は別に中国と戦争しようと思っているわけではない。

CIAなど米政府情報機関が合同で4年に一度発表する未来予測、「世界潮流2030」というリポートがある。

最新版は昨年12月に発表されたが、その冒頭には「2030年までに、米国も中国も他のどこの国も覇権国とはなっていない」と書かれている。

米国は覇権国の地位を維持できない。かといって、中国がそれに代わって軍事的覇権を求めるような野望は持たないと判断しているのである。米中はこうした大局観に立ってゲームを展開しているのに、安倍が米国と組んで中国を攻めるかのような右翼チックな路線に傾けば、米国から危険視されて切り捨てられるだろう。

外交の司令塔は内閣参与に入った谷内正太郎元外務次官だそうだが、官僚が安倍の時代遅れの思想を制御できるのかどうか。

2 属国化を喜んで受け入れ血税まで捧げる対米朝貢外交（2015年10月1日）

安保法案の参院審議で活躍したひとりは生活の党の山本太郎で、とりわけ注目に値するのが8月19日の質疑だった。「第3次アーミテージ・ナイ・リポート」を取り上げて、米国の「知日派」とか「ジャパンハンドラー」とか呼ばれるアーミテージ元国務副長官とナイ元国防次官補が共同執筆して2012年夏に発表した対日勧告書の言うとおりに政策を進めてきたのが安倍政権で、「こういうのを完全コピー、『完コピ』と言う。これで独立国家と言えるのか」と追及したのである。

山本自身が「永田町ではみんな知ってるけれど、わざわざ言わないことを質問する」と前置きをして質問を始めたとおり、これは政界はもとより記者や専門家には周知のことだが、それを改めて正面切って持ち出して広く国民に知らしめた山本の功績は大きく、いま始まっている新聞各紙の国会審議総括の続き物などでも言及されている。例えば『東京新聞』9月22日付「これからどうなる安保法1」では「報告書では、情報保全の向上や武器輸出3原則の見直し、原発の再稼働にも言及。……安倍政権は12年の発足以降、これらすべての政策を手がけてきた」と指摘している。

安倍が初めてこのリポートに言及したのは、13年2月の訪米時にジョージタウン大学戦略国際センターで講演したときのことだ。まさにそのアーミテージとナイ、それに彼らの使い走りのマイケル・グリーンが居並ぶ前で、「昨年、アーミテージ、ナイ、グリーンさんたちが日本についての報告書を出した。そこで彼らが問うたのは、日本はもしかしたら二級国家になってしまうのかということだった」「アーミテージさん、私からお答えします。日本は今も、これからも、二級国家にはなりません」「私はひとつの誓いを立てます。強い日本を取り戻します」と、まるで植民地国の傀儡首相のような卑屈さでご主人さまたちに誓いを立てた。今日に至る安倍政治の暴走はここを起点に始まったのだ。

そのことを憂う某政府高官が言う。

「しかも、知ってますか。外務省は今年度予算でジョージタウン大学に巨額の寄付をしています。ご指導いただいてありがとうございますというお礼でしょう」

調べると、今年度に新設された外務省の「戦略的対外発信」予算700億円のうちから、米国の他の2大学と並んで、ジャパンハンドラーの策謀拠点である同大学に「親日派・知日派育成」の名目で5億5000万円が拠出されている。属国化を喜んで受け入れた上、血税を割いてお礼の金品まで持っていく売国的な「朝貢外交」と言える。

3　トランプの「米国第一」はビジネス交渉ではなく〝恐喝〟だ（2017年2月2日）

共同通信の世論調査で、トランプ大統領の「米国第一」で国際情勢が不安定になることに「懸念を感じる」人が83・8％に達し、「感じない」は13・1％だけだった。半面、2月の日米首脳会談でトランプが求めてくる可能性がある2国間通商交渉については「応じてもよい」が52・6％で、「応じる必要はない」の36・4％を大きく上回った。この結果は、気まぐれや思いつきで動くトランプ政権の危うさを、多くの人が見抜いているけれども、それはまだ他人事で、自分にすぐに災難が降りかかるとは思っていないことを示しているのだが、それは甘い。

「米国第一」というのは、日本はどうぞ「日本第一」でおやり下さいという話ではなくて、日本にも他の国にもみな「米国第一」に従うことを求めるという意味である。その観点から内容に不満あるTPPはあっさりと葬って、「貿易交渉は2国間で行う」ことで「米国第一」を貫くように切り替えた。その交渉がどんなものになるか、トランプ自身が26日のペンシルベニア州での演説で分かりやすく説明している。

「もし特定の国が我が国を公正に扱わなければ、30日間を期限にした交渉終了通知書を送る。そうすれば、その国は、期限内に『どうか交渉を打ち切らないでほしい』と懇願してくるだろう」と述べ、メキシコ以外との外交交渉でも同様の手法をとる考えを示唆した（1月27日付『朝日新聞』夕刊）。最初から相手を屈服させることを前提として、もし従わなければすぐにでも期限付きの交渉打ち切り通知を送りつけて脅し上げ、「待ってくれ」と懇願してくるのを待つ。これはビジネスライクな交渉でも何でもなく、ただの恐喝だろう。

安倍晋三首相はまだTPPを諦めきれずに、トランプに会って、それが「中国包囲網」としていかに戦略的に大事かを説明して復帰を促すつもりのようだが、トランプはTPPにはもはや興味はなく、「そんなに自由貿易が好きなら、日米2国間でもっといい内容のFTAを作ろうじゃないか」と誘いかけるだろう。彼にとって「もっといい内容」とは「もっと米国第一」ということだが、何とかしてトランプの歓心を買いたい安倍は、唯々諾々とそれに応じることになるだろう。トランプという禍は早くも日本にとっての現実となる。

4　日米首脳会談、共有できるのがゴルフの趣味だけでは情けない（2017年2月9日）

安倍晋三首相が「日米基軸」を語る際の決まり文句が、「自由、民主主義、基本的人権、法の支配など普遍的な価値観を共有する」というものだ。今週末の日米首脳会談でもこれを繰り返すつもりだろうが、「そんなことを口にしたら世界中から笑いものになる」と心配するのは、国際通の野党議員である。

「ドイツの週刊誌『シュピーゲル』の先週号の表紙は、トランプが蛮刀のような大型ナイフで自由の女神の首を切り取って、血の滴る中で『米国第一』と叫んでいるイラストです。そのトランプとどうやって『自由』の価値観を共有できるんですか」と言う。

大統領令を乱発して議会の同意や行政の手続きを無視するのは「民主主義」ではない。特定の国や宗教を標的に入国禁止にするのは重大な「基本的人権」の侵害だし、その措置を執行停止とした裁判所を罵倒するのは「法の支配」への無理解である。

就任早々、こういったトランプの言動を世界中が懸念し、米国内では大規模な抗議デモさえ起きているというのに、安倍が今まで通りの調子で「普遍的な価値観を共有する日米両国は……」などとうたいあげたら、馬鹿者扱いされるに決まっている。ところが、その「普遍的な価値観」が共有できないとなると、「日米基軸」は一体何を基礎として成り立つのか。たぶん安倍はその答えを用意していない。

さて、トランプは1月31日の米経済界幹部との会談で「日本は何年も円安誘導に依存しているのに、それに対して米国は何もせずに馬鹿丸出しで座視してきた」という趣旨のことを述べた。首脳会談でもこのような主張をぶつけてきて、安倍は弁解に追われるだろう。前出の議員がこう言う。

「安倍は逃れられない。私が聞いたところでは、昨年12月27日付の『日本経済新聞』に載ったインタビューで菅義偉官房長官が『私の重要な危機管理の1つに為替がある。財務省、金融庁、日銀による3者会合を開かせている』『円安になったのは、私たちが為替の危機管理をちゃんとやっているからだ』と語っていることを、トランプのチームは重視していて、日本に『為替管理国家』の烙印を押そうとしているようです」

こんな具合では、安倍とトランプは何も「共有」することもできずに、初めての首脳会談を終わることになりかねない。共有できそうなのはゴルフの趣味だけというのでは余りに情けない。

5 手を握り見つめ合って称賛し合う日米首脳会談の危うさ（2017年11月9日）

英語に〝a good cop-bad cop strategy〟という表現がある。「人情刑事とこわもて刑事の役割分担作戦」という意味で、容疑者を自白に導くには、こわもての方が怒鳴ったり机を叩いたりして震え上がらせておいて、人情家を装った方が優しい言葉をかけると、思わずホロッとして……というあの型である。10月16日付『ニューズウィーク』によると、米政府の対北朝鮮姿勢がまさにこれで、トランプ大統領が「怒りと炎」とか「完全破壊」とか恐ろしいことばかり口走るのに対して、マティス国防・ティラーソン国務両長官らは「外交的解決」を明言している。これは米政府内でうまく役割分担をしているのであって、トランプといえども「軍事的解決」などあり得ないことは分かっている、というのだ。
さて、そこで問題はトランプが果たしてこの役目を首尾よく演じきれるかどうかである。スタンフォード大学のダニエル・スナイダー教授はかなり悲観的な意見で、こう書いている。
「今のところマティス長官らは、予測不可能なトランプが怒り出して、戦争の引き金を引かせないようにする〝歯止め役〟であると考えられている。しかし、……最も厄介な問題は、トランプが感情的・精神的に安定しているかどうかだ。精神科医の多くは、同大統領が自己愛性パーソナリティ障害を持っている可能性があるのではないかと指摘してきた。あるいは、注意力が著しく欠けていると指摘する医師もいる」（11月5日付『東洋経済オンライン』）
そこへ「安倍晋三」という、もうひとつの懸念材料が重なったのが今回の日米首脳会談である。安倍は戦争になるのも辞さずに「最大限の圧力をかけて北朝鮮が屈服してくるのを待つ」という単線思考の超強硬論で、その立場からトランプを盛んにあおり立てた。しかもまずいことに、安倍もまた自己愛性パーソナリティ障害の傾向が強く（第1章3）、その特徴は、「自分は特別の存在だ」と思い込んでいて、そういう「自分を称賛してくれる友達や側近を求める」半面、「自分を批判したり非難したりする者には激しく反発して攻撃的に立ち向かおうとする」ところにある。そういう性向が強い2人が、目を見つめ合い手を握り合ってお互いを称賛し合う一方で、金正恩への憎しみを大いにかき立てたのだとすると、マティス長官ら米外交政策エスタブリッシュメントによるトランプ暴走ストップ作戦は一段と困難を増すことになるのではないか。

6　安倍政権のトランプ大統領接遇で問われる「国家の品格」（２０１７年11月23日）

藤原正彦の著書に『国家の品格』というのがあったが、これは大切なことで、とりわけ外国の賓客をどのように接遇するかという場合には、そこが勝負どころになる。

先頃の一連の東アジア外交舞台で私が感心したのは、トランプ米大統領を迎えた習近平主席のもてなしぶりである。数ある世界遺産の中でもトップ級の故宮を（たぶん史上初めて）貸し切りにして、その中国歴代皇帝の居城の内部に特別に席を設けて、最高レベルの京劇と中国料理を堪能させ、文化財の修復作業を行っている工房に案内し、さらにその西側に接する中国中枢幹部の居宅と執務室のあるシークレットゾーン「中南海」にも導き入れた。

中国何千年の歴史と文化の奥行きの深さをたっぷりと体感させて、それはちょっと行きすぎると「歴史のない国」米国への嫌みになりかねないのだけれども、そうはならないよう寸止めして、あの無教養・無愛想なトランプ夫人さえもが笑顔いっぱいになるように仕向けたのは見事だった。

それに比べて、安倍晋三首相の接受ぶりはどうだったか。まず、どうして米軍横田空軍基地への飛来を認めたのか。歴代の米大統領で、羽田ではなく、日本の対米従属の象徴たるこの基地に降り立った者はいない。そこで出迎えた主力は在日米軍で、それを前にトランプは何やら勇ましい演説をしたらしいが、それで沸いたのは米軍兵士で、脇に並ばされた自衛隊員は所在なげだったという。

その後に安倍が用意した接待は、松山英樹をはべらせたゴルフ、昼食はトランプの常食であるハンバーガー、夕食はピコ太郎を呼び寄せてステーキハウス、といったもので、「日本文化」のカケラもない。そもそも上品とはいえないトランプ個人の嗜好をこれでもかと満たしてやることで歓心を買おうとするだけの、奴隷根性丸出しの恥ずかしい姿である。

それにさらにおまけがつき、ゴルフのプレー中にバンカーにボールを入れて、ボールは出たけれども、自分がフェアウエーに戻ろうとして足を踏み外してスッテンコロリン。バンカーに転げ落ちる動画が流出して、英BBCニュースのサイトまでが再生可能な形で掲載したので、全世界に拡散してしまった。

それを見ると、トランプは20mほど先をさっさと歩いていて、安倍が転んだ姿を見てもいない。何やら日米関係の今後を暗示するかのような映像である。

7　日本の首相がいまイランを訪れてどうするつもりなのか（2019年5月30日）

安倍晋三首相はトランプ米大統領とのゴルフ遊びの最中に「日本はイランとよい関係を保っているので、近くイランを訪れて米国との間の橋渡しをしたい」と申し出て、トランプから「ぜひ行ってもらいたい」と賛同を取り付けたという。しかし、米イラン間の一触即発的な危機が深まる中で日本の首相が出て行って、イランに向かって一体何を言うつもりなのだろうか。

そもそも、この危機をわざとつくり出したのは、他ならぬトランプ政権と、その中東政策を陰で操るイスラエルのネタニヤフ政権である。国連安保常任理事国の5カ国にドイツが加わって15年7月に達成された「イラン核合意」は、それなりの成果を上げてきた。ところがイスラエルはそれに不満で、18年4月にはネタニヤフがイランの秘密核兵器計画「プロジェクト・アマド」の機密文書10万ページを入手したと大々的に発表。それを真に受けたトランプは、すぐに核合意からの一方的な離脱と経済制裁再開に踏み切った。

反発したイランが核合意の義務履行の一部停止を表明すると、イスラエル情報機関はボルトン米大統領安保担当補佐官に「イランが中東地域の米軍を標的に攻撃を準備している」という偽情報を流し、それをまた真に受けたトランプが空母艦隊などの派遣を命令したのである。

これは、イスラエルがこれまでしばしば用いてきた情報操作の常套手段で、9・11事件後には「イラクが大量破壊兵器を隠し持っている」という偽情報でブッシュ政権をたぶらかしてイラク戦争に引きずり込んだ。その時に国務省にあって、この偽情報をパウエル国務長官に吹き込んで国連の大舞台で演説させたのは、ネオコン一派のリーダー格のボルトン国務次官だった。

ネオコン一派は、全世界の独裁者を陰謀・クーデター・戦争などいかなる手段を用いても抹殺しようとする超過激派集団で、それを通じてイスラエルは米国のイスラムへの憎悪をあおり立てているのである。

そういうわけなので、イランをめぐる現下の危機を鎮静するためにまずしなければならないのは、トランプが陰謀好きなネタニヤフや、〝戦争屋〟とか〝悪魔の使い〟とか呼ばれているボルトンなどの言いなりになって暴走しないよう歯止めをかけることであって、イランへ行くのはその後でもいいのではないか。

8 安全保障を損得勘定でしか考えられない低知能の似た者同士（2019年12月12日）

NATOの首脳会議が3日からロンドンで開かれたが、トランプ米大統領が関心を示すのは加盟国の防衛費負担の多寡だけで、米国が欧州防衛に多くの予算を注いでいるのに各国は応分の負担を避けていると、ひたすら責め立てた。

この姿勢は日本や韓国に対しても同じで、駐留米軍経費の負担を4倍にしろ、5倍にしろとわめき立てている。マクロン仏大統領が一歩も引かずに「NATOはカネだけではない」と反論したのは立派で、安全保障の問題をカネの損得勘定でしか考えることができないというトランプの驚くべき知能程度の低さには、全同盟国がマクロンの旗の下に結束して米国の妄想を封じ込めるしかない。

創設70周年という記念すべき節目を迎えたNATOで、いま首脳たちが集まって議論すべきは、一体この組織は何のために存続しているのかという存在意義そのものである。

米国の最も優れた軍事戦略家の一人であるハーラン・ウルマンは近著で「20世紀の封じ込めと抑止の定義は、現在の世界にもう当てはまらず……ロシアはNATO加盟国に侵略したりはしない」と断言する。とすると、米国も欧州諸国も、何のために、いくらの予算を組んで、それをどう負担し合うべきなのかをそもそもから淡々と検討すべきであって、その前提を抜きにして「俺は出し過ぎだ、おまえは少ない」とか言い合っても何の意味もない。

日本や韓国にとっても問題は同じで、米国が北朝鮮や中国と戦争をするつもりで、そのための備えとして自分はこれだけのことをするから日韓も応分の負担をすべきであるというのなら、それはそれとして議論は成り立つ。しかし、朝中と戦争しないのであれば、米日韓がお互いにどうしたら無駄な軍備負担を減らすことができるかという話に切り替えなければならない。

ある防衛官僚OBがこう嘆く。

「安倍晋三首相にマクロンの半分でも気骨があれば、韓国の文在寅と共同戦線を張って、トランプに『あなた、北朝鮮と戦争したくないんでしょう？　だったら……』と迫り、役にも立たない高額ハイテク兵器を爆買いして朝中をいたずらに刺激するのを止めるでしょう。安倍さんは何の安保思想も戦略もなしに、ただ単にトランプに気に入られたいがためにすり寄っている。安保を損得でしか考えないという点で、2人は似たもの同士なんです」と。

9　トランプの寵愛を得るしか頭にないポチでは交渉にならない（2020年1月23日）

安倍晋三首相が1月19日の日米安保条約調印60年の記念式典で、同条約を「不滅の柱」「世界の平和を守り、繁栄を保障する不動の柱」「60年、100年先まで世界を支える柱」と称えたことに、野党のベテラン議員はあきれ顔である。

「この構造変動の時代に、どんな同盟にせよ外交関係にせよ、不滅・不動の永遠性を持つなどということがあるはずがない。ましてや米国は今、超大国の座から滑り落ちて、自国第一に立てこもる自閉的な傾向を強めていて、60年、100年先に日米同盟が続いていると考える方がおかしい。もうご主人様の寵愛を得ることしか頭にないポチになりきっているんでしょう」と、手厳しい。

しかも今年は、トランプ米大統領がこだわる在日米軍の駐留経費負担の大幅増額をめぐる交渉に直面する。同負担にかかわる特別協定が2021年3月末で期限切れになるためで、それに向けて米側は現在の1974億円（19年度予算）を約4倍の8700億円に増やすよう求めてきている。そもそも在日米軍は日本防衛のために駐留してくれているのではなく、太平洋からインド洋、中東地域まで自由に展開するための拠点として日本を利用しているのだから、その経費を日本国民の血税で賄う筋合いはない。

しかも、特別協定による1974億円は実は日本が負担しているごく一部で、そのほかに基地周辺対策などに1914億円、沖縄の辺野古関連で256億円、さらに在沖海兵隊のグアム移転など米軍再編関連で1679億円があるので、総計では5823億円にも達する。

だからこの交渉に当たっては、「ふざけるな。文句があるなら日本から出て行け」と相手を脅し上げるくらいの強い姿勢で臨まなければならない。それが、どうだ、このポチぶりは。これではますますトランプの無知に基づく理不尽な要求をはねつけることなどできなくなる。

藤原帰一東大教授が言う通り、「トランプのように上下関係しかない世界では、ボスの言うことは絶対だ。トランプと親密な関係を結ぶということは、反対せずに平伏するだけ」（20日付『朝日新聞』）だというのに、安倍は尻尾を振り振りその屈辱的な関係を受け入れようとしているのである。

この日米交渉の行方を厳しく監視していく必要がある。

10 回顧録より総括が必要な安倍政権の「ボルトン依存症」（2020年7月2日）

トランプ米大統領のほとんど冗談としか思えないほどの無知・無能ぶりを赤裸々に描いたジョン・ボルトン元安保担当補佐官の回顧録が発刊され、ボルトンがまるで勇気をもって政権の内幕を暴露した内部告発者であるかに扱われているが、それは違う。

ボルトン自身、全世界の社会主義者や異教徒の独裁政権を撲滅せよと叫ぶネオコン（と一緒にされるのを本人は嫌がっているらしいが）的な超保守タカ派の思考の持ち主で、この本の出版差し止めに失敗したトランプがツイッターで彼を「戦争がしたかっただけのバカ」と罵ったのは、ある意味で正しい。ボルトンがホワイトハウスにいた18年3月からの1年半には、3回の米朝首脳会談や米国のイラン核合意離脱などの重大案件があったが、それらをめぐって、再選マニアのトップと戦争バカのナンバー2はことごとく意見が合わず、それをボルトン側から語ればこうなるというのが本書である。

ところで、ボルトンとの付き合いというか、彼を頼りにする関係はトランプより安倍晋三首相のほうがはるかに長い。安倍が小泉内閣最後の官房長官として初入閣し、麻生太郎外相と共に「価値観外交」とか言って時代錯誤の中国・北朝鮮包囲網を推進し始めた時、外務省で力を持っていたのは谷内正太郎事務次官（当時）で、彼が当時は米国連大使になっていたボルトンとの間をつないだ。

折から北朝鮮がテポドンを発射したり核実験を再開したりし、それに対して安倍とボルトンは北に対する制裁強化と、それに絡めて拉致問題を打開することで手を携えてきたのだ。

谷内は08年に次官を退くが、安倍は第2次政権になって約1年後の14年1月、首相の足元に「国家安全保障局」を新設してその初代局長に谷内を据えた。が、その本当の目的は、ボルトンはじめ米国の超タカ派勢力とのパイプを保ってそれを日本外交の基調路線とすることにあった。

共和党政権であれば本来は、リチャード・アーミテージ元国務副長官はじめ、上品に言えば〝知日派〟、実態は日米安保を食い物にする利権集団が頼りになるはずだが、4年前に彼らは反トランプに走ったので現政権とはつながらない。そこでますますボルトン頼りになるのだが、昨年9月に彼が解任され、谷内もまた外交知らずの警察官と交代したため、対米裏パイプは何もなくなってしまった。

トランプを嗤うより先に、安倍のボルトン依存症による外交の歪みの総括が必要である。

11　新しい米中関係を見誤るから「中国包囲網」の妄想に取りつかれる（2014年7月24日）

7月9日から2日間、北京で開かれた米中戦略対話について、日本のマスコミでは「東・南シナ海の緊張緩和で意見が対立」とか「ケリー米国務長官が『新しい大国関係』という言葉を使うのを避けた」とか、米中間に冷たいすきま風が吹いているかのような報道・解説が目立った。しかし、と日中関係に詳しい自民党関係者が言う。

「米中にいろいろ矛盾があるのは当たり前だが、この戦略対話がきちんと毎年開かれて今回第6回を迎えたこと自体、すでに両国の『新しい大国関係』が定着しつつある証拠なんだ。まず、昨年6月からの9カ月間で3回開かれている首脳会談、そしてこの外相・財務相級の定期対話、さらには、その下で、いま米中間には政治レベルと事務レベルで約90もの対話チャンネルができていて、ほとんど毎日のように何らかの協議が行われている。ところが日本は……ゼロ。天と地の違いだよ。与党幹部や閣僚が散発的に北京に行く程度だ」

すると、このところ安倍晋三首相がさかんに「11月のAPEC北京サミットの際に日中首脳会談を行いたい」と呼びかけているが、実現は難しそうだ。

「いや、安倍はけっこう本気で、4月に来日したオバマにも、5月に訪中した高村副総裁を通じて中国共産党ナンバー3の張徳江にも、『在任中に二度と靖国には行かない』と伝えている。だけど高村の言い方は『中国側が首脳会談に応じてくれるなら、安倍は靖国に行くことはない』というもので、中国側にすれば『そういう駆け引きの問題じゃあないんだよ』という受け止め方なのではないか」と先の自民党関係者。

ところで、米中の「新しい大国関係」とは何なのか。その消息通はこう答える。

「いま米中関係について3つの見方がある。第1は米国の覇権が衰えて、いずれ中国が取って代わるという覇権交代論。第2は米中が共同で世界を管理するG2論。第3は、米国の衰退と共に覇権システムそのものが過去のものとなり、多極世界に向かわざるを得ないが、その中で世界第1と第2の経済大国である米中は、お互いに意見や利害の対立はあっても、対話を絶やすことなく大局的に協調して、指導的な役割を担っていかなくてはならないというもの。この第3が『新しい大国関係』で、その大きな歴史の方向性について米中間には基本的な合意が成り立っている」

そこが全く見えていないから安倍は〝中国包囲網〟などという冷戦的妄想に取りつかれて、米国と一緒に中国と戦争するかの構えをとっている。これでは日中首脳会談の実現はおぼつかない。

12 日中漁業協定も読まずに「中国脅威論」をあおる愚（2016年8月18日）

8月初めから数百隻の中国漁船が中国海警局（日本の海保に相当）の公船と共に「尖閣周辺」に押し寄せたことについて、日本国内の報道はあまりに扇情的だ。「南シナ海だけでなく東シナ海でも、いよいよ習近平政権が強権的な行動に出てきた」といった論調があふれかえり、ネットでは「あれは漁民でなく軍事訓練を受けた海上民兵が乗り組んでる」という類いの流言飛語まで出て、新たな〝中国脅威論〟の高まりが現出している。

退職後も霞が関周辺で情報関係の仕事に携わる元外交官がこう嘆く。

「日中漁業協定も読んだことがないような記者が、こういう記事を書いているのでしょうね。ご承知のように、尖閣については領有権で日中は折り合わず、従って12カイリの領海、その外側12カイリの接続水域、さらに200カイリの排他的経済水域に至るまですべて折り合わない。しかしそれでは両国の漁民が困るので、97年の日中漁業協定で『暫定措置水域』を設定して、そこでは両国の漁船はお互いに、相手国の許可を得ることなく操業でき、両国の公船は自国の漁船についてのみ取り締まる権限を持つことにした。今回の事態は、中国側が設定している禁漁期が8月1日までなので、待ちかねた中国漁民がドッと押し寄せたというだけの話です」

そうは言っても、中国公船も大挙押し寄せたではないか。

「それは『金儲けしか考えない漁船が（日本側の主張する）尖閣領海に乱入するのを取り締まるためだ』と、中国側は日本側にちゃんと通告してきています。そういう了解があるから、11日に中国漁船がギリシャ船と衝突して沈没した時も、海保が淡々と救助し、それに中国側が謝意を表明するということが起きるのです」（元外交官）

実際には、海保の活動現場ではこのような危機回避のメカニズムが機能しているというのに、政府・外務省・マスコミは「今にも中国と軍事衝突か」と中国脅威論をあおることにばかり熱心で、それと連動して南シナ海でも、東南アジアはじめ各国に働きかけて中国包囲網を形成しようと躍起となっている。

しかし、国際仲裁裁判所で中国に全面勝利したフィィリピンは外交上手で、ドゥテルテ大統領はラモス元大統領を特使として8日、香港に派遣し、中国の外交要路と非公式会談を開いて南シナ海を巡る話し合い解決に踏み出した。

日本の硬直した反中国姿勢では世界から取り残されていくばかりだ。

13 尖閣周辺の領海侵犯が増えているかに言うデマゴギー（2018年5月24日）

北朝鮮の〝脅威〟がようやく低減してきたら、今度はまた中国の〝脅威〟に逆戻りである。

安倍晋三首相が20日、6年ぶりに東京湾で行われた海上保安庁の観閲式であいさつし、「我が国の周辺海域を取り巻く情勢は過去に例を見ないほど厳しさを増している」と、相も変わらぬ決まり文句を繰り返した。その証拠として「尖閣周辺では外国公船による領海侵犯が繰り返されている」ことを強調したのだが、本当か。

海上保安庁のホームページに「中国公船等による尖閣諸島周辺の接続水域内入域及び領海侵入隻数(日毎)」というグラフと統計が載っている。領海は12カイリ、接続水域はそのさらに外側の12カイリで、公海ではあるが一定の管轄権が及ぶ範囲だ。そのそれぞれに中国海警局の巡視船が何月何日に何隻入って来たかを示している。ここでは繁雑さを避けて領海侵入分だけを見ると、それが始まったのは、言うまでもなく2012年9月の野田政権による「尖閣国有化」からのことで、同10月に5回計19隻、翌年4月に7回25隻、同8月に7回28隻とピークに達した。しかし、それ以後は次第に鎮静し、14年8月以降はだいたいにおいて月3回、1回につき3～4隻のユニットなので計9～12隻ということで推移していた。

私は3年ほど前に、中国公船の領海侵入が判で押したように月3回であることに疑問を持ち、海上保安庁に問い合わせたが返答がなく、中国人記者を通じて中国側から探ると、「東シナ海を担当する海警局東海分局は、上海、浙江、福建の3総隊を持ち、そのそれぞれが月に1回出ていくので月3回になる。しかも15年以降はその出動を日本海保に『事前通告』し、また領海内にとどまる時間も2時間以内と定め、余計なトラブルを避けるようにしている」とのことだった。

さらに、改めて海保HPの統計を見ると、17年7月までは上述の月3回ペースが続いていたが、同8月以降、今年4月までは月2回にペースダウンし、5月は21日現在、1回である。明らかに尖閣周辺の情勢は、両国の海上保安当局のあうんの呼吸によるなれ合いで、事実上の「棚上げ」状態が続いている。おまけに先の李克強首相の来日で、懸案となっていた南・東シナ海での不測の軍事衝突回避のための日中海空連絡メカニズムの正式調印も決まった。したがって、周辺海域が過去に例のないほど緊迫していて尖閣領海への侵犯も増えているかに言うのは、国民を欺くデマゴギーである。

14 中国ナンバー2が「独創的な歴史解釈」を評価する意味は？（2019年10月31日）

即位の礼に中国を代表して参席したのは王岐山国家副主席だった。この人について、『毎日新聞』の山田孝男特別編集委員がコラムで「元は歴史学者で日本史にも明るく、独創的な歴史解釈で知られる岡田英弘を評価している」と書いているのを読んで、驚愕した。

私は一昨年に亡くなった岡田のファンで、1992年に彼の代表作といえる『世界史の誕生』が出るとすぐに、自分が主宰するニュースレターに「ユーラシア史を見直す」と題した連載を17回も続けて書いた。それを岡田が「すべての書評の中で君のが一番よかった」と褒めてくれて、以後そこそこのお付き合いが続いた。

で、何に驚愕したのかというと、岡田が中国史について言っているのは、漢民族が初めから存在し、その中で王朝がいろいろに変転しながら今日の中華人民共和国にまでつながっているという万世一系的な史観はまったくの虚構にすぎないということである。

洛陽盆地に最初に王朝を築いた「夏」は竜神伝説を持つタイ系の水上商業民であり、次の「殷」は北方の狩猟民、その次の「周」はチベット系の遊牧民、それを倒して初めて全国統一した「秦」の始皇帝も別の西方遊牧民で、それまでは中国人と呼べる民族はいなかった。覇を握って王朝を立てた者は周りの異族を蛮夷戎狄《バンイジュウテキ》と呼んで蔑んだりするが、実は彼らも蛮夷戎狄の出身で、それが洛陽盆地の先住者とミックスを繰り返す中で、その中心部に澱のように堆積し生成されたのが漢民族、漢字、漢語である。「後漢」の後の「北魏」や「隋」や「唐」はいずれもモンゴル高原の鮮卑系の遊牧民と漢民族系文化人との連合体。「宋」は漢民族だが、「遼」も「金」も「元」も「清」もみな北方の騎馬民族……という具合である。

だから、殷から数えても3500年に及ぶ悠久の中国文明とは言うけれども、帝国をつくって版図を拡張し交易に励んだ主役は蛮夷戎狄であって、漢民族はどちらかといえば脇役に過ぎなかったと、岡田は主張する。私はこの説に全く賛成で、そうやって捉えることで中国文化の多面性・多様性が見えてくるし、またそれをひとつの国家としてまとめていくことの困難さも理解できるのである。

しかし、王副主席がこの岡田説を評価しているというのはどういう意味なのか。中国のナンバー2がこんな特異な見方に賛成してしまっていいのか。ぜひご本人に聞いてみたい。

15 北方領土問題、プーチンの怖さをどこまで分かっているのか（2016年9月8日）

よみうり時事川柳欄に「北方領カネがもの言う事有りや」という一句があったが、お見通しの通り、仮にも安倍晋三首相が盛んに口にしている「新アプローチ」が、ロシア極東地域の開発を中心とする経済協力「8項目」を並べ立てればさしものプーチンも領土問題で少しは柔軟な姿勢に転じるのではないかという「淡い期待」にすぎないのであれば、12月の日ロ首脳会談の失敗は避けられない。

日ロ関係に詳しい筋に聞くと、「いや、まさか安倍さんはそんな幼稚なことを考えていないと思いたいのだが、私たちにもその〝新〟の中身が伝わってこないのが不安だ。下手をすると、歯舞・色丹の主権は返還するが、ロシアによる2島への実効支配は認めろとか、その下で日本人の居住や日本企業の進出は基本的に自由にしてやってもいいぞとか、ただし米軍や自衛隊が基地をつくるのは絶対に認めないぞとか、限りなくややこしい話になっていって、気が付くと、経済協力のおいしいところはごっそり持っていかれている……ということにならなければいいのだが」と、相当心配している。

案の定、プーチンは5日、中国・杭州でのG20で記者団に「56年の日ソ共同宣言には2島を返還すると書いてある」と述べ、その2島の返還方式や主権の在りかが「検討課題」だと明言した。この発言を引用したモスクワ発時事電は、つまり「国後・択捉は領土交渉の対象外との考えを示した」と説明を付け加えている。

周知のように、日本側ではこれまでも、2島＋国後の「3島返還」とか、さらに択捉の西部4分の1を付け足した「面積均等割り」とか、小手先の策を繰り出したこともあったが、5日のプーチン発言を聞く限りそれは通用しない。また仮にそれが交渉に上ったとしても、主権の所在やその後の実効管理方式については気の遠くなるほどの難しいせめぎ合いを余儀なくされることに変わりはない。

この問題の第一級のプロである佐藤優も「どのような腹案が日本政府にあるのかが全く見えてこない」と言っている（2日付『東京新聞』コラム）。

12月のプーチン来日を自分の地元＝山口県で迎えるという、いかにもの演出だけが先走っているけれども、中身でコケたら、それが安倍政権急失墜のきっかけとなることも十分にあり得よう。安倍は、オバマをも手玉にとる当代随一の戦略家プーチンの怖さを、どこまで知っているのだろうか。

16　北方領土問題「2島プラスアルファ」の大きな落とし穴（2018年11月22日）

安倍晋三首相はプーチン露大統領の誘いに乗って、北方領土問題を「2島プラスアルファ」方式で早期に決着させる方向にステップを切った。来夏参院選前に目に見えた外交成果をあげるにはこれしかないと思い定めてのことであろうが、しかしこの道筋には大きな落とし穴が潜んでいる。

まず、安倍がこのところ言い始めた「2島プラスアルファ」は、前々から検討されてきた「2島先行」や「2プラス2」とは別物である。このことが、安倍自身の口からはもちろん、マスコミでもきちんと説明されていないのが大問題である。「2島プラスアルファ」とは、これを安倍に吹き込んだ張本人と推測される佐藤優が『AERA』最新号で書いているところによれば、「歯舞・色丹は日本の主権下、国後・択捉はロシアの主権下にあることを確認し……国後・択捉では経済活動を含む活動について日本に特別の地位を認める制度をつくる」ことである。つまり、国後・択捉については主権主張を放棄する代わりに、特区のような形で経済活動をするのを認めて欲しいという話である。

これまでの「2島先行」というのは、1956年日ソ共同宣言に沿って、まずは歯舞・色丹の返還を実現するけれども、決してそれで終わりではなく、あくまでも国後・択捉の返還について交渉を継続していくという意味である。それに対して「2島プラスアルファ」とは、国後・択捉の返還を断念するという意味であって、佐藤が『AERA』で「朝日新聞は…『首相は今後の交渉で2島の先行返還を軸に進める方針に転換した』という見方を示していますが…今回の政策転換はもっと大胆な転換だ」と述べているのは、まさにその点を指している。

そうなると安倍は、これまでの「4島一括」という公式の態度から「2島先行」、それも諦めて「残りの2島断念」へと2段階のシフトダウンをしなければならないわけで、彼の支持基盤である日本会議系の右翼とはそれで折り合いがつくのかどうか。

日本会議は「日本固有の領土・北方領土をとりもどす」と題したパンフを発行し、その中で「4島一括返還」論を主張して運動を展開してきた。その立場からすれば、安倍の「残りの2島断念」論は手ひどい裏切りであり、安倍は制裁の対象となるのではないか。

17　北方領土は「我が国固有の領土」と言わない安倍政権（2019年2月7日）

2月7日は「北方領土の日」で、毎年、内閣府、地方6団体、民間の運動団体などによる「北方領土返還要求全国大会」が開かれる。が、今年は大会アピールの中で「北方4島が不法に占拠されている」という常套的な表現を使わないようにしようということになったようだ。これは共同通信のスクープで、『東京新聞』はじめいくつかの地方紙が4日付で書いた。それによると、安倍晋三首相のプーチン大統領を相手取った平和条約締結交渉に影響を与えないよう配慮したのだという。

そういえば、北方領土が日本「固有の領土」だという表現も安倍や河野太郎外相は避けているようで、1月31日からの衆参両院本会議での質疑でも、野党が「北方領土はいまだかつて外国の領土となったことがない我が国固有の領土であると思うが、総理の認識も同じか」と問うたのに対して、そのフレーズを繰り返さず、「北方領土は我が国が主権を有する島々で、この立場に変わりはない」という言い方をした。よく耳を澄ませなければならないが、「北方4島」という言い方もまた慎重に避けているように見受けられる。これもまた「ロシア側を刺激するのを避ける狙い」(1日付『日本経済新聞』)からのことである。

しかし、こんな子供じみた姑息な〝言葉遊び〟で、希代の戦略家であり国際法のプロでもあるプーチンをだませると、本当に安倍は思っているのだろうか。本欄で何度も書いてきたように、安倍が4島返還を断念して、国後・択捉の主権主張を放棄するのと引き換えに歯舞・色丹の2島だけの返還に懸ける方針に転換したにもかかわらず、それを正面から国会にも国民にも説明していないということが問題の核心である。

それは、4島全部が固有の領土で一括返還されて当たり前という従来からの公式方針とは著しく乖離する。いや、乖離しても一向に構わないが、それならそれで、きちんと論理的に理由を説明して、例えば第2次大戦末の旧ソ連軍による北方領土占領は必ずしも「不法占拠」と言い切れないので、今回その表現を取り下げることにした、と国民に正直に言えばいいのである。そうせずに、コソコソとこの言葉はちょっと使わないでおこうとか、口先だけの芸当でプーチンごときとやり合えると思うのが大錯覚である。

18　好戦首相が和平機運を妨害する危険な図式に他国は冷ややか（2018年5月10日）

安倍晋三首相が大型連休前半に中東各国を歴訪した際、「中東の安定と和平に貢献したい。イスラエル、パレスチナの双方に建設的な関与を働きかけたい」と語ったことに驚いた人は多かったのではないか。旧知のアラブ研究者がメールでこう怒っている。

「いま安倍が仲介して、ここまでこじれたイスラエル・パレスチナの交渉を再開させることは不可能だし、それ以前の目前の緊急課題として、イラン核合意を壊そうとするネタニヤフ・イスラエル首相の情報謀略に対して欧州が必死で闘っている最中に、何をノンキなことを言っているのか」と。

ネタニヤフは4月30日、イランが核開発を続けていることを示す5万5000ページの書類と183枚のCDを入手したとして、「イランは嘘をついた」と大々的に発表した。これは、トランプがイラン核合意を破棄するかどうかを決める期限としている5月12日を前に、米国を反イランの方向に引き込むことを狙った挑発で、当のイランは「すでにIAEAも把握している古い資料で、子供じみている」（ザリフ外相）としているし、欧州も「目新しいものではない」（英BBC）と冷ややかに受け止めている。前出の研究者が言う。

「この切羽詰まったイラン核合意をめぐる外交には日本の出番はないし、誰もそれを期待していない。そんな中で中東に出掛けて行って空疎な言葉を吐くよりも、まずは朝鮮半島の『安定、和平に貢献』するために『建設的な関与』をすることが日本の役目ではないですかね」

しかし残念なことに、安倍政権は朝鮮和平のプロセスでも何の建設的な役割を果たすことができずに置いてきぼりになっていて、その腹いせかどうか、ネタニヤフも顔負けの情報謀略を用いて妨害しようとさえしてきた。

河野太郎外相が3月31日の講演で「北朝鮮がトンネルから土を運び出し、次の核実験の用意をしている」と発言したのが一例で、この河野発言に対し、世界的に有名な北情報分析サイトである米ジョンズ・ホプキンス大学の「38ノース」は衛星写真付きで「そのような動きはなく、活動は減っている」と反論し、中国外務省も「朝鮮半島の緊張緩和に各国が努力している時に、足を引っ張ることのないように」と不快感を示した。

今やネタニヤフと安倍が好戦派の筆頭で、その2人が何とかしてトランプを和平を破壊する方向に導こうとしているという危険な図式である。

19　韓国に対する輸出規制は東アジア大循環をブチ壊す自損行為（2019年8月15日）

日本政府が韓国に対する事実上の〝報復〟として半導体関連の輸出規制に踏み切ったことが、ブーメランのように戻ってきて日本自身を傷つけるそのダメージは、一般に想像されるよりはるかに深刻である。

規制の対象とされたのは、半導体メモリーの製造に不可欠な「フッ化水素」や「レジスト」、有機ELディスプレーの素材となる「フッ化ポリイミド」の3品目。いずれも日本企業の世界シェアが70％、90％を占める超ハイテク素材で、日本がその輸出を規制すれば、例えばDRAM製造で合わせて世界シェア74％を占めるサムスンとSKハイニックスの韓国2社がたちまち立ち往生するけれども、その韓国製DRAMに頼っているパソコン、携帯電話をはじめありとあらゆる電子製品の生産が日本も含めて世界中で大混乱に陥る。フッ化ポリイミドも同様で、これを用いて有機ELディスプレーを製造して最先端を走る韓国のサムスンとLGが困るだろうが、それを輸入してパソコン、携帯などを生産している中国も困り、世界はもっと参ってしまう。

これは、「そうなると日本にも影響が及ぶ」という次元の話ではない。ご存じかどうか、日本はかつては自動車や白物家電など耐久消費財の輸出国であったが、総務省統計局「日本統計年鑑」の商品特殊分類別輸出によれば、今はそれらは輸出全体の16％にすぎず、代わって主役の座にあるのは資本財（51％）と工業用原料（23％）だ。そのすべてというわけではないが、ほとんどは日本でしかつくれない、もしくは日本のものが性能が格段に優れていて、高くても買わざるを得ないような高度な製造機械や超精密加工部品、まさにフッ化水素などのような超ハイテク素材など、日本の〝ものづくり〟の結晶のような高付加価値品である。

つまり、日本は今や高度資本財輸出国として、世界貿易の中で独自の地位を築いている。しかもその地位は、日本単独で維持できるのではなくて、それらを韓国や中国が輸入してDRAMや有機ディスプレーなどの品質の高い複合部品や中間製品をつくり、それらをさらに中国や東南アジアに運んで、そこで大量生産が行われるという、絶妙な国際分業体制が作動していて、そのおかげで日本経済はなんとか回っている。

この日韓中を軸とした東アジアの大循環をもっと強化することが戦略課題だというのに、安倍政権は自らそれをブチ壊す自損行為に出ているのである。

20 「多国間主義の衰退」を警告した教皇の言葉をかみしめる（2019年11月28日）

来日したローマ・カトリック教会のフランシスコ教皇は長崎での演説の中で、「私たちは多国間主義の衰退を目の当たりにしている」と述べた。

教皇は、核兵器の廃絶に一致結束、努力を続けることを訴え、そのためには相互不信の流れを断ち切って、軍備管理の国際的な枠組みが崩壊するのを防がなければならないと強調。その文脈で多国間主義の衰退に警告を発したのである。

さりげない一言だったので、聞き逃した方も多かったかもしれないが、新聞では『読売』だけが25日付朝刊の1面トップで「ローマ教皇、核廃絶訴え／『多国間主義の衰退』懸念」と大見出しを立てた。めったにこの新聞を褒めたことのない私だが、今回は「あっぱれ」マークを進呈しておこう。

実際、多国間主義の衰退は時代のキーワードである。直接には、トランプ米大統領の下で米国と旧ソ連との間で結ばれていた中距離核戦力（ＩＮＦ）全廃条約が破棄され、冷戦時代に逆戻りするのかという事態が現出したり、欧州勢が苦心してつくり上げたイランの核開発放棄のための枠組みを米国がブチ壊して、あわや戦争かという危機を招いたりしていることを指している。

しかし、こうした米国の独善は今に始まったことではない。ブッシュ父は、冷戦を終わらせたのは偉かったが、「冷戦という名の第３次世界大戦に勝利した米国は〝唯一超大国〟になった」と誤認した。それを受けてブッシュ・ジュニアは「単独行動主義」を掲げ、アフガンとイラクの２つの戦争を引き起こし、結果的にＩＳという厄介なテロ集団をつくり出してしまった。

冷戦が終わったということは、東西それぞれの陣営に盟主がいて互いに覇権を争うという時代が終わったということで、それ以後は誰が誰に命令することもなく、問題に応じて関係国が集まって全員がフラットな立場で話し合って解決を図る。それが多国間主義であるけれども、米国のとくに共和党政権はそのことを根本的に理解できず、依然として盟主のように振る舞おうとする。

日本は、本当はそういう米国の時代錯誤をいさめるべき立場にあるというのに、安倍政権は冷戦時代と同様に米国を盟主とあがめ立て、言いなりになって、いらない兵器まで爆買いさせられているありさま。安倍晋三首相こそ、教皇の言葉をかみしめるべきである。

21　戦略不在で成果なし、幼稚化に拍車をかける「官邸外交」（２０１９年８月８日）

安倍晋三首相の「得意分野」は外交だということになっていて、先の参院選でも自民党公約の筆頭に「世界の真ん中で、力強い日本外交」を掲げたりもしていたが、考えてみると単に外遊の回数が多いというだけで、レガシーとして語り継がれるような目覚ましい成果は何ひとつ達成されていない。なぜそうなのか、外交の専門家に問うた。彼の分析はこうだ。

「ひとことで言えば戦略不在。長期の視点に立って、段階を追い、丁寧に駆け引きしながら合意を積み重ねていくという粘り強さがなくて、トランプとゴルフをするとか、プーチンと一緒に温泉に入るとかしてトップ同士で仲良くなれば何とかなるんじゃないかという、恐ろしく幼稚な発想しか持ち合わせない。しかも注意力散漫な傾向があって、ちょっとやってダメだったらすぐに別のテーマに移ってしまい、一つ一つ始末をつけるということができない。これではとても成果など上げられるわけがないでしょう」

確かにこの半年ほどを振り返っても、北方領土は2島返還で参院選前にも決着がつくかのことを大宣伝したのに、プーチンに相手にされず、そこで切り替えて、北朝鮮の金正恩と会談したいと遠吠えに呼びかけたが「厚かましい」と言われてしまった。仕方なくトランプを令和最初の国賓にして、ゴルフだ大相撲だと異常なほどの大接待で盛り上げようとしたが、返ってきたのは、在日米軍経費を5

倍にしろとか、農産物輸入の開放とか、まるで日本を属国としか思っていないかのような法外な要求でしかなかった。

前出の専門家は「そのようにすべてがうまくいかず八方塞がりに陥っていることへの苛立ちゆえに、韓国に対する輸出規制という極端な方策に走ったのだろう。慰安婦や徴用工の問題を落ち着いて議論していく環境をつくらなければならないという時に、しかも日朝首脳会談を実現したいならなおさら韓国との連携を深めなければならないはずなのに、落としどころも考えずにすべてをブチ壊すようなことをするのは、子どもじみている」と指摘する。

さらに彼はこうも付け加えた。

「安倍と今井尚哉秘書官の2人だけの〝官邸外交〟になってしまい、国家安全保障局や外務省が脇に追いやられていることも、この外交の幼稚化に輪をかける一因だろう」と。

第4章 「やってるふり」だけで前進しなかった拉致問題の18年間

トランプ政権が北朝鮮に経済制裁のみならず軍事圧力までかける強硬路線に打って出たため、安倍政権はすっかり高揚して、日本海で自衛隊が米軍と肩を並べて戦えるようにするための集団的自衛権の解禁や北のミサイルを撃ち落とすイージス・アショアの購入に突き進んだ。が、そうやって北への敵意を剥き出しにすれば安倍のライフワークとも言うべき拉致問題の解決は遠のくばかり。家族や支援者には「最重要の課題で、私の在任中に必ず解決する」と口先サービスを繰り返すしかなかった。

ところがそのトランプがいきなり金正恩委員長との対話路線に転換したため、呆然自失（本章6など）。慌てて対話を言い出しても、昨日まで「対話のための対話は不要」と言っていた安倍を金が相手にするわけがない。仕方なく、トランプに電話をして金との間を仲介してくれるようお願いするという無様なことになった。家族が「結局、安倍は何もしなかった」と怒るのは当然である。

1　拉致再調査が官邸の思惑通りに動かない理由（2014年8月28日）

じりじりと下がる内閣支持率を一気に挽回する決め手として、安倍晋三首相が仕組んだ日朝間の「拉致再調査」だが、北朝鮮の特別調査委員会による最初の報告が届くはずの9月中旬を前にして、官邸周辺にはやや悲観的な空気が漂っているという。

当初の思惑では、特定および認定拉致被害者の1人でも2人でも生存が明らかになれば、それはもうマスコミ挙げての一大報道合戦になり、その勢いに乗って安倍自らがピョンヤン訪問。訪問国の数だけは多いが目覚ましい成果はほとんど何もない安倍外交に大輪の花を咲かせようということだったが、どうもそううまく運びそうにない。事情に詳しい北朝鮮消息通が解説する。

「北朝鮮のペースにはめられたと思う。1つは、今回の日朝合意で『全ての日本人に関する調査を包括的かつ全面的に実施する』とあるのを、日本側は勝手に最大関心事である拉致被害者の調査が優先されると思い込んでしまったが、北側の報道などでは戦没者の遺骨、日本人妻、残留日本人、それから拉致という順番になっていて、北にとって痛くもかゆくもないところから〝小出し〟にして、日本をズルズルと引っ張っていこうとしている。

2つには、そうなりそうな理由として、北は調査すると言葉で約束しただけなのに、日本は早速、経済制裁の一部解除という実際行動で答えた。その直後の7月3日に北の宋日昊担当大使が北京で

『日本の制裁解除の内容を見極めた上で調査結果を発表する』と言ったように、最初から足元を見られている。

第3に、日本が前のめりになるのは、今回の調査委員長に、最高権力機関である国防委員会の直下にある国家安全保衛部の徐大河副部長が就いたことで、外務省筋はさかんに『初めて大物が出てきた』とか『透明性がある』とか期待をあおっているが、本当の権力中枢は、旧ソ連でいえばKGBに当たる国家安保部よりも、労働党の組織指導部だ。このあたりの判断がちょっと甘かったと官邸も気づき始めているのではないか」と。

この2つの部は、いずれも部長は不在。ということは金正恩第1書記が直轄する手足のような機関だが、国家安保部が持っているのは党、軍、政府のすべてに対する監察機能であるのに対し、組織指導部はそのすべての人事任命権を握っている。金正恩の叔父で後見人だった張成沢が昨年末、突然粛清されたのも、張が組織指導部の権限に手を突っ込んだために逆襲に遭ったのだという説もある。この国の底知れない権力構造の闇をよほど見極めないと、安倍政権が手玉にとられる危険がある。

2　目くらましのために北朝鮮危機を過剰に煽る〝便乗詐欺〟（2017年5月11日）

安倍晋三首相のゴールデンウイークの過ごし方といえば、4月27〜30日にロシア・英国を訪問したが何の用事で行ったのか分からずじまい。5月1日は午前中に官邸で会議があって、午後は散髪、夜は新憲法制定推進大会で挨拶し、2日は東北被災地視察。3日に山梨県の別荘に移って7日まで滞在し、その間にお友達とのゴルフが3回、中華料理店での会食2回、庭でバーベキュー1回、温泉旅館で入浴1回と、本人も「非常にゆっくりした。明日からまた頑張る」と言うほど、のんびりしたリフレッシュ休暇だった。

とすると、今にも米朝間で戦争が始まって、日本にも北朝鮮のミサイルが降ってきそうだというあの一連の騒ぎはいったい何だったのか。元外務官僚が言う。

「意図的に危機感を煽って国民を脅し、政権への求心力を高めようとする心理作戦です。米国はもちろん、もし戦争になれば日本より遥かに大きな被害に遭うはずの韓国でも、そんな話にはなっていない。韓国のネットでは、北のミサイル発射のニュースを聞いただけで東京メトロが列車を止めたことが、『日本人って臆病なんだね』と笑い話になっているほどです」

実際、5月1日午前に官邸で開かれたのは、内閣危機管理監、国家安保局長、外務・防衛幹部を集めた国家安保会議で、当然、北朝鮮をめぐる情勢が議題となったが、何ら差し迫った危険はないということで、わずか15分間で散会となっている。だから安倍はそのあと散髪に行ったり、GWをゴルフ三昧でのんきに過ごしたりしたのだ。

それを「けしからん。緊張感に欠けている」と怒っている人が与野党双方にも評論家の間にもいるが、話はさかさまで、本当は危機など差し迫っていないことを知っているから、ゴルフに興じていたのである。緊張があるのにのんびりしていることが「けしからん」のではなくて、緊張など迫っていないのに、迫っているかのようなことを言って国民を恫喝していることが「けしからん」のである。

野党の中堅議員もこう指摘する。

「北朝鮮危機を過剰に煽って、それを目くらましに使うことで、森友学園事件を早く忘れさせよう、目の前の共謀罪法案を通過させよう、改憲への道筋もつけようという安倍の便乗詐欺に引っかかってはなりません」と――。

3　米本土に向かうミサイルを日本が打ち落とすという錯誤（2017年8月17日）

今週日曜日のTBS系『サンデーモーニング』を見ていてちょっと驚いたことがあった。

北朝鮮のミサイルの問題を論じている時に、準レギュラーのコメンテーターである外交評論家の岡本行夫が「北のミサイルが日本の上空を飛び越えて米本土に向かうというのに、日本が（何もしないで）行ってらっしゃいと手を振って見送るわけにはいきませんから」と、同盟国としての日本がそれをはたき落とすよう努めるのは当然という趣旨のことを語っていた。

ところが残念なことに、北朝鮮から米本土に向かう大陸間弾道弾は、日本列島はもちろん日本海の上空すら通らない。ミサイルは最短距離を飛ぶので、北朝鮮からほぼ真北に向かって中国ハルビンの東、露ウラジオストクの西の辺りを通り、北極海、カナダ・ハドソン湾の上空を通ってワシントンに到達する（図）。

これを日本海に浮かべたイージス艦で横から撃ち落とすというのは全く不可能なのである。グアム

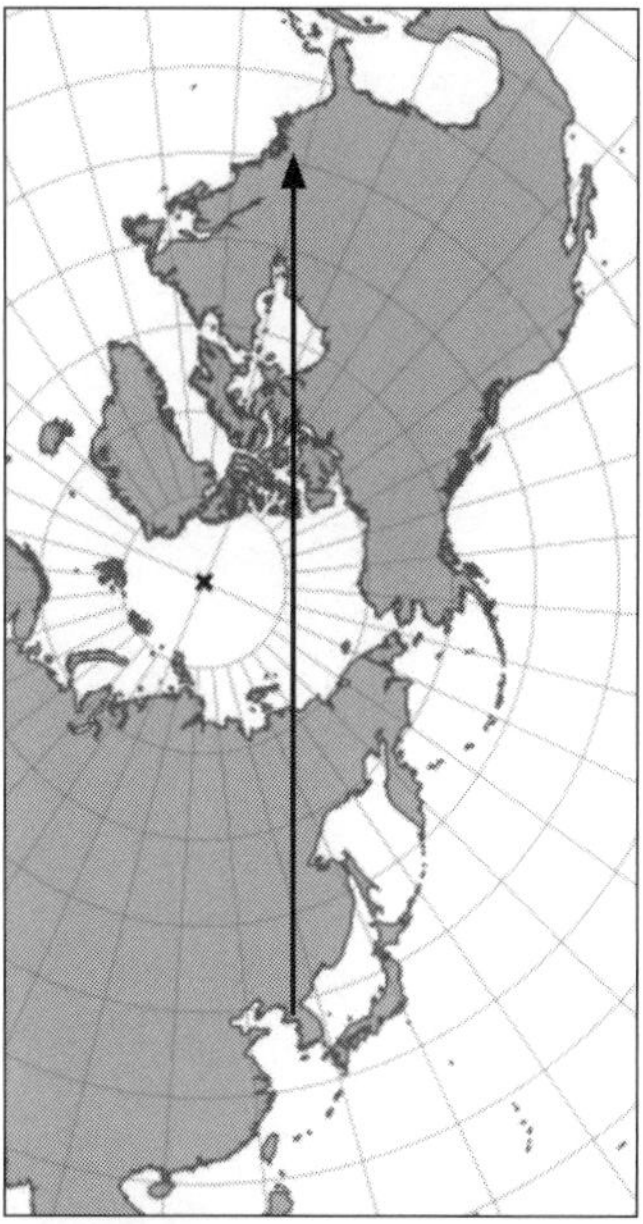

図　北極中心の正距包囲図法の地図で北朝鮮北部からワシントンまでの最短距離を示す。

に向かうというのであれば、日本の中国・四国地方の上空を通るし、またハワイに向かうというのであれば東北地方の上空を通る。しかし今の日本の感知システムでは、発射から数分後に通過したことを後になって分かるのが精いっぱいで、せいぜいが誤って部品の一部が落ちてきた場合にそれを空中粉砕できるかどうかである。

私は岡本とは3分の1世紀ほど前、彼が外務省北米局安全保障課長の時からの知り合いで、今もあちこちでご一緒することが多いので、こんなことを言うのはイヤなのだが、北朝鮮や中国の〝脅威〟を強調する安倍政権の立場に寄り添おうとすると、こんな初歩的な間違いを犯すことになるのだろう。

4　得意なはずの北朝鮮問題が安倍首相の命取りになる可能性（2017年8月24日）

米韓軍事演習が予定通り始まって、これに北朝鮮がどういう反応を見せるか、片時も目が離せない緊迫が続いている。が、旧知の米外交専門家によると、「それは表面だけで、米朝双方とも軍事衝突を回避することで基本的な認識は一致している。それればかりか、水面下での接触を通じて、軍事演習の内容やプレス発表の仕方などについて米韓側が一定の抑制をすれば、北もいきなりミサイルをぶっ放したりしないということで、すり合わせが行われているという。危機には至らないだろう」と言う。

しかし、トランプ大統領は「怒りと炎」とわめいているし、米軍トップも軍事行使の可能性を否定していないではないか。

「軍幹部が軍事力の発動を否定するわけがないから、そう言い続けるのは当然だ。しかし、93年にクリントン政権が北の核施設破壊作戦を検討した時は、北の報復能力をすべて封じることは不可能なので、『大規模戦闘が3カ月に及び、死傷者が米軍5万人、韓国軍50万人、韓国民間人の死者100万人以上』との予測が出て、軍部が反対した。それから24年経って、今の北は、最大で60発の核弾頭と短中長のミサイルを山ほど持っているんだぜ。北だけでなく、韓国も日本も全滅する。北の問題の『軍事的解決』なんてあり得ないんだ」と米専門家は断言する。

もちろん経済制裁は続けるし、軍事圧力も緩めるわけにはいかないけれども、それで不測の戦闘に転がり込まないために双方とも細心の注意を払っているということだ。それで〝落としどころ〟はどうなるのか。

「それは最初から見えていて、北が核・ミサイル開発を凍結することを条件に、朝鮮戦争の休戦協定を平和協定に置き換える交渉を開始し、追っかけて米朝国交交渉も開始することだ。朝鮮戦争が公式に終了すれば、北が核武装しなければならない理由が消滅する」

さらに米専門家は言葉を継いだ。

「時間はかかっても、米国はそういう方向に動く。そうなると一番困るのは日本の安倍晋三首相だろう。彼の発想はいまだに、米国を盟主に日本と韓国が左右を固めて軍事・経済圧力を強めれば北は屈服するだろうという、冷戦時代の反共軍事同盟スタイルだ。それだと〝落としどころ〟がない。ある日突然、米朝が交渉に入って、呆然と立ち尽くすということにならないか」と。

得意なはずの北朝鮮問題が安倍の命取りになる可能性があるということである。

5 麻生副総理がまた「武装難民」の与太話を繰り返す理由（2017年9月28日）

麻生太郎副総理が23日の講演で、北朝鮮有事となれば10万人単位の武装難民が船に乗って押し寄せ、新潟、山形、青森に間違いなく漂着するので、警察で対応できなければ自衛隊が防衛出動して射殺することも真剣に考えた方がいいという趣旨の発言をした。

難民が武装していると頭から決め込んで、救助より先に射殺を考えるという発想が狂気の沙汰であるけれども、彼がこういうことを口にしたのは初めてではなく、なんと10年前、第1次安倍内閣の外相だった2007年1月7日の会見で「北朝鮮崩壊で10万〜15万人の難民が日本に上陸し、しかも武装難民の可能性が極めて高い」と発言していた。

当時から私はこれを「錯乱」と批判してきた。第1に、北朝鮮が国家崩壊して大量の難民が発生したとして、彼らは海を越えて日本に押し寄せることはなく、鴨緑江・豆満江を歩いて渡って中国東北地方に逃げる。同地方には150万人を超える朝鮮族が居住する。第2に、国家崩壊ということはすでに戦争状態になっているはずで、その時に敵国である韓国や日本に向かうという発想が湧くとは考えられない。第3に、仮に湧いたとしても、北には10万〜15万人を乗せるだけの船がない。第4に、それでも来たとして、その人たちは命からがら救済を求めて来るのであり、武装して日本人に危害を加えようとする理由が見当たらない……。

つまり、荒唐無稽としか言いようのないデマなのだが、当時は『朝日新聞』などマスコミも盛んに取り上げて、「武装難民が離島に上陸するぞ」などと危機感を煽っていた。ちょうどその頃、ある文化イベントで森本敏拓大教授（後に防衛相、現拓大総長）と対談する機会があり、私が「あの北朝鮮の武装難民が押し寄せるとかいうバカげた話は何なのですか」と問うと、彼は「いやあ、あれはね、冷戦が終わって旧ソ連が北海道に大規模上陸侵攻してくるというシナリオが消えたので、陸上自衛隊がやることがなくなっちゃったんだよ」と、やや恥ずかしそうに答えた。

しばらくしてその話は下火になったが、12年に野田政権が尖閣を国有化したのを機に日中間がヒートすると、今度は「漁民に紛れた中国の海上民兵」が離島を襲うという話として再浮上。実際に陸自が南西諸島に次々に基地を建設して進出する事態にまで発展した。で、また北朝鮮が危なくなると元の「武装難民」バージョンに戻ったというわけだ。こういう与太話には惑わされないようにしよう。

6　安倍首相に対話路線のトランプを非難する勇気があるのか（2018年1月18日）

韓国と北朝鮮が閣僚級会談を開き、平昌五輪に北が参加するなどの合意が得られたのは、大いにめでたいことで、これを後退させずに対話を通じた平和的解決につなげていく国際社会の努力が求められる。ところが、日本の安倍ベッタリ新聞のこれに対する反応はほとんど常軌を逸していて、金正恩の呼びかけに応じた文在寅の姿勢は「日米韓の連携に水を差し、北朝鮮の思うつぼ」にはまるものだというネガティブな評価である。

今の引用は1月11日付『日本経済新聞』第2面の社説「北朝鮮への疑念拭えぬ南北対話の再開」からのものだが、同日付の同紙の紙面を見渡すと、第9面で「文氏危うい『南北主導』／包囲網に抜け穴懸念」「米、韓国の独断専行警戒／過度な融和姿勢にクギ」と、もっぱら文が日米の路線から脱して独自の行動を取るのはけしからんという論調。

「専門家はこう見る」というコラムでも「米韓は共同歩調保て」と、韓国が勝手な真似をするのは許さないという米専門家の意見を並べている。さらに第3面では「慰安婦、すれ違う日韓／文氏、内向き強める／対北朝鮮協力にもリスク」と、文政権の慰安婦問題での対日姿勢が北朝鮮を利することになるというソウル特派員の冗長な記事を掲げている。まさに全紙面を挙げて、文政権の南北対話への積極姿勢は「危険」だと水をかけているのである。

ある元外交官が言う。

「この日経の論調は、外務省の旧態依然の冷戦思考そのまま。米国を盟主と仰いで、その両脇を日本が左大臣、韓国が右大臣として固めて、その3国軍事同盟で、いざとなれば戦争も辞さずという強硬姿勢で、北朝鮮、それを陰に陽に支援する中国、ロシアの旧共産陣営に立ち向かっていくのだというアナクロニズムの極致です。ところが、その米日韓同盟から真っ先に韓国が対話路線に転じ、それを米国が全面的に歓迎するということになってきて、すでに安倍の思い描く3国同盟は崩壊しているのです」と。

安倍はこれまで「対話のための対話」は要らないと言ってきた。その意味は、北が全面屈服して、核もミサイルも廃棄し、拉致被害者もすべてお返ししますからお許し下さいと申し出てこない限り、対話などあり得ないということだろう。

ところが文もトランプも「対話のための対話」の方向に踏み出してしまって、さあ安倍はどうするのか。文はともかく、トランプを非難する勇気があるのだろうか。

7 拉致解決をトランプに託す幼児外交で窮地に追い込まれた安倍政権（2018年3月15日）

米国きっての朝鮮半島問題の専門家、ビクター・チャ・ジョージタウン大学教授が、9日付の『ニューヨーク・タイムズ（電子版）』に寄稿した中で、こう書いている。

「日本の指導者は、トランプの選挙キャンペーンで最強のチアリーダーの役割を演じ、ピョンヤンに圧力をかけ軍事的オプションを考えるよう働きかけてきた経緯があるので、今は外交的むち打ち症のショックに苦しんでいるに違いない」と。

その通りで、1939年に独ソ不可侵条約締結に直面した平沼騏一郎首相が「欧州の天地は複雑怪奇」と吐いて内閣総辞職したのに倣って、安倍晋三首相も「朝鮮の情勢は複雑怪奇」と言って政権を投げ出したい気分なのではないか。

安倍は「対話のための対話はいらない」と言って、「圧力のための圧力」の危ない路線を主張し、その点で「米国と100％一致している」と繰り返してきた。が、真っ赤な嘘だったわけで、どうにも説明のつかない事態に追い込まれた。

とりあえず何とか取り繕うべく、4月初旬にも訪米して日米首脳会談を開く段取りをつけたものの、米韓朝の対話路線の前進のために日本が貢献できることは何もなく、では何をしに行くのかといえば、「拉致置き去り警戒／日本、米に協力要請へ／来月、首脳会談」（10日付の『日本経済新聞』の見出し）である。

もともと、核問題と拉致は直接には何の関係もない。ましてや、これからトランプと金正恩が、朝鮮戦争休戦以来の米朝対立を根本的に解消することができるか、それに失敗して再び戦争の瀬戸際へと転がり込んでいくのかを賭けた世紀の大勝負に出ようとしている時に、彼らの頭の片隅にでも「あ、そうだ、日本の拉致問題も議題にしなければ」という思いがよぎる余地など、まったくありえない。

むしろ、かつての6カ国協議でも米国や中国から苦言されたように「核と無関係の問題を絡めるのはやめろ。拉致は日朝間で交渉してくれ」と突き放されるのに決まっている。

改めて言うまでもないが、2002年の平壌宣言直後、〃一時帰国〃した5人の拉致被害者を北に戻さないという決断をして日朝の交渉パイプを切断したのは、官房副長官だった安倍であり、以後、この問題は一歩も進展しないまま16年間が空費された。これを何とかするには安倍が自力で日朝首脳会談への道を切り開く以外にない。その自覚もなしにトランプに「何とかしてくれ」と頼みに行く安倍も、それをまた大見出しで応援している日経も、あまりに自国中心の幼児思考にはまっている。

8　拉致被害者が帰ってくるかのような幻想を振りまく罪深さ（2018年4月26日）

安倍晋三首相が22日、北朝鮮による拉致被害者の家族の方々と面会した際に、先の日米首脳会談で「トランプ米大統領は『拉致被害者の早期帰国のために可能な限りすべてのことをして、日本に帰国させる』と明言した」と説明したという報道に接して、私は「あーっ、またその場限りの希望的観測のようなことを口にして、家族や支援者を裏切ることにならないか」と暗たんたる気分に陥った。

拉致議連の元幹部だった某自民党政治家と久しぶりに電話で話すと、彼もまったく同じ心配を抱いていた。「だってそうでしょう」と彼が言う。

「拉致問題の解決は日本と北朝鮮の間の問題で、日朝で交渉を積み重ねて最終的には日朝首脳会談を実現して、そこで勝負すべき事柄です。ましてや安倍は『拉致の安倍』ということで売り出して総理にまで上り詰めた男ですから、自分で血路を開かなければならない。しかしどうですか、この5年間、彼は口癖のようにして『拉致は最重要課題』と言うけれども、本気で北と交渉できるような環境整備には何も取り組んでいない。事態は1ミリも動いていないどころか、むしろ逆で、米国の一部タカ派と調子を合わせて、米日韓の軍事協力で北を抑えつけるんだというような時代錯誤のことばかり言ってきた。それで方策を失って、しかし家族や支援者から突き上げられることを恐れ、『いまトランプに頼んでいるので、ちょっと待って』という話に逃げるしかない」

言うまでもないことであるけれども、いま金正恩、文在寅、習近平、トランプ、そしてやや後景にいるプーチンも含めて、北東アジアの関係諸国を挙げて取り組んでいるのは、北の核の脅威というこの地域の最大の危機要因をデフューズして、1953年以来の懸案である朝鮮半島の和平を達成するかという、とてつもない難題で、関係諸国は言わば命懸けでこれに挑んでいる。

その時に安倍が「ちょっと待って。日本は拉致という最重要問題を抱えていて、これも議題にのせて下さい」とお願いに行って、普通なら「何を言っているんだ。それは日朝間でやれよ」と言われるに決まっている。トランプは安倍のゴルフ友達なので、そうは言わずに「分かった。できるだけのことはしよう」と言ったのだろう。しかし、トランプが拉致問題を持ち出したとして、金正恩がその議論に時間を割くことは100％あり得ない。トランプ頼みで拉致被害者が帰ってくるかの幻想を振りまくのは、あまりに罪深い。

9　口先だけの「しているふり」で人々を騙し続ける日本の首相（2018年8月30日）

「会社勤めを長くしていると『仕事をしているふりがうまい人』がいるのに気付くものだ。読者の皆さん、今、うなずいたでしょ。安倍首相もこれと同じで『外交で実績を上げてるふり』がうまいだけではないのか、というのが、失礼ながら私の仮説である」

「『仕事をしているふり』がうまい人には、いくつかの特徴がある。『得意先の誰々と会った』など途中経過をやたら報告する。小さな成果をアピールする（大きな成果は上がらない）。誰かが大きな仕事をすると『実は自分も関わっていた』と便乗するなど」

以上、長い引用になって恐縮だが、最近教えられて読んで共感した『西日本新聞』7月22日付のコラム「『しているふり』にご注意」の一節である。これを読むように勧めてくれたのは、『拉致被害者たちを見殺しにした安倍晋三と冷血な面々』（講談社、15年刊）の著者、蓮池透元家族会事務局長である。

安倍晋三首相は、そもそも「拉致の安倍」を売り物に総理の座に駆け上ったのではあるけれども、実は彼はこの問題で「しているふり」をするばかりで、よくよく落ちついて振り返れば2002年の平壌宣言から今日までの16年間、拉致問題は何ひとつ進展していない。それを家族会や支援団体から責められるので、安倍は苦し紛れに、米朝首脳会談が開かれるという流れに乗りかかって、「ワシントンに行ってトランプに拉致を取り上げてくれるよう頼んできた」（途中経過をやたら報告）、「トランプが自分で拉致被害者を連れ帰るかのようなことを言っていた」（小成果の過大もしくは虚偽アピール）などと騒ぎ立て、さらには朝鮮和平に「実は自分も関わっていた」かのように言い立てるのである（便乗自己宣伝）。

しかし「しているふり」もここまでで、さあ次はどうするのかと問われれば、まさか「もう一度トランプにお願いに行く」とは言えない。そこで「最終的には日朝首脳会談を開いて、私が……」と言わざるを得なくなったが、「最終的にって、いつのことだ」と蓮池は笑う。何の準備も予備交渉もしていないから当分は開かれないが、いつの日か開かれるという意味だろうか。このように安倍は、口先だけの「しているふり」で人々を欺き続けている。

10　日本政府は朝鮮和平を妨害するだけの対北外交でいいのか（2018年9月27日）

「『朝鮮戦争終戦』を警戒」という9月24日付『東京新聞』3面の見出しには、当初、我が目を疑った。世界中の人々が朝鮮戦争の再発を警戒し、その危険を除去するための南北、米朝の対話が成功して、1953年の休戦協定が恒久的な平和協定に置き換えられる日が来ることを祈念しているさなかに、朝鮮戦争の終戦を警戒している人がいる？　ということは、朝鮮戦争が休戦状態のままで、いつ戦闘が再開されるか分からないという状態が続く方がいいと思っている人がいる？　さて何のこっちゃ。そういう人がいるとすれば誰なんだ——と思いつつ記事を読むと、驚くべきことに、それは「日本政府」なのだという。

同紙によると「日本政府は朝鮮戦争の『終戦宣言』に神経をとがらせている。朝鮮半島の非核化が後回しにされ、安全保障への悪影響も考えられるためだ。安倍晋三首相は訪米中、トランプ大統領に懸念を伝え、安易に宣言に応じないよう働きかけるとみられる」という。

これって、朝鮮和平に対する妨害行為ですよね。南北が軸となり、中国やロシアも支援して、トランプが気まぐれを起こしてちゃぶ台返しの挙に出ないように、ガラス細工を積み上げるように息を詰めて真剣な作業に取り組んでいるというのに、安倍はトランプが簡単に和平に応じないよう足を引っ張るという粗暴行為に出たのである。

もちろん北と米国との間に、終戦宣言が先か非核化が先かという駆け引きが続いているのは事実である。しかし、私に言わせれば、米国がこの駆け引きにこだわっていること自体が奇妙で、終戦宣言とはお互いに戦争手段に訴えることをしないと言葉の上で約束を交わした上で、その後の面倒な交渉事を心静かに進めていこうという趣旨のものであるから、さっさと振り出せばいいし、一度振り出したら取り返しがつかないというものでもない。

非核化は、ネジクギを1本ずつ外して巨大な構造物を解体していくような、気の遠くなるほど時間のかかる作業で、その間、何年でも「ちゃんとやらないと軍事攻撃するからな」と脅し続けるのは理不尽だろう。向こうの立場からすれば「やっていられないよ」となってしまう。日本の対北外交は不信感を煽り立てることにだけ熱心で、これでは日朝首脳会談など遠のくばかりである。

11　言葉遊びで相手が引っかかるのを待つ稚拙な外交手法の失敗（2019年5月23日）

安倍晋三首相は19日、北朝鮮による拉致被害者の家族らと会い「残念ながら日朝首脳会談については、まだメドが立っていないのは事実だ」と率直に認めた。

それはそうだろう。安倍は1年前までは「対話のための対話は不要」で米国と足並みを揃え「最大限の（ということは軍事・経済両面で）圧力をかけ続ける」と勇ましく叫んでいたのに、トランプ米大統領にあっさりとハシゴを外されて焦り、急に「条件をつけずに対話したい」と言い出した。これでは先方も戸惑うばかりである。

しかもこういうことは、表舞台と裏工作、実はもうひとつ裏に極秘ルートもあるといった二重、三重の仕掛けを周到に用意して立体的に進めなければならないが、安倍のやり方は、「最大限の圧力」という表現を「引き続き圧力をかけ続けることに変わりはない」と言い換え、それでも足りないと見るや「圧力」という言葉そのものを引っ込めるという、〝言葉遊び〟のようなことをしながら、小出しに餌をまいて相手が引っかかるのを待つ単純かつ素朴なもの。滞日体験の長い米国人記者に言わせると、「外洋でカツオの一本釣りをするようなダイナミックな場面で、釣り堀で金魚を釣るようなチマチマしたやり方をしてもうまくいかないでしょう。だから金正恩委員長も、さらに北方領土交渉で言えばプーチン大統領も、食いついてこない」ということになる。

「いや、方針転換するのはいいんです。世の中、動いているんですから」とその米国人記者がこう言う。

「ただしそれを分かりやすく国会にも国民にも説明して納得をしてもらわないといけないですね。だって安倍さんは昨年春までは、北のミサイル発射を『国難』と言って小学校の子どもたちに避難訓練までさせたのに、先日また何やら『飛翔体』が飛んでもダンマリで、『対話が大事だ』というのでは、金委員長のみならず我々もみなキョトンとしてしまいます」

確かに、対ロ交渉でもまず「固有の領土」「ソ連軍による不法占拠」などの決まり文句を次々に引っ込めて、「北方4島」と呼ぶのもやめて「2島プラスアルファ」だとかの〝言葉遊び〟に走り、プーチンも我々もキョトンとさせられた。

これが「外交上手」が自慢のはずの安倍の失敗の本質である。

12　軟弱姿勢が目立つ安倍外交では日朝首脳会談の道は開かない（2019年6月6日）

安倍政権の北朝鮮に対する「軟弱姿勢」が目立つ。17日の防衛大学校卒業式で訓示した安倍晋三首相は、近年は毎回、思い切り強調してきた「北朝鮮の核・ミサイルの脅威」に一言も触れなかった。

また、それに先立つ13日の定例会見で、菅義偉官房長官は、ジュネーブで開催中の国連人権理事会に

2008年以来10年間、欠かさず続けてきた北朝鮮非難決議の提出を今年は行わないことにしたと発表した。

周知のように、去年の今頃までは北朝鮮を〝主敵〟のように言い立てて、経済制裁はもちろんのこと、日本海に飛来した米爆撃機を航空自衛隊機でエスコートするなど、米国と一緒に戦争することも辞さないかの構えを取って「最大限の圧力をかけ続ける」と叫んでいたのに、一体どうしたことなのか。外交通の野党議員に解説を求めた。

「第1に、〝親分〟のトランプが北との対話に転じてしまったので、理も非もなく尻尾を振って付いていくという属国根性の表れ。第2に、拉致問題を『最も重要な課題』と位置付けながら、直接には何もできず、ただトランプに何度も電話して金正恩に言ってもらうよう頼むという哀願外交を続けてきたが、それも役に立たなかった。そして第3に、ロシアのプーチン大統領との個人的親しさを売り物に北方領土問題の進展を図ったけれども、夏の参院選前に成果を出して選挙の目玉にするなど到底不可能であることがはっきりした」

そこで、急きょ矛先を転じて、何とか北との対話のきっかけを掴めないか、下手なジャブでも数打ちゃ当たるということで、やたらにサインを繰り出してあがいているというのである。

しかし、誰が考えても分かるように、いま金正恩はトランプを相手に、何とか戦争を抑止して国家の存続を確保しようと命懸けの駆け引きに打って出ていて、日本の安倍に顔を向けている暇など一秒だってないに違いない。

北方領土交渉が挫折したのも、「北方4島」とか「一括返還」とかの従来の用語を引っ込めれば、その〝言葉遊び〟のジャブにロシアは乗ってくるだろうという甘い見通しを立てたからである。北朝鮮に対しても同じ過ちが繰り返されつつあり、従ってこの小ざかしいやり方では、日朝首脳会談への道をこじ開けることは不可能とみるべきである。

第5章　「集団的自衛権」という地雷原に踏み込んでしまった無自覚

安倍にとって「集団的自衛権」の解禁は、①個人的にはお祖父さんが日米安保条約の改定を手掛けながらそこまでは踏み込めなかった無念を晴らすことであり、②内政的にはこれを突破口として改憲に取り組み、日本会議（本章10）や櫻井よしこら右翼勢力を喜ばせることであり、③外交的には日米安保が片務的だという米国の積年の不満に応えることでもあった。

しかしそのための安保法制法案には国民の反発が広がって、国会が連日何万人ものデモ隊に取り囲まれ、その騒然たる雰囲気の中で著名な憲法学者や歴代の内閣法制局長官らが口々にこの法案を「違憲」だと反対を表明したこともあって、政局は混乱した（本章9）。最終的には強行採決で押し通しはしたものの、この時に全国に高まった「戦争をする国にしない！」という市民のエネルギーが、安倍が在任中に何としても改憲のきっかけだけでも作り出そうとする野望を砕くことになった。

1 集団的自衛権も一知半解でデマゴギーを振りまく安倍首相の危うさ（2013年7月4日）

安倍晋三首相は、『中央公論』7月号の田原総一朗インタビューで、集団的自衛権の見直しに触れ、こう語った。

「例えば公海上で日本の船を警護するためにいる米艦船に対して、ミサイルが飛んできた。近くにいた日本のイージス艦がそれを察知し、撃ち落とす能力も持っていた。見過ごせば何百人もの米兵が死ぬ。そうなれば、日米安保体制は『終わりの始まり』になるでしょう」

安倍首相のいわゆる集団的自衛権再検討の「4類型」のうち第1類型について語っているわけだが、これを読むと、この人が相変わらずの一知半解でデマゴギーを振りまいているだけだということがよく分かる。

第1に、米艦船と近くにいる日本のイージス艦が公海上で日本の船舶を警護しているというのは、すでに相当緊迫した事態であって、当然、巡洋艦にせよ駆逐艦にせよイージスシステムを搭載しているに違いない米艦船は最大限の警戒態勢にある。

その時に米艦船が気付かないミサイル攻撃を日本だけが気付くという間抜けなことは、まずあり得ない。しかも、日米のイージス艦はすでにデータリンクされているから、探知情報は直ちに共有される。

第2に、イージスシステムは四方に向けたレーダーで全周450㎞以内の200の目標を探知し、それをコンピュータで瞬時に解析して複数の目標の脅威度を判定して迎撃の優先目標と手段を選択し、10~18の目標に同時にミサイルなどを発射するプロセスを半自動・全自動で処理する。米艦が気付かないのを日本が察知し、「こちらで撃ち落としましょうか」などと電話で問い合わせる暇はない。

第3に、日米の艦船は同じ作戦区域内で共同作戦に当たっているのだから、同時に攻撃されている。その時、日本艦はすでに自衛のために瞬時にイージスシステムを発動していて、これは自分に向かっているから撃ち落とす、これは米艦に向かっているから撃ち落とさないというような振り分けをすることは技術的に不可能である。だから、その公海上での日米共同作戦が妥当かつ合法的な（つまり侵略ないし武力威嚇に当たらない）ものであったと仮定して、その時に日本艦が個別的自衛権を発動してミサイル攻撃を撃退しようとすれば、おのずと米艦の助けにもなる。つまり、集団的自衛権を法的に解禁しなければならない理由はどこにもないのだ。

安倍は何をどう理解し、何が言いたいのか。サッパリ分からない。

2 安倍政権で再現されつつある80年前の悪夢（2013年8月22日）

集団的自衛権についての伝統的な政府解釈を転覆するためだけに、憲法や法律の専門家でない元外交官を内閣法制局長官に据えるという異様な人事が強行されたというのに、それを正面切って批判し、警鐘を鳴らすマスコミは、ほとんど皆無に等しい。

それで図に乗った安倍政権は、集団的自衛権を共にする対象国を米国以外にも拡大し「安全保障上、日本と密接な関係がある国」とはどことでも、公海上のどこででも、一緒に戦闘行動に入れるようにするとの提言を「安保法制懇」に出させる方針を固めた（14日付毎日など）。

さらに、第1次安倍内閣時に検討した「公海上の米艦防護」など4類型のようなケースごとの部分容認ではなく、「法理的な全面容認」にまで踏み込むことをも検討しているという（17日付産経など）。

これではもう、世界に向かって「どこででも戦争をやれる国にするぞ」と宣言しているのと同じことで、だから安倍首相の8・15式辞でも、歴代首相が必ず触れてきたアジア諸国に対する侵略戦争への反省の言葉も、より一般的な「不戦の誓い」も、そっくり消去されることになった。中国や韓国のみならず、米国からも警戒の声が上がるのは当然で、例えば8月に来日して広島、長崎、沖縄を訪れたオリバー・ストーン監督は「日本の改憲が日本が米国との軍事的協力関係を強化し、米国と軍事行動を共にすることを意味するのであれば、それはとても危険な道だ。日本の国民は米国の戦争にさらに引き込まれたいと本当に思っているのか」と語っている。

しかし、内田樹が今週の『AERA』のコラムで怒り狂っているように、こうした監督の厳しい対日批判も「日本のマスメディアはほぼ黙殺した」。

そうなってしまうのも致し方ないことなのかもしれない。

河口湖の別荘でバカンスを過ごしていた安倍首相の16日のゴルフと18日の会食の相手は日枝久フジ

テレビ会長、18日のゴルフの仲間は杉田亮毅前日経新聞会長だ。これらマスコミ幹部は、自ら率先して時の総理とのお友達付き合いを見せつけることで、自社の現場記者たちを萎縮させているのである。

権力とメディアが手を取り合って、国民を戦争に引きずり込んでいった80年前の悪夢が再現されつつある。

3　米国の情報操作の罠に自ら飛び込む「日本版NSC」の愚（2013年10月10日）

安倍政権が臨時国会で力を入れて取り組もうとしているのが、国家安全保障会議（日本版NSC）の創設、それとワンセットになった「特定秘密保護法案」の成立である。これについて、安倍の軍事的タカ派路線や原発再稼働方針の提灯持ちの役目を買って出ているJR東海の葛西敬之会長は、6日付『読売新聞』のコラムで「主権国家の国際標準とされる機密情報保護法制の整備は焦眉の急で……これを欠くことは今や国際的に許されない怠慢とされるであろう」とアジっている。

一見、心地よい議論のようなのだが、ではこの「主権国家」日本のNSCは「日本国民の安全と領土の保全のために」必要な情報をどうやって獲得するのかと思えば、「同盟国や友好国と協力」し合って「機密情報を共有」するのだそうで、その場合に日本の従来の法制では抜け穴が多く、「米国でさえ安保機密情報は提供しないだろう」から機密保護法が必要だというのである。

ハッキリ言ってしまえば、日本版NSCは米国から機密情報を頂戴するための受け皿でしかない。

その場合に「過去、機微に触れる情報がすぐにメディアに渡る懸念があった」（キャンベル元国務次官補）ので、こんなことではとても大事な情報など提供できませんよと言われて、慌てて機密保護法を作ろうということになった。

しかし米国は自分の国益を考えて、都合のいい情報しか渡さないに決まっているし、場合によっては偽情報を流して日本を操ることもできる。他方、米国は青森県三沢にあるグローバルな電波システム「エシュロン」の基地での盗聴やインターネットの監視を通じて、日本の国家・企業の秘密情報を好き放題に収集しているけれども、それに対して日本政府が自国の国益の立場から抗議したり制約を加えたりしたことは一度もない。仮にも主権国家であれば、日本独自の情報収集・分析のためのインテリジェンス能力を高めるのが先決だろうに、その発想のカケラもないまま、米国の情報操作の罠に自分から飛び込んでいこうとするポチぶりが哀れである。

4　すぐにフワフワ浮き上がる首相の「軽さ」（2013年12月12日）

秋の国会の最大焦点だった特定秘密保護法案が何とか成立し、安倍晋三首相も菅義偉官房長官もさぞかしご満悦で、このまま普天間基地の辺野古移転、集団的自衛権の解禁へと高空飛行を続けようと張り切っているにちがいない――と思いきや、「それがそうでもないんだ」と、彼らの周辺に出入りしているベテラン政治記者が言う。

「安倍は、実は秘密保護法案がこんな騒ぎになるとは思っていなかった。というか、この法案そのものをあまりよく分かっていなかった」

「エッ、どういうこと?」

「もともとは外務省サイドから、NSCをつくって米国から機密情報をもらうにはこの法案整備が必要だと言われて、『そりゃそうだろうな』くらいの軽い気持ちで考えていた。ところが実際の法案作りは内閣情報調査室(内調)が担当で、内調といえば公安・外事警察の出城みたいなものだから、警察官僚が張り切って、本来の軍事・外交情報の保護という域を超えて、何でもかんでも取り締まれる戦前の国防保安法並みの法案を作ってしまった。安倍は途中で気が付いて『ちょっとやりすぎじゃないか』と思ったらしいが、もう走り始めていたから、仕方ない。最後までいってしまったんだ」

しかし、〝知恵者〟と言われている菅がチェックしなかったのか。

「そこが問題で、安倍と菅の間があまりうまくいっていない。安倍が、これも外務省OBから『集団的自衛権の見直しには、まず内閣法制局長官のクビをすげ替えることだ』と変な知恵をつけられ、菅は『そんな無茶をしてはいけない』と反対したのに安倍が強行した。菅は参院選直後から、これでイイ気になって安倍が跳びはねれば政権が危ないとみて、『勝って兜の緒を締めよ、です。経済、経済でいきましょう』と忠告していたのに、それを無視されてむくれてしまった。利口なやつだから顔に出さないようにしているが、腹の中では『コケても知らんぞ』くらいに思っているのでは」と、このベテラン政治記者は言う。

前に本欄で書いた、集団的自衛権見直しの報告書発表を来夏まで延期させたのも公明党と菅の連携プレーだ。フワフワと浮き上がりやすい安倍の〝重し〟が菅で、それが効かなくなると内閣の先行きは思いのほか危ない。

5 米国内でも広がる集団的自衛権「解禁」への疑念（2014年3月6日）

安倍晋三首相が、なぜこれほどまでに集団的自衛権の解禁にこだわるのかについて、柳沢協二元内閣官房副長官補は2月28日、参院議員会館で開かれた勉強会で、「安倍首相の10年前の著書『この国を守る決意』を読んで初めて分かった」と語った。

祖父の岸信介は余りに属国的な旧安保条約を改定して「日本の自立性を高め」ようとした。そこで自分は、集団的自衛権の行使で日米安保を完全に双務的なものにして祖父を上回る歴史的使命を果たしたいと思っている、というのである。この「日本の自立性」というのがキーワードで、実はいま米国では、安倍が集団的自衛権を実行して米軍を助けられるようにしたいと説明しているのは一種の偽装で、本当はそれを踏み台にして、日本が独自に海外で軍事力を行使できるようにする「自主防衛」への道を開こうとしているのではないかとの疑念が広がっている。

民主・共和両政権で外交・安保担当の高官を経験したモートン・ハルペリン現オープンソサエティ財団顧問は4日付『毎日新聞』で、安保政策を変えようとする安倍政権の動きは歓迎するが、それと

「右翼のナショナリストとみられる動きや、米国人が考えている歴史を拒否するとみられる動きが組み合わさっていることが懸念を生んだ」「米国民がかつて『永遠にそうならないでほしい』と願った日本に立ち戻る一環だとみられれば、米政府が支持するのは難しい」と述べている。

また、ハワイに本拠を置く有力シンクタンク「太平洋フォーラム」所長のブラッド・グロッサーマンも、米ニュースレター『ディスパッチ・ジャパン』最新号のインタビューで、「米国は日本に協力して、日本が安保政策でより大きな役割を果たせるよう手助けしてきたが、安倍の靖国参拝でその努力が困難に陥った」「日本の軍国主義復活を恐れなければならない現実的な根拠は何もない。しかし、日本が大国への野望を持っているかの気配を感じさせる問題を引き起こすと……安保役割の強化にとって障害が生じる」と語った。

「日本の安保姿勢の進化は、米国との協力を強化するためのものであるはずで、日本が究極的に独立した防衛力を保有するステップにしようとしているのではないと信じたい」という趣旨のことも言っている。

オバマ大統領は4月に、このような重大な疑念を抱きつつ、安倍のホンネがどこにあるのかを見極めるために東京を訪れる。さて安倍はこの口頭試問に合格することができるのかどうか。

6　無原則に適用拡大される「集団的自衛権」（2014年5月15日）

間もなく政府に提出されるはずの安保法制懇の報告書の冒頭には、集団的自衛権の行使に当たって「歯止め」となる要件が示されることになっていて、その第1は「日本と密接な関係のある国が第三国から攻撃を受け、その国から明確な支援要請があった場合」なのだそうだ。私は、この最初の1行を読んだだけで、安保法制懇の方々の頭が大混乱に陥っているのではないかと疑ってしまう。

集団的自衛権とは、軍事同盟あるいは相互防衛協定を結んでいる国同士が、自国は攻撃されていない場合でも、他国が攻撃されたらそれを我が事と認識して共に血を流して戦うという盟約である。仮に日本が集団的自衛権を発動するとすれば、その相手は日米安保条約を結んでいる米国以外にありえない。それを「密接な関係にある国」などという情緒的な表現を用いて他のいろいろな国にも当てはめようというのは、「歯止め」でも何でもなくて、逆に無原則な適用拡大でしかない。

では、例えばどこの国を想定しているかというと、礒崎陽輔首相補佐官は3月のラジオ番組で「オーストラリア、フィリピン、インド」を挙げ、また石破茂幹事長は3月の講演で「日本にとって米国だけが密接な国ではない。フィリピン、マレーシア、インドネシアは入ってくる」と言っている。こんな具合に、自国にとって「密接な国」を勝手に指名して、「攻められたら守りに行ってあげますから」などと言うことが、どれだけ国際的に非礼かつ無思慮なことであるか、この人たちは分からないのだろうか。

しかも集団的自衛権は双務的なものであるから、そうやって日本から「密接な国」とご指名を受けた国々は、日本が攻められた時には助けに来なければならない義務を負う。軍事同盟も相互防衛協定も結んでいない相手とどうしてそんな血の盟約を交わすことが出来るのか。しかも、最もありうることとして想定されているのは朝鮮半島有事であるのに、韓国は「密接な国」として例示されていない。なぜ？　日本が手助けを申し出ても断られるに決まっていて、恥をかくことになるからだ。ばかげているにもほどがある。

もっとも、石破は4月末にワシントンでの講演で「将来は米国と同盟を結ぶ各国が多国間安保体制を構築する可能性がある」と、中国を仮想敵としたアジア版NATOを創設する意図を語っている。そういう条約ができればいろいろな国を集団的自衛権の対象に入れられるのは確かだが、21世紀にそんな冷戦型の巨大軍事機構を構想すること自体が狂気の沙汰である。

7　米国の対テロ作戦への参加が極秘に検討開始されていた（2015年2月5日）

安倍晋三首相は2日の参院予算委員会での答弁で、「イスラム国」に対する有志国連合の「空爆に参加することはあり得ない」し「後方支援も考えていない」と明言した。しかし、1月25日のNHK『日曜討論』では「国連の決議がある場合も、ない場合も、後方支援であれば憲法上は可能だ」と言っていたのである。1日早朝に人質殺害の悲報が入り、さすがにトーンダウンせざるを得なかったのだろうし、またこれから始まる集団的自衛権の議論で野党に攻撃材料を与えまいとする考慮も働いたのだろうが、安倍の本音はあくまでＮＨＫ発言にある。

実は、安倍は昨年12月に、「米国が対イスラム国の軍事作戦に助力を求めてくることも考えられる。その場合に何が出来るか検討せよ」と直接指令を出し、官邸に外務省と防衛省の担当部局を集めて極秘に検討を開始させている。結論は聞かなくても分かっていて、この状況で日本が後方支援であれ何であれ、中東地域に自衛隊を送れば、日本がますますテロリストの憎悪の対象となるだけでなく、親日的な中東諸国との関係も、みなおかしくなって混乱が広がり、さらにロシアとの関係も難しくなって、百害あって一利もないというに尽きる。

それでも安倍がこれにこだわるのは、なぜか。元自民党幹部がこう解説する。

「安倍さんは、中国は必ず尖閣諸島を奪いに来る、その時には米軍の支援を得て中国と戦争しなければならない、その米軍支援を確実にするには日本が米国の世界各地での戦争に積極的に協力しなければならない、という三段論法で凝り固まっているから、よろず前のめりになる。あのエルサレムでの会見だって、ただ『日本は人道支援に徹する』と言っておけばいいものを、『イスラム国の脅威を食い止めるためにイスラム国と戦う周辺諸国を支援する』なんて余計なことを口にして事態を悪化させた。米国のほうを向いて『日本も有志国連合の一員ですよ』とアピールしたい気持ちが裏にあるから、そうなってしまう」

頭隠して尻隠さずというわけだ。すかさず、空爆作戦を続けている欧米からは、この事件が「平和主義を貫いてきた日本にとって試練で、憲法の平和主義の伝統と決別する新たな第一歩になる」（仏フィガロ）、「長く平和主義を保ってきた国にとって、この危機が転機になる」（米NYタイムズ）などと、平和憲法などさっさと捨てて有志国連合の正規メンバーに入れというお誘いがかかる。テロリストの凶行に対する国民の怒りを逆用して、中東への自衛隊派遣に道を開こうとするなど、それこそ戦乱の悲惨を世界に伝えようと命をかけた後藤健二記者の霊への許しがたい冒涜《ぼうとく》である。

8　ホルムズ海峡の機雷除去に集団的自衛権を発動の錯乱（2015年2月19日）

安倍政権の集団的自衛権容認論は、いよいよ錯乱気味となっている。安倍晋三首相は16日の衆院本会議の答弁で、ホルムズ海峡に機雷がまかれた場合「わが国が武力攻撃を受けたのと同様に深刻、重大な被害が及ぶ」ことは明らかで、「わが国の存立が脅かされ国民の生命が根底から覆される明白な危険がある場合などとした集団的自衛権行使の新3要件に当たる」と明言した。

しかし、第1に、これはいったい誰に対する集団的自衛権の発動なのか。言うまでもなく集団的自衛権とは、軍事同盟関係にある同盟国が武力攻撃を受けた場合に、自国は攻撃されていなくてもそれを我が事と思って一緒に戦う権利である。日本の同盟国は米国のみであり、米国艦が機雷除去作戦を実施するから参加しろと言ってきた場合には自衛隊が出て行くことはありうるが、米国がいなければ、集団的自衛権の名目で出て行くことはできない。

第2に、佐藤優が指摘しているように、ホルムズ海峡の航路帯は公海ではなくオマーンの領海にある。他国の領海に機雷をまくのは侵略であり、宣戦布告と同様の意味を持つから、武力攻撃を受けているのはまずもってオマーンである。ところがオマーンは日本と同盟関係にない。

第3に、集団的自衛権を発動できない場合に、それでも「わが国の存立が脅かされ国民の生命が根底から覆される明白な危険」に軍事的に対処しようとすれば、個別的自衛権の超拡大解釈で出て行くか、あるいは国連決議に基づく「集団安全保障」措置に参加するかのどちらかで、これらはいずれも集団的自衛権とは関係がない。

第4に、では誰が海峡に機雷をまく可能性があるかといえばイラン以外にない。イランとオマーンが交戦状態にある中で（停戦後なら話は別だが）、日本がオマーンの領海に入って機雷除去作戦を行うということは、日本がイランと戦争するということである。そういう国際法の理解も、イランと戦うことの重大性の認識も覚悟もなしに、言葉だけをもてあそんでいるのが安倍である。

自民党ベテラン議員は、「イランも石油輸出国だし、ホルムズ海峡をふさげば自国を封鎖するのと同じだから、そんなことはしない。万が一、あるとすれば、イスラエルがイランの核疑惑施設を空爆して大戦争になった場合だろう。そういう事態を起こさないために中立の立場で外交力を発揮すべき時に、安倍はイスラエルに肩入れする姿勢をとっている。もう、支離滅裂だよ」と嘆く。

安倍はすでにこの国を危険な道に引きずり込んでいる。

9 「2枚看板」を下ろした安保法制は廃案しかない（2015年7月2日）

憲法学者の「違憲」発言をきっかけに内閣支持率が急落し、安保法案についても反対論が増えている中で、自民党の安倍親衛隊の勉強会で「マスコミを潰せ」という反知性的な粗暴発言まで飛び出して、よろず物事が安倍首相にとって不都合な方向へと転がっている。自民党の大物秘書が言うには、「一寸先は闇とはよく言ったもので、1カ月前には自信満々だった安倍晋三首相のイライラが増して『何とかならないのか！』と周りに怒鳴り散らす回数が増えている」という。

やはり自民党勉強会事件がダメージになっている？

「いや、あれは偶発事故のようなもので、それよりも安倍と官邸が慌てているのは、安保法制の柱の部分が大きく揺らぎだしていることだろう」

どういうことか。ひとつには、憲法学者に続いて歴代の内閣法制局長官がこぞって安保法制は違憲と堂々と言い始めたことで、横畠裕介現長官はたぶん「このままでは自分が、法制局を時の政権に屈服させた戦犯として歴史に名を残すことになる」と危機感を抱いたのだろう、安倍の思惑と違うことを勝手に言い始めた。

その一例が29日の衆院委員会で、横畠は長島昭久議員らの質問に答えて、公海上の米艦が他国の攻撃を受けた場合「日本への武力攻撃と認められれば個別的自衛権で対処できる」と、安倍答弁とは完全に食い違うことを言ってしまった。それにつられてか、中谷元防衛相も、その場合に集団的自衛権と個別的自衛権のどちらを使うかの判断基準は「非常にあいまいだ」と告白した。これは安倍のこだわる「米艦防護」に最初から含まれていた矛盾点で、単純な話、邦人を乗せた船が米艦でなくどこかの国の貨物船だったらどうなるのか。それを防護しようとすれば、相手は米軍ではないから集団的自衛権は無関係で、個別的自衛権の拡大解釈で行うしかないのは自明のことだ。

もうひとつは、ホルムズ海峡の機雷掃海への参加だが、これは谷垣禎一幹事長が主導する維新との「修正協議」で消える可能性が出てきた。このまま7月中旬に衆院で採決を強行すれば支持率がまた一気に下落して政権が危うくなる。それを避けるには、せめて維新を採決に参加させなければならないと谷垣は思い詰めていて、維新の修正要求を受け入れようとしている。

安倍がこだわり続けてきた米艦防護とホルムズ海峡の2枚看板を下ろしたのでは、今までの安倍の説明は何だったのかということになる。安保法制は廃案しかないという野党の主張が勢いづくことになろう。

10　安倍政権を操る特殊イデオロギー集団「日本会議」の闇（2016年7月7日）

安倍晋三首相を取り巻く右翼組織「日本会議」人脈の存在が、スキャンダルと化しつつある。きっかけは、長年この組織について調査してきた菅野完の著書『日本会議の研究』が4月末に発売されてベストセラーとなったことにある。これに続いて、上杉聰『日本会議とは何か』、俵義文『日本会議の全貌』、成澤宗男『日本会議と神社本庁』などが続々出版され、さらに7月にも数冊が出る予定で、日本会議批判本の一大ブームが出現した。

安倍のこの人脈への依存度は異常といえるほどで、神社本庁の政治部門である神道政治連盟（神政連）の国会議員懇談会（議懇）は安倍自身が会長で、以下、現在の第3次安倍改造内閣の20人（公明党を除けば19人）の閣僚のうち18人が議懇会員であるし、その神社本庁はじめ右翼宗教団体が支える日本会議の議懇は安倍が特別顧問、麻生が前会長・特別顧問であるのをはじめ閣僚中13人がそのメンバーで占められる。また、2人の官房副長官と3人の政治任用の総理補佐官は全員が神政連、4人が日本会議議懇であり、自民党3役のうち谷垣幹事長は神政連議懇で日本会議議懇の顧問、稲田政調会長は神政連議懇で日本会議議懇の政審副会長。つまり安倍内閣は「日本会議内閣」なのだ。

以上のようなことは前々から指摘されてきたことだが、菅野らの一連の著作でにわかに注目されるようになったのは、この政治家たちを裏で操っているコアな集団の存在である。日本会議の事務総長の椛島有三、政策委員の伊藤哲夫、高橋史朗、百地章、事務局長の松村俊明、さらに付け加えれば総理補佐官の衛藤晟一といった人たちは、例外なく、当時は明治憲法復活を叫ぶ超右翼宗教だった「生長の家」が60〜70年代に組織した右翼学生運動の武闘派活動家だった。

日本会議傘下の改憲運動組織「民間憲法臨調」も事務局長が百地、運営委員が椛島や伊藤だし、安倍内閣の改憲を後押しするため14年に結成された「美しい日本の憲法をつくる国民の会」も幹事長が百地、事務局長が椛島である。

こうした暴露に慌てた日本会議は、田久保忠衛会長の名で『月刊Ｈａｎａｄａ』8月号に「日本会議にはそんな影響力はない」とする反論を載せたが、これはやぶ蛇で、今週の『週刊朝日』は菅野を起用してそれにまた反撃を加える大特集を組み、『サンデー毎日』も関連記事を出した。日本版ネオコンともいえる陰謀的な特殊イデオロギー集団に引きずられた安倍政治の闇が光にさらされつつある。

11 加計学園問題と改憲宣言で追い込まれた政権の自滅への道（2017年6月8日）

どうも安倍政治が悪い方へ悪い方へと傾いているように思うのだが、と自民党のベテラン秘書に問うと、ズバリ「その通り」という答えが返ってきた。

「森友学園もさることながら、加計学園の方が深刻だ。前川喜平前文科事務次官の反乱を抑え込もうとして、出会い系クラブ通いをするような卑しい人間なんだという人格攻撃を仕掛けた菅義偉官房長官の小細工が過ぎて、かえって傷口を広げ大失敗。また安倍晋三首相も、加計学園問題から目をそらせようとしたのか、2020年に9条改憲を施行すると宣言したが、これも拙速粗暴に過ぎる。追い込まれてジタバタしてオウンゴールを繰り返すという悪いパターンに入ってきた」と嘆く。

実際、ＪＮＮの6月初旬の世論調査でも、加計学園問題では、政府側説明に「納得できない」が72%、前川前次官や総理秘書官らを「国会に呼んで話を聞くべき」は70%に達する。7割というのは厚過ぎる世論の壁で、蹴散らして進もうとすれば必ず傷を負う。

改憲宣言も、一見するとなかなか巧妙に組み立てられていて、9条1項・2項はそのままにして第3項を「加憲」するという形で、護憲派を動揺させ民進党内の保守派を誘い出す一方、公明党を引きつける。他方、大学授業料無償化を掲げることで維新の会に手綱をかける。「しかし」とベテラン秘書が言う。

「あまりに軽々しい。自民党が〝党是〟として掲げてきた改憲って、こんな話だったっけ？　と驚いた党員が多い。党が2012年にまとめた改憲草案と整合しないことも戸惑いの要因。何よりもまずいと思うのは、党憲法改正推進本部で長年苦労し、衆参両院の憲法審査会を通じて民進党はじめ野党との合意を丁寧に積み重ねることに腐心してきた、保岡興治本部長、船田元同代行、中谷元同代理など我が党の〝憲法族〟主流を脇に押しのけるような人事をして、首相側近の下村博文を本部長補佐、西村康稔を事務局長補佐、佐藤正久を局次長にそれぞれ押し込んだことだ。『野党との合意などまだるっこしいことを言っていては進まない』という安倍の前のめり姿勢の表れだ」

この調子でいくと、年内にも自民党として安倍宣言に沿った案をまとめ、来年前半には発議して国民投票を実施するということで突き進むのだろうが、両院の憲法審査会で自民党案を〝強行採決〟するということができるのかどうか。安倍も菅も近頃、目が血走っているようで気味悪い。

12 魔球的な9条加憲案も取り下げようという安倍首相の不格好（2018年2月1日）

安倍晋三首相の改憲プランがすこぶる評判が悪い。どの世論調査を引用してもいいのだが、日本テレビの1月調査では、安倍の強い改憲意欲を評価するかとの問いに、評価する＝29・0％、評価しない＝51・2％だし、9条1項・2項を残して自衛隊の存在を明記する条文を追加するという安倍案については、賛成＝34・8％に対して反対＝43・7％、分からない＝21・5％で、反対と分からないを合わせると3分の2近くになる。ということは、このままの世論状況で国民投票を迎えたら、安倍改憲案は確実に敗北するということである。

そこで先週末以来、永田町から漏れ伝わってくるのは、安倍がすっかり弱気になって「じゃあ、9条を外そうか」と言い出しているという、ビックリ仰天の情報である。自民党筋に探りを入れると、「そういう噂は聞いていますす」とか「知りませんが、9条から逃げたら安倍さんはおしまいでしょう」とかいう反応が返ってきた。

周知のように、「9条3項」加憲論は日本会議発案の迂回作戦を安倍がそのまま受け入れたもので、それ自体がすでに弱気の産物である。そういう魔球的な超フォークボールを投げてみたものの、どうも世論をだますには至らなかったということになって、それすらも引っ込めようかという恥ずかしい話である。自民党の昨年末のとりまとめでは、その9条加憲の魔球案でまとめきれずに、9条2項削除案と両論併記となった上、それ以外の緊急事態条項、参院選挙の合区解消、教育の無償化の3項を列挙していたわけだが、これら3項はすべて本質的に憲法事項ではなく、法律改正によって対応可能な政策レベルの話である。特に教育の無償化は日本維新の会を改憲勢力に引き込むための政局的打算のためでしかない。かつて鳩山政権は、高校授業料の無償化を法律一本で実現していて、それが憲法事項でないことは立証されている。

だとすると、安倍がここで改憲を提起する意義は、ともかくも9条に触るということ以外にはないはずで、それが評判が悪いからといって取り下げて、それ以外の項目だけでいいからとにかく改憲を成し遂げようという話が、果たして成り立つのだろうか。もし安倍がこんな方向に傾いているのだとすると、さすがの自民党内でも「ふざけるな」となって、総裁3選の可能性が消えるだろう。

13 総裁が党の正式な改憲草案を潰すというクーデターの狂騒（2018年8月23日）

9月の自民党総裁選に向けて、安倍晋三首相が改憲を争点にしたいと表明し、それに対抗馬の石破茂元幹事長は慎重な姿勢を示している。一見すると、安倍が強気の攻勢に出て、石破が受け身に回っているかのように見えるが、実は逆だ、とベテラン与党議員が次のように解説する。

「本来、争点でないものを争点であるかに仕立てて、勝ったフリをするというのは安倍の常套手段で、これもそのひとつ。安倍の案は、周知のように、第9条に自衛隊の存在を明記する第3項を付け加えるというもので、これを安倍は昨年5月に私案として一方的に発表し、後に自民党の改憲推進本部に文書としてまとめさせたものの、党としての機関決定に持ち込んではいない。それに対して、石破は戦力不保持と交戦権放棄を謳った第2項を削除する案だが、これは野党時代の2012年に同党が決定し発表した改憲草案に沿った主張。それを安倍の取り巻き連中が『どちらを党の方針とするか、決着をつける』などと言い回っているのは、筋がネジレている。総裁が私案を掲げて党の正式の草案を潰そうという話で、手続き的にデタラメな一種のクーデターということになる」

本来なら、まずじっくりと党議を深めて、12年草案を取り下げるなり、大幅修正を加えるなりして、全党打って一丸、公明党の理解も取り付けた上で、改憲運動に突き進むということでなければおかしい。それを、党の草案をまるで石破の私案であるかのように言って架空の争点を仕立て、勝ったフリをしようというのは余りに姑息で、国会と国民をバカにすることである。

「こんなやり方になるのは、安倍が焦っている証拠。実を言うと、彼には内閣の最長不倒記録を達成して、20年五輪に総理として列席するという以外にもう目標がない。改憲は確かに宿願ではあるが、仮に秋の臨時国会で審議が始まっても、発議は早くて来春の通常国会。ところが来年は改元の年で春から秋まで大事な行事がいろいろあるし、国民もいますぐに改憲しなくては困るなどと誰も思っていない。改憲を押し通すことなど、実際には不可能だと、安倍も自分で分かっているはずだ」とベテラン議員は言う。

何とも迷惑千万な安倍の疑似改憲騒動である。

14 自民党内にも予測の声、「安倍改憲」が早々と失速する理由（2018年11月1日）

「安倍改憲は早くも失速の気配が濃厚だ」と、自民党のベテラン秘書が大胆に予測する。安倍晋三首相が無理にでも総裁3選を果たしたのは、尊敬するおじいさんもできなかった改憲を何としてもやり遂げたい一念からのことであったはずで、それが失速するということは、政権そのものの失墜に直結する。

「その通りで、このままだと来年夏の参院選前に衆参両院で〝発議〟にまでこぎ着けるのは至難の業。そうすると安倍は何を訴えて参院選を戦うのか分からなくなり、かえって与党としての3分の2議席を失って、少なくとも当分の間、二度と発議などできなくなる」と秘書氏。

ということは、参院選で負けて安倍はご用済みとなる公算が大きいということか？

「だから、各派も公明党も、参院選で安倍が頓死した場合に次をどうするかの検討に入っている。となると、ますます改憲を成し遂げるような求心力は働かなくなる」と秘書氏は言う。

なぜ、そんなに早々と失速するのか。

「第1に、国民が改憲など求めていない。29日付『日本経済新聞』の世論調査では、安倍に期待する政策として（複数回答）、社会保障充実48％、景気回復43％、さらに教育の充実、財政再建、外交安保と続いて、改憲は何と9％。ほとんど誰もそれをやってもらわないと困ると思っていない。しかも、同調査では、改憲反対が前回10月初旬の28%から9ポイントも増えて37%となった」

秘書氏の説では、第2に、国民のこのような意識が自民党の地方党員の気分にもつながっていて、だから総裁選で地方票の45%は石破に流れた。石破は、安倍改憲の内容にも扱い方にも公然と異議を唱えてきたので、この45%は安倍改憲反対票とみてさしつかえない。

「第3に、そこで何としてもこれを突破するために、党の改憲推進本部長に下村博文、衆院憲法審査会の筆頭幹事に新藤義孝と、イエスマンを据えたけれども、これが致命的な人事ミス」

この2人は憲法はまるっきり素人で、党内を取りまとめ、公明党を引き付け、野党と駆け引きして少なくとも野党第1党は抱き込み、国民にアピールして納得を広げていくという、気の遠くなるような大事業には全然ふさわしくない。いくら安倍に忠実なやつを持ってきても、憲法ばかりは強行採決というわけにいかない。どうも安倍はそのことが分かっていないのではないか。

15　自民でも賛否、憲法改正議論が参院選の争点というまやかし（2019年7月4日）

参院選公示を前に6月30日にネット番組で行われた与野党6党の党首討論で、安倍晋三首相は「憲法改正をしっかり議論するのか、しないのかを問うのがこの選挙だ」と改めて持論を述べた。それを聞いた自民党中堅議員がしきりに嘆く。

「そんなことが争点になるはずがないじゃないですか。憲法審査会が開かれるか開かれないかは、院内の国対（国会対策委員会）マターで、そもそも国民に問いかけるテーマにはならない。しかも、審査会がろくに開くこともできなくなったきっかけは、首相が昨秋、側近の下村博文元文科相をわざわざ党の憲法改正推進本部長に据えた途端、野党の姿勢を『職場放棄』と非難して怒らせてしまったという、自民党側の不手際の問題。こんなことを街頭で訴えて、有権者が振り向いてくれると思っているんですかね」と。

せっかく憲法を争点にしようというなら、安倍流の9条改正論を堂々と述べて、「これを実現するために参院選で改憲勢力に3分の2議席を確保させて下さい」と訴えればいいだろうに。

「それがどうも自信がないので、勝敗ラインも3分の2ではなく自公で過半数まで徹底的にハードルを下げた。でも、最大の目標であるはずの改憲を諦めたと言われるのが嫌なので、憲法審査会の開催状況を取り上げて、改憲に取り組んでいるフリをするしかないんでしょう」と同議員は言う。

9条改憲の中身に入っていくと、もうひとつ難しい問題があって、それはトランプ米大統領の最近の「日本は米国を守らないから日米安保条約は不平等だ」という発言である。もちろんこれは二重に間違った一知半解としか言いようのない幼稚な認識で、第1に米国は膨大な在日米軍基地を置いて、それを日本の費用で維持することで、太平洋からインド洋、中東まで地球の半分で軍事行動を展開する世界戦略国家たりえている。第2に、安倍は2015年に安保法制を強行成立させ、米国の戦争に対して集団的自衛権を発動して共に戦う方向にすでに踏み出している。だから安倍はそのようにトランプを諭すとともに、国民に向かってもきちんと説明して、理解を求めるべきではないのか。前出の議員に問うと、こう答えた。

「いやあ、そこに触れると、野党からはまた対米過剰サービスだ、属国化だ、海外派兵だと叩かれる。だからトランプ発言も聞かなかったことにして触れようとしない。結局、憲法も安保も、本質に迫る議論から逃げまくっているのが安倍なんです」と。

16 任期中に改憲をやり遂げるつもりか党内でも分かれる評価（2019年10月17日）

安倍晋三首相が残り2年の任期中に、本当に憲法改正をやり遂げるつもりなのかどうか。自民党内でも大きく評価が分かれている。「やる気なし」とみる某中堅議員はこう言う。

「10日の衆院予算委員会での首相の答弁を聞くと、まったく本気度が感じられない。かつて自分で公約した『2020年に改正憲法施行』について、『一定のスケジュール感について希望を述べた。私が述べた通りになるとは毛頭思っていない』と言い、さらに自衛隊の存在明記についても『大切だと思っているが、中身をどうするかは憲法審査会で議論してもらう』と、期限も中身の核心部分も事実上、取り下げてしまった。これでは党員も支持者も熱い思いで一致団結、火の玉となって難事をやり遂げようという気にならないでしょう」

一方、「やる気満々」とみるのはベテラン秘書。

「昨秋、盟友の下村博文を責任者に据えたとたんに野党を『職場放棄』と非難して憲法審査会を開けない状況に陥ったので、今度はひたすら下手に出ているだけ。首相の密かな覚悟は、憲法改正推進本部の新体制に表れている。細田博之本部長の下、根本匠前厚労相が事務総長に復帰、本部長代行の古屋圭司は新設される『遊説・組織委員会』の長を兼ねる。最高顧問の高村正彦も続投し、政界を引退した吉田博美元自民党参院幹事長も参院のまとめ役として特別顧問に。これだけ重厚な布陣で中途半端な結果に終わらせるわけにはいかない」と断言した。

もうひとり、野党の大物議員は「どちらにしても、我々は逃げることなく議論に応じる。しかし現実問題として考えると、この国会は期間が短い割には関電の巨額賄賂の件をはじめ消費増税と景気低迷、日米貿易交渉の裏の密約、千葉大停電の対策遅れ、かんぽ不正営業とＮＨＫ報道への圧力など問題山積みで、国民の関心事ではない憲法を論じている暇があるのかどうか」と指摘する。

「しかも、憲法審査会はまず国民投票法改正から片付けなければならず、それひとつとっても今国会で与野党の対立を打開できるのかどうか。そこを年内にクリアしないと来年の通常国会で中身の議論に入ることができない。だから総裁４選？　いくら何でも無理でしょう」と言うのだ。

安倍が「在任期間だけは長かったが何も残さなかったねえ」と言われないようにするには、もう改憲くらいしか残っていないが、その達成はなかなか難しそうである。

第6章　「オール沖縄」の民意を蹴散らし基地建設を強行した安倍官邸

第2次安倍政権で沖縄の辺野古基地建設の問題を所管したのは菅義偉官房長官である。その態度は一言でいえば冷酷無情で、「国権」という名のブルドーザーで沖縄県民の気持ちを踏み潰すようにして建設工事を強行させた。それに反発して2014年の県知事選では、元々は生粋の自民党だった翁長雄志前那覇市長が基地建設反対、オスプレイ配備反対を掲げて「オール沖縄」候補として立ち、圧勝した（本章4）。しかし菅がひるむことはない。県の要求には一切耳を貸さず、法的な訴えはすべて県の敗訴となるよう司法を動かし、海上保安庁の特殊部隊や全国の警察機動隊を投入して反対デモを暴力的に鎮圧し、運動のリーダーである山城博治沖縄平和運動センター代表を微罪で逮捕し5カ月間も勾留の上、起訴し有罪とした。

中国の香港市民への抑圧が注目されるけれども、似たようなことは沖縄では何十年も続いているのである。

1　沖縄紙が暴いた基地問題をめぐる外務官僚のデッチ上げ（2013年12月19日）

中央マスコミのフヌケた報道に気分が悪くなった時には、沖縄の新聞を読むと元気になる。いま『琉球新報』は「日米廻り舞台／検証フテンマ」という連載を始めていて、これは鳩山政権が掲げた普天間海兵隊基地の「国外、最低でも県外」の構想を、日米にまたがる安保利権官僚どもが寄ってたかっていかに叩き潰したかのドキュメントである。

11月27日付朝刊1面トップは「秘密法案が衆院通過」の大きな記事だが、そのすぐ下に「検証フテンマ」の記事が食い込むように載っていた。「〝65カイリ基準〟存在せず」の見出しの脇には、「極秘」印を押し、全面に「複写厳禁」の透かし文字が入った外務省作成の秘密文書の写真。末尾には記者の署名もあって、「秘密保護法？　逮捕するなら逮捕してみろ！」と言わんばかりの勢いだ。

鳩山由紀夫首相は２００９年冬から翌春に、「最低でも県外」の候補地として鹿児島県の徳之島の可能性を探っていた。外務省は「普天間移設問題に関する米側からの説明」と題した10年4月19日付のこの文書で、海兵隊ヘリ部隊の本拠地と演習場との距離を「65カイリ（１２０キロ）以内」とするのが米軍の基準であり、「米軍のマニュアルにも記載されている」ので徳之島は問題外だ、という趣旨を示した。これを突き付けられて、鳩山は最終的に徳之島を断念したのである。ところが、同紙が改めて在沖海兵隊と在日米軍当局に確かめたところ「米本国にも確認したが、そのような基準は存在しない」との回答だった。

つまりこの文書は、外務官僚が「米側の説明」をかたってデッチ上げたものである可能性が高い。米国に魂を売ってしまった売国官僚どもは、こうやって国民の利益や沖縄県民の心情を踏みにじり、自国の総理まで情報操作の網に絡め取って、その座から引きずり下ろすクーデターまがいのことまでやってのけるのだ。ウィキリークスが暴露した在日米大使館の公電の中にも、外務官僚が米側高官に鳩山の言うことに耳を貸さないようお願いしている場面が出てくる。こうした売国奴ぶりを国民の目から覆い隠すことが秘密保護法の狙いであることを全紙面で表現した『琉球新報』の心意気を買いたい。

2 「島ぐるみ会議」発足で異次元に突入した沖縄政治（2014年7月31日）

本土の主要紙では『毎日新聞』がベタ記事で扱ったくらいで、ほとんど無視されているが、27日に宜野湾市民会館で2000人を集めて行われた「島ぐるみ会議」の結成大会は、沖縄の政治史に残る画期的な出来事だ。

正式には「沖縄『建白書』を実現し未来を拓く島ぐるみ会議」といって、昨年1月に沖縄県議会の自民党を含む全会派の代表、県下の全41市町村の市長・議会議長が署名した「オスプレイ配備撤回、普天間基地閉鎖、辺野古移設断念」を求める安倍晋三首相宛ての建白書の方向を「オール沖縄」の力を結集して実現することを目的としている。

大会には、県議会の野党4会派、那覇市議会の最大党派「自民党新風会」のほか、稲嶺進名護市長や、党派を超えた多数の市町村議員らも参加した。この4会派と自民党新風会は、翁長雄志那覇市長を11月の県知事選に担ぐことを決めており、翁長本人の姿こそ見えず、また発言者の誰もその名を口にしなかったものの、「辺野古NO！」の県民の総意を県知事選で示すための事実上の最初の決起集会となった。

翁長は、県議時代には自民党県連の幹事長を務めた保守政界の大物で、4年前に仲井真弘多現知事が「辺野古NO！」を掲げて再選を果たした時の選対本部長。そして建白書を持って官邸に乗り込み、安倍にそれを突き付けた張本人である。

経済界でも翁長支持は広がっていて、この大会にも県内有数の建設グループ「金秀」の呉屋守将会長、観光トップ企業「かりゆし」の平良朝敬会長が参加し、共に島ぐるみ会議の共同代表に名を連ねた。私は先週、那覇市で呉屋会長にインタビューしたが（8月4日20時、ニコ動のUIチャンネルで放映予定）、「私たちは建白書を支持した時から変わっていない。変節したのは仲井真知事と自民党県連です」と明快な立場だった。

こうした「辺野古NO！」への大きなうねりを前にして、自民党県連はすでに半壊状態である。今さら辺野古推進を掲げて翁長に対抗できる候補者などいるわけがなく、やむなく仲井真3選擁立を決めたものの、これでは公明党がついてこないばかりか、自民党票さえも大崩れして惨敗に終わる可能性があり、自民党本部も承認を出せないでいる。長く保守対革新の構図で戦われてきた沖縄政治だが、その構図を超えた「オール沖縄」の意志が「島ぐるみ会議」という形で立ち現れたことによって、自民党は居場所を見失ってオロオロしなければならなくなった。沖縄政治は異次元に突入した。

3　スコットランドに倣って沖縄が「独立」を志向し始めたら（2014年9月25日）

スコットランドの独立を問う住民投票は、多くの日本人にとっては遠くの出来事でしかなかったが、沖縄県民にとってはそうではない。

グラスゴーの西40㎞のファスレーン海軍基地は、英国唯一の核戦力であるトライデント弾道ミサイル潜水艦の母港であり、独立賛成派の各党はこぞって「独立達成の暁には基地も潜水艦も核弾頭も出て行ってもらう」と主張していた。核基地を丸ごとイングランドで引き取るとなるとコストが莫大で、そんな金を使うくらいならこの際、核兵器はやめたらどうなんだ、という話になりかねなかった。

過大な米軍基地負担の押し付けを「差別」と受け止めている沖縄の人々が「そうか、独立という手があるのか」と息を詰めて結果を待ち受けたのは当然だった。

スコットランドが独立した場合の主な財源は、北海油田だが、沖縄が独立した場合も、東シナ海の日中中間線周辺にある海底ガス田はみな琉球国のものになる。鳩山由紀夫・温家宝両首相の間では日中共同開発の合意が成り立っていたので、同国はそれを引き継いで琉中共同開発を始めればいい。ついでに、尖閣諸島も琉球国のものになるので、琉台中で領有権問題の「棚上げ」を再確認して3国共同の漁業資源管理や海空交通の安全についての取り決めを結ぶことになる。

日本の右翼勢力が尖閣危機をあおって軍備を拡張し、中国包囲網をつくる口実にすることはできなくなるので、日中関係は好転する。またスコットランドの最大の特産品はスコッチ・ウイスキーで、その酒税がロンドンの懐に入ってしまうのがスコティッシュの不満の種だが、泡盛の酒税も今は東京に吸い上げられている。

そういうわけなので、沖縄のメディアは独自に現地に特派員を送り込み、政治学者なども続々と視察に入った。島袋純琉球大学教授は現地で「独自の文化、言語、歴史を持つ地域の人々が自己決定権を主張し、その権利を平和的に獲得してきた先進事例として、沖縄にとって大きな示唆を与える」と語っている（『琉球新報』9月20日付）。

スコットランドとて、ここまで来るには長い道のりがあり、自治権拡大の最初の住民投票が行われたのは1979年でこの時は成らず、97年の2回目でようやく連合王国の枠内で「スコティッシュ議会」を開設して立法権と徴税権を大幅に移譲させることに成功した。そして今回、もう一歩踏み込んで独立しようとしたが成らず、捲土重来を期すことになった。政府が県民を蹴散らして辺野古基地建設を強行する姿勢を続けていると、沖縄もスコットランドの先例に従って歩み始めるとみて間違いあるまい。

4　沖縄県知事選を動かした「自己決定権」という言葉の重み（2014年11月20日）

「辺野古ノー！」を掲げて沖縄県知事選に圧勝した翁長雄志新知事は、当選の喜びを語る中で何度も「自己決定権」という言葉を強調した。自己決定権とは「自らの生命や生活に関して、権力や社会の圧力を受けることなく、本人自身が決定できる権利」（『大辞林』）で、この場合に即して言えば「自分たちが暮らす土地や海、空をどう使うのかを決める権利は自分たちにある」（18日付『東京新聞』こちら特報部）ということである。

知事選の翌日、翁長陣営の先頭に立って選挙を戦った糸数慶子参院議員（沖縄社会大衆党委員長）と語り合う機会があって、それが今回のキーワードであることで大いに一致した。私自身、選挙戦さなかの8日に那覇市内で「沖縄の自己決定権／スコットランド独立投票から沖縄が学ぶもの」と題したシンポジウムに参加し、地方自治論・スコットランド政治史が専門の島袋純琉球大学教授らと議論したが、糸数議員は「あの催しも、この言葉の大切さを広めるのに大きな役割を果たした」と評価してくれた。

それで私が「自己決定権が大事なのは原発の問題も同じで、例えば川内原発の再稼働をめぐって、事故が起きれば大被害を受ける30㎞圏内の人びとがどんなに不安を訴え、反対を唱えても、そんなものは蹴散らして進めるというのが政府の姿勢だ。そうではない、命に関わる大事なことは自分たちで決めるということでしょう」と言うと、彼女はこう訴えた。

「そうなんですが、原発と基地が違うのは、原発は建設なり再稼働なり、現地の知事や市長が手を挙げて賛成しているわけですが、沖縄の場合は、戦後の米軍占領下で銃剣とブルドーザーで一方的に土地を取り上げられて基地が造られたのであって、誘致した人は誰もいないんです。それで、国土の0・6％に米軍基地の74％が集中する状態が戦後70年続いてきて、この負担にもう我慢ができないと県民が声を上げている時に、仲井真前知事は、自分で手を挙げて辺野古に新しい基地を造ることに賛成し、それに許可を出したんです」

なるほど、そこに仲井真の裏切りに対するオール県民の怒りの深さがあり、その中から、自分たちの命は自分たちで守る——国が何と言おうと、力で脅そうと金をバラまこうと、自分たちの運命は自分たちが決めるという自己決定権の毅然たる思想がふつふつと湧き上がってきたのである。われわれ本土の人間はそれに学んで、安倍政権のやりたい放題に鉄槌を下すことができるのかどうか。

5 「主権在民」を蹴散らす安倍政権の「国権的法治主義」（2015年3月26日）

沖縄県の翁長雄志知事が、ついに日米両政府に対して公然と反旗を翻した。沖縄防衛局に対して辺野古の「海底面の現状を変更する行為」を停止するよう指示し、従わない場合は海を埋め立てて海兵隊基地を建設するのに不可欠の「岩礁破砕許可」を取り消す考えを明らかにした。そしてその際に同知事は、それでも国が工事を強行すれば「日本の民主主義が問われる」と述べた。これに対して菅義偉官房長官は「手続きに瑕疵はない。法律、法令、規則に従って実施しているので引き続き工事を進めたい。日本は法治国家だ」と言い放った。

この問題を原理的なところから考える場合、キーワードは「自己決定権」である。

昨年9月のスコットランドの独立住民投票を受けて、『琉球新報』は同20日付社説で「この地域の将来像を決める権利を持つのは言うまでもなくその住民だけである。……沖縄もこの経験に深く学び、自己決定権確立につなげたい」と書いた。そして11月、翁長圧勝を伝える社説では、約10万票の大差は「県民が『沖縄のことは沖縄が決める』との自己決定権を行使し、辺野古移設拒否を政府に突き付けた」と述べた。

私は、「主権在民」とうたい、民が主であるはずの「民主主義」の国では、個人だけでなく家族、共同体、地域が自分たちの命や生き方や暮らしぶりに関わる大切なことを自分たちで決めるのが当たり前で、それが「民意」というものだと思うのだが、それが通用しないのがこの国である。基地に限らず、原発再稼働でも廃棄物中間処理場でも何でも、国家の一大事を決めるのはお上であり、その決定と実施が法的・手続き的に瑕疵がない限りは地域住民ごとき下々の者が文句を言うのは許されないというのが安倍政権の立場である。

「法治主義」は確かに民主主義の要件のひとつではあるが、私が大昔に聞いた講釈では、法治主義は本来、人治主義に対する言葉で、王様や独裁者が法に則ることなく勝手な決定をしてはならないという権力に対する縛りを意味していた。ところが、近代官僚政治の横行と共にそれが形骸化し、逆に、法的手続きさえ整っていれば民意など蹴散らしても構わないという権力の恣意・放埒の隠れみのになってしまった。

「そこのけ、そこのけ、お上のお通りだ」という菅長官の国権的法治主義に対して、我々はいつまでも下々として畏まっているだけなのか。翁長が今回の重大決断を通じて問いかけているのはそのことである。

6　大メディアが報じない翁長訪米の本当の成果（2015年6月18日）

翁長雄志沖縄県知事らのハワイ、ワシントン訪問については、まだ県自身が総括的な報告を発表していない。それもあって、沖縄のメディアは「一定の成果があった」と言うのに対して本土のメディアは「大した成果はなかった」という感じで報じていて、どうも本当のところは見えてこない。が、ワシントンで取材に当たった、日米関係に詳しい旧知の米国人ジャーナリストや日本人特派員などに聞くと、意外なほど翁長訪米の評価は高かった。

「初めてということもあるし、日本外務省＝在米日本大使館も米国務省などに『まともに相手にしないで適当にあしらってくれ』と裏から働きかけをしていたので、目に見えた目覚ましい効果はなくて当たり前だが、日米関係に関心を持つ議員や専門家の間では、かなりのインパクトになったと思う」

と某米国人記者は言う。何よりも、「安保反対だから基地をなくせ」という伝統的な左翼の理屈ではなく、翁長が「私は長く自民党にいて安保体制をよく理解している。その立場からして、日米政府がこのまま辺野古の基地建設を強行すると、日米同盟に重大な損害が生じる」という訴え方をしたことが、ワシントンの安保のプロや沖縄事情に詳しいプロたちには「極めて新鮮に響いた」と言うのだ。「しかも、翁長は非常にスマートかつ上品に、ワシントンに〝恫喝〟と言って悪ければ、勘所を押さえた〝警告〟を発した」と彼は指摘する。

ひとつは、彼は今のところ、あらゆる法的手段を使って建設を差し止めようとしているが、それでも日米が強行した場合、「沖縄の自治の意識は本土の人たちとは違う。激しい抵抗が起きて、その様子が映像として世界に流れたら、日米同盟はもたない」と、共同通信のインタビューでも述べている。仮にも流血の事態になれば、何で今ごろ、他国の住民の血を流してまで海兵隊の基地を新設するのかということになり、米国世論はひっくり返る。

もうひとつは、辺野古がそんなことになったり、あるいは普天間で何かの事故ひとつでも起これば「県民の矛先は嘉手納空軍基地に向かう。米国が本当に恐れているのはその点でしょう」と問いかけたことだ。某日本人特派員は「これは図星で、嘉手納をはじめ沖縄の全基地を失うくらいなら辺野古は無理押ししないという考えにペンタゴンが傾く可能性ある」と見る。

第1回翁長訪米は思いのほか深いボディブローとなったのかもしれない。

7　中国軍の近代化で沖縄の米軍基地は機能不全に（2015年10月8日）

このごろ永田町の安保通や軍事専門家の間で話題になっているのが、米ペンタゴンに直結するシンクタンク「ランド研究所」の最新リポート『米中軍事スコアカード』である。台湾海峡と南沙諸島で米中が戦争することを想定して、それぞれの場合に、米中双方の敵基地攻撃、制空権確保、対艦攻撃、宇宙戦、サイバー戦、核兵器などの能力のバランスが96年以降どのように変化してきて、2017年にはどうなりそうかを10項目に分けてスコア化して予測したものだ。

400ページ近い報告書の結論を簡単にまとめれば、中国軍の目覚ましい近代化によって米軍との力の差は縮まりつつあり、このままでは「米国のアジアにおける支配圏は次第に縮小していくだろう」というのである。

17年段階で台湾危機が起きたケースでは、敵基地攻撃力と対艦攻撃力では中国が優勢、制空権確保や空中戦、宇宙戦などでもほぼ拮抗。南沙危機のケースでも敵基地攻撃、対艦攻撃、宇宙戦などで米中が拮抗する。現代の局地戦では航空優勢の確保が致命的だが、その点で中国が対等もしくは優勢になるのは、ミサイルの能力・精度と数量の目覚ましい向上のためで、とりわけ射程800〜1000kmのDF16と同2500kmのDF21Cという最新の中距離ミサイルが17年までに合わせて最大で274基、また巡航ミサイルDH10などが最大で1250基、実戦配備されると、中国は緒戦において前者で沖縄・嘉手納基地を（および岩国、三沢、韓国の群山、烏山も?）、後者でグアム・アンダーセン基地を、一斉砲撃するに決まっている。

嘉手納の場合、もちろん中国のミサイルの精度、発射の数とそれが米軍の防空網をくぐって着弾する到達率、米軍の修復能力などによって大きな違いがあるのだが、2本の滑走路に2カ所ずつ大穴をあけられると、最悪で43日間、基地機能は失われる。同時にアンダーセンもやられているから、米軍は戦闘機も偵察機も給油機も飛ばすことができない。従って「中国に近い固定した基地は防衛することはできなくなるだろう」と報告書は率直に述べている。

中国のミサイル能力の増強で沖縄の米軍基地はかえって危険だとは、ジョセフ・ナイ元米国務次官補もしばしば指摘している。だったら、米軍の安全のためにも、早く出て行ってもらったほうがいい。それでは沖縄が無防備になる? 米軍基地を撃つ以外に中国が沖縄にミサイルを向ける理由などありはしない。もし自衛隊が集団的自衛権で台湾や南沙の戦争に出て行くつもりなら、自衛隊基地も一緒に撃たれるかもしれないが……。

8 若い世代も参加し新たな次元で「オール沖縄」が動き出す（2015年11月19日）

辺野古基地建設をめぐる国と県のせめぎ合いがいよいよ正念場を迎える中、沖縄では12月前半にも全県民的な共闘組織として「辺野古新基地を造らせないオール沖縄会議」が結成されることになった。

これには、翁長雄志知事を生んだオール沖縄の精神を醸成するのに大いに貢献してきた「島ぐるみ会議」や、辺野古現地での座り込みや海上抗議行動を主導してきた「平和運動センター」をはじめ、平和・市民団体、連合沖縄・自治労など労組、金秀・かりゆし・沖ハムなど有力企業グループ、県政与党の政党と県議会各会派の合計22団体が参加し、幹事団体を構成する。

これによって、翁長知事の行政・裁判闘争を支援し、現地での抗議闘争を強化しつつ全国の支援運動と連携していくための新しい統一的な体制ができあがることになる。

来年の宜野湾市長選（1月）、県議選（6月）、参院選（7月？）での連戦連勝はもちろん視野に入れるが、この組織として直接に選挙運動に関与することはないという。

従来の島ぐるみ会議は、あくまでも個人加盟のキャンペーン組織であり、すでに沖縄本島の市町村および島部にローカル組織をつくって宣伝活動を行うとか、辺野古基金とか、国連に働きかけて翁長知事の国連での演説を実現するとか、訪米団を組織するとか、「周辺・外堀をやってきたが、それではもう限界」（同会議幹部）だという。

既存の組織・団体が恒常的に連絡・調整を図り、運動全体を指導していく「司令部的な機能がないと、この大勝負を闘えない」（同幹部）というところにこの「オール沖縄会議」の眼目がある。

以前にも「県民会議」という運動スタイルはあったが、今回は、県内有力3企業が（経営者個人でなく）企業グループとして参加するところに凄みがあるし、また全市町村に島ぐるみの組織ができているという下地もあるので「コンセントを差し込めばすぐ起動する」と自信を込める。さらに、最近もますます元気に行動している「シールズ琉球」など若い世代の新しい組織も、当然合流してくるだろう。

こうして、これまでは気分というか精神というか、選挙結果という形では姿を現すけれども全体としては不定形さを免れなかった「オール沖縄」が、はっきりとした組織的な枠組みを得て、新しい次元で動き出す。本土の政党や運動はどこまでこれに応えられるのかが問われることになる。

9 元海兵隊員の女性惨殺への沖縄の怒りはかつてないほど深い（2016年5月26日）

沖縄での元米海兵隊員による女性暴行惨殺事件が政局に与える影響は深刻で、これによって安倍晋三首相が衆参ダブル選挙に打って出る可能性はほぼ消えたとみて差し支えないのではないか。自民党ベテラン秘書がこう解説する。

「そもそもダブル選挙は、ひとつ間違えれば衆院で自公が3分の2を割り、参院でも過半数を割るという大惨事に陥るリスクがある。その上、消費増税再延期で解散・総選挙というのは14年の前回総選挙の二番煎じで、国民に目くらましをかける効果もない。だから、よほど伊勢志摩サミットがうまくいって盛り上がれば、その勢いに乗って打って出る可能性が10％くらいはあるかな、というのが、もともと自民党内や官邸の空気だった。安倍もそれは分かっていて、それでも1割くらいの可能性は残して会期末を迎えたいと思っていた。それが、熊本地震で5％が消えて、沖縄の事件で残りの5％もほぼ消えた。こんな国難続きの中で、政権延命という安倍の自己都合だけで強行したら、『ふざけるな』という猛反発を引き起こすだけだ」と。

沖縄の与党県議に聞くと、「辺野古の問題で国との闘いがギリギリのつばぜり合いとなっている中で、この事件が起きて、県民の怒りはかつてないほど深い。いまも毎日、基地のゲート前で喪服を着た人たちの沈黙デモが続いていて、これがじわじわ広がりながら、6月19日には8万人規模の県民大会となって爆発する。恐らくそこでは、『再発防止』などという話ではなく『全基地撤去』を叫ばざるを得なくなるのではないか」と言う。

1995年9月の米海兵隊員による少女暴行事件で8万人の県民大会が開かれて、その勢いに押されて当時の橋本内閣が普天間基地撤去を米側から取り付けた。それから20年が過ぎ、いつの間にか問題は辺野古新基地建設へとすり替えられて、そのこと自体に県民が怒って翁長雄志知事を誕生させ、「オール沖縄」の闘いを構えたというのに、またこの事件である。県民の怒りは後戻りできないところにまで突き進み、それに全国からこれまで以上の共感が寄せられ、安倍の安保法制や改憲策動への人々の危機感とより合わさって大きなうねりが生じるだろう。

すでに32の参院選1人区のほとんどで成立した安保法制廃止を軸とした野党統一候補にとって、これは強い追い風となる。ダブル選でそれをかき乱そうという戦術も封じられて、安倍を待つのは本当に大惨事かもしれない。

10　埋め立て承認の「撤回」という翁長沖縄知事の大勝負の行方（2018年8月2日）

1期目の任期も4カ月を残すばかりとなった沖縄県の翁長雄志知事が7月27日に記者会見し、辺野古の米軍基地建設のために前知事が行った埋め立て承認を撤回する手続きに入ることを宣明した。国の求めに応じて県がいったん下した許認可などの行政行為を、後になって撤回するとは、よほどの重大事態であり、知事はその権限を懸けて覚悟の大勝負に出たのである。

こういう場合、「取り消し」と「撤回」とがあって、取り消しは、その許認可などに法的な瑕疵があったという場合。これについては翁長知事はすでに2015年10月に提起して国と争い、最高裁まで行って16年12月に敗訴している。それに対して撤回は、その許認可などが行われた後に新たな事態が生じて前提条件が違ってしまったので効力を消滅させざるを得ないことを主張するもので、裁判ではその「新たな事態」が埋め立て承認の撤回に妥当するものかどうかが争われる。

知事側が挙げている「新たな事態」は、①基地近くにある沖縄高専の校舎などが米国防省基準の「高さ制限」に抵触することが判明した、②埋め立てて護岸を建設する予定地が軟弱地盤であり、また予定地全体の下に活断層が存在する疑いが生じた、③辺野古が完成し移転が完了しても「緊急時に使用できる県内1カ所（那覇空港）を含む国内12カ所の空港」について日米が合意しない限り普天間は返還しないという米政府の立場が明らかになった――の3点である。

長く辺野古建設反対の運動に携わってきた幹部は、こう語る。

「このどれもが、前知事が埋め立て承認を行った時には県民はもちろん県知事にも分かっていなかったことで、十分に撤回の理由になると思う。特に、第2の地盤の軟弱という問題は、沖縄防衛局による土質調査で明らかになってきたことで、例えば同局が開示した16年3月の地質調査報告書には『N値ゼロ』の部分があることが明記されています。N値ゼロというのは、食パンに挟んだマヨネーズのようにフニャフニャだということで、そんな上に滑走路など造れるはずがない」と。

しかし、日本には三権分立など存在せず、司法は官邸の言いなりだから、まともな判断が下されるかどうかは分からない。「国民全体で翁長さんと沖縄県民の戦いを見守り、支援していただきたい」と彼は訴えるのである。

11 ちょっとした〝配慮〟で官邸に尻尾を振るＮＨＫの印象操作（２０１８年８月16日）

翁長知事が亡くなったことを受けて、歌手の安室奈美恵が自分のＨＰで追悼のコメントを公開した。彼女は今年5月に同知事から県民栄誉賞を授与されたばかりなので、格別の思いがあったのだろう、心のこもったいいコメントだった。その全文は以下の通りである。

「翁長知事の突然の訃報に大変驚いております」

「ご病気の事はニュースで拝見しており、県民栄誉賞の授賞式でお会いした際には、お痩せになられた印象がありました。今思えばあの時も、体調が優れなかったにも関わらず、私を気遣ってくださり、優しい言葉をかけてくださいました」

「沖縄の事を考え、沖縄の為に尽くしてこられた翁長知事のご遺志がこの先も受け継がれ、これからも多くの人に愛される沖縄であることを願っております」

「心から、ご冥福をお祈り致します。安室奈美恵」

このコメントの肝心要は第3パラグラフで、翁長が「沖縄の事を考え、沖縄の為に尽くしてこられた」人物であること、その「ご遺志がこの先も受け継がれ」ていくことを彼女が願っていることが述べられている。翁長が「オール沖縄」と呼ばれた県民の世論を一身に背負ってオスプレイ配備反対、辺野古基地建設阻止に命を懸けてきて道半ばで逝ったことは誰でも知っている。彼の遺志を受け継ぐと言えば、その闘いを引き継いでいくという意味しかありえない。

沖縄のメディアはもちろんきちんと全文をキャリーし、本土の多くのメディアもこの肝心要の部分を外すことはなかった。ところが、私が目配りした範囲では、NHKだけはそこを飛ばして「今思えばあの時も、体調が優れなかったにも関わらず、私を気遣ってくださり、優しい言葉をかけてくださいました。心から、ご冥福をお祈り致します」という要約の仕方をした。これは別に誤報でも歪曲でもないのだが、要約する時にどこを採ってどこを捨てるかをちょっと〝配慮〟するだけで、翁長を憎悪してきた官邸に尻尾を振ってみせることができるという、NHKお得意の印象操作の好例である。

一見すると公正ぶっているかのようなニュースにも、こういう仕掛けが組み込まれていて、日々

「洗脳シャワー」として視聴者の頭に浴びせられていることを知っておく必要がある。

12　沖縄県知事選は「国権か民権か」の一大分岐点になる（2018年9月13日）

13日告示の沖縄県知事選の直接の争点は、辺野古基地建設の是非であるけれども、そのもっと奥にある本質的な選択問題は、「国権か民権か」ということである。

翁長雄志知事が命を懸けて実現しようとしてきたのは、沖縄県民の自治権・自主権、すなわち県民は自分たちの命のみならず大浦湾のサンゴやジュゴンの命まで含めて、自分たちにとって本当に大切なことは自分たちで決定してしかるべきだという意味での自己決定権である。翁長の「遺志を引き継ぐ」とはまさにそのことであり、その点でオール沖縄陣営が担ぐ玉城デニー衆院議員は、それにまことにふさわしい民権主義的な候補である。

これに対抗する自民・公明・維新が支援する佐喜真淳前宜野湾市長は、辺野古については賛否を明言せず、国と県とのやりとりを「見守る」という立場だが、もし当選して県知事になれば、明言を避けて見守り続けることはできないのだから、そこをボカして選挙戦をくぐり抜けようというのは、誠実とはいえない。

しかし、何も言わずとも、彼の姿勢はこれまでの実績から明らかで、当選すればすぐに国の言いなりになって辺野古建設を推進することは目に見えている。なぜなら佐喜真は、安倍晋三首相を支える右翼組織「日本会議」と関わりが深い。2012年2月に彼が宜野湾市長に当選するや、市役所の隣の市民会館で日本会議沖縄県本部系の団体による「沖縄県祖国復帰記念式典」が開かれるようになり、同年の記念講演は津川雅彦、翌年は櫻井よしこといずれも安倍のお友達。さらに14年には、開会で那覇市のわかめ保育園児が回らぬ舌で「口語版・教育勅語」を斉唱し、その行事の閉会あいさつをしたのが佐喜真市長だったということで話題になった。この様子を記録した動画は今も、日本会議のホームページで閲覧できる。つまり日本会議として自慢の画像なのである。

この式典は、沖縄が日本に復帰したことを無条件で肯定し、沖縄県民も「よき日本人」となるよう頑張ろうという趣旨のものであるから、この主催側の立場にあった佐喜真が安倍政権に寄り添っていこうとすることは疑いがない。こうして、この県知事選は、沖縄県民が荒々しく国に対して民権を主張するのか、国権に従って事を荒立てずに生きていくのかの一大分岐点となるだろう。

13 県民投票を無視して辺野古基地建設を強行しても不毛なだけ（2019年2月21日）

米海兵隊の辺野古基地建設への賛否を問う沖縄県民投票が24日に迫ってきた。結果はほぼ見えていて、共同通信と地元2紙が協力して16〜17日に行った電話調査の結果では、県民投票に「行った」「必ず行く」「たぶん行く」と答えた人のうち辺野古移設に「反対」と答えたのは67・6%、「賛成」は15・8%、「どちらでもない」は13・1%だった。同じ時期の『朝日新聞』の調査でも「反対」

59%、「賛成」16%、「どちらでもない」21%だ。

安倍官邸と沖縄自民党は、何とかしてこの沖縄県民がやむにやまれず採った直接民主主義的な政治行動を叩き潰そうとして七転八倒した。まずは保守系の市長や市議会に裏から働きかけて県民投票への不参加方針を出させ、世論の批判でそれを貫けないとなると「反対」「賛成」のほかに「どちらでもない」という曖昧な選択肢を付け加えて「反対」票を減らすような仕掛けをした。それでも「反対」票が増えそうだとみるや、投票に行って「賛成」票を投じるよりも投票に行かないようにして、投票率が50%に届かない状況をつくり出す作戦に切り替えた。

ところが、上述の共同などの調査では「投票に行く」が94%、朝日では「必ず行く」が71%。官邸と自民党が投票を無意味化しようと悪あがきしたことで、かえって「県民をバカにするのか」という反発が出て、投票率を押し上げることになったのではないか。

どういう投票結果が出ようとも、安倍政権は「県民投票に法的拘束力はない」として、問答無用の埋め立て工事を進めようとするのだろうが、意地を張ってそんなことをしてもその先に未来はない。

沖縄県が昨年12月に出した試算では、建設費は14年の当初計画の10倍の2兆4000億円に達し、期間もこれから13年もかかる。しかもその後、海底90mのマヨネーズ状といわれる超軟弱地盤を改良工事する能力を持つ船が国内に存在しないことが明らかとなり、いつになったら完成するか予測不能になってしまった。

本当の選択肢は、「辺野古中止、普天間即閉鎖で海兵隊に出ていってもらう」のか、「いつできるか分からない辺野古の工事が続く間、普天間を半永久的に使い続ける」のか、の2択であって、安倍政権もいい加減に突っ張りをやめて、県民の意向に従って海兵隊の「国外、最低でも県外」への退去を対米交渉すべきではないか。

14 日本防衛には使われない海兵隊の基地が沖縄に必要なのか（2020年1月16日）

気が付いていない方が多いようなので、注意を喚起しておきたいのだが、1月6日付『赤旗』の1面トップと3面全部を使った「在沖海兵隊、〝日本防衛〟から除外／日米作戦計画で80年決定」の記事は、重要なスクープである。

周知のように、日本政府は「米海兵隊の駐留は日本を防衛するための抑止力として不可欠」という立場から、沖縄・辺野古の新基地建設をしゃにむに進めてきた。この流れを変えようとした鳩山政権の「国外、少なくとも県外」移転の試みも、「抑止力」の一言からつまずきが始まったことは、いまだに記憶に新しい。

ところが赤旗によると、1978年に日米防衛協力指針（ガイドライン）が締結され、それにもとづいて日米両政府が取り組んだ「日本有事および朝鮮有事に対応する緊急事態対処計画5098」の策定作業の中で、カーター政権のブラウン国防長官は「海兵隊は韓国への増強、インド洋やペルシャ湾への展開のために自由に使うので、日本防衛には使わない」という趣旨を明言していた。これはペンタゴンが17年に公表した「歴史書1977～81年」に経緯が記録されているという。さらに、レーガン政権の国防長官だったワインバーガーは82年4月に米上院に提出した書面で「沖縄の海兵隊は、日本の防衛には充てられていない。それは米第7艦隊の即応海兵隊であり、同艦隊の通常作戦区域である西太平洋、インド洋のどこにでも配備される」と述べていた。

もちろんそういったことは専門家はみな指摘していたし、私も例えば著書『沖縄に海兵隊はいらない！』（にんげん出版、12年刊）などで盛んにそう論じてきたが、政府は「抑止力」の一点張りだった。

今回、このように長官級の複数の米政府高官の言葉として、在沖海兵隊が日本防衛とは無関係であることが明確になったことで、歴代自民党政権の言い分は音を立てて崩れ去った。ということは、辺野古基地建設を県民の反対を蹴散らしてでも進めようとする根拠も消え去ったわけなので、一日も早く工事を中止し、計画を撤回すべきである。

言うまでもなく、日米安保条約は、米軍が日本防衛の義務を負う代わりに日本が基地を提供するという構成となっている。海兵隊が日本防衛と関係がないのなら、莫大な思いやり予算を負担したり新基地を建設してまでいてもらう必要はないので、出て行っていただこうではないか。

第7章　平成天皇も憂慮した安倍の前時代的国家観・憲法観

美智子妃が2013年秋の誕生日の談話で、明治初期の自由民権運動から生まれた憲法草案「五日市憲法」に触れたのは、衝撃的な出来事だった（本章1）。その10カ月前に第2次安倍政権がスタートし、早速「改憲」のアドバルーンを上げ始めたそのタイミングで、この憲法案を「民権意識の記録」として世界文化遺産に値すると述べたのだ。私は、明治以来の近代史を語る場合の1つの大きな座標軸は「国権vs民権」だと捉えていて（第6章12、第12章12）、安倍を末裔とする長州の思想は吉田松陰に代表される国権主義そのもの。それに対抗しようとした民権派は薩長藩閥政府に蹴散らされてしまうが、その思想は地下水脈のように繋がって戦後の日本国憲法を作り上げる一要因となるのである。

その経緯を熟知した天皇家が民権の側にいて改憲に反対し、その歴史を学んだこともない安倍が何の自覚もなしに国権の側に立って改憲を推進しようとしているという構図が不思議である。

1　安倍改憲路線をやんわり批判した皇后談話の重み（２０１３年10月31日）

「皇后陛下の憲法論が、静かな波紋を広げているんですよ」と、ある自民党大物議員の秘書が言う。

憲法論って、皇后が10月20日の誕生日に文書で出した談話のこと？

「そう。明治の自由民権運動の中から生まれた民間の憲法草案のひとつである『五日市憲法』に触れて、『19世紀末の日本で、市井の人々の間に既に育っていた民権意識を記録するものとして、世界でも珍しい文化遺産ではないか』とまでおっしゃった。天皇・皇后は民権主義者だったんですよ」

それが、なぜ波紋を呼ぶのか。

「だって、安倍さんが推し進めようとしているのは国権主義の改憲じゃないですか」

五日市憲法といっても今では知らない人もいるかもしれないが、明治14年に五日市町（現あきる野市）で学校教員をしていた民権活動家が起草したものだ。昭和43年になって歴史家の色川大吉が旧家の土蔵で発見し、今は同市の図書館に所蔵されている。国民の自由権の保障、法の下の平等、教育権と義務教育、地方自治など、現憲法にもつながる立派なことが２０４条にわたって書かれている。

皇后談話のその部分は、最初に「5月の憲法記念日をはさみ、今年は憲法をめぐり、例年に増して盛んな議論が取り交わされた」と言い、その議論に触れて、あきる野市を訪れたときに見た五日市憲法をしきりに思い出した、と言葉を継いでいる。

5月ごろといえば、9条改正に直進するのは無理だと悟った安倍が、迂回路として「96条先行改正」論を持ち出し、保守派からさえも「裏口入学だ」「姑息なことはやめろ」と非難されて、それを引っ込めざるを得なくなりつつあった時期だ。それを思えば、なるほどこの皇后談話は、国権強化の安倍改憲路線に対する民権重視の立場からのやんわりとした批判と受け止めるのが自然だろう。

安倍は「愛国」の立場から改憲に取り組んでいるつもりなのだろうが、それは天皇・皇后の望むところとは違う。他方、安倍は「親米」の立場から集団的自衛権解禁や自衛隊の国防軍化をめざしているが、それは必ずしもアメリカの望むことではない。これがこの政権が深いところで抱えているジレンマである。

2 「お気持ち」に応えれば改憲戦略は先延ばししかない（2016年8月11日）

天皇の退位への「お気持ち」表明についての識者コメントで、いちばんひどかったのは2人の憲法学者で、ひとりは横田耕一・九大名誉教授の「退位を希望する理由が公務負担の重さなのであれば、減らせばよい。極端に言えば、国事行為だけをしていれば問題ない」（日経9日付）というもの。もうひとりは浦田賢治・早大名誉教授の「憲法に根拠がない公的行為は憲法違反」（東京9日付）だ。

いったい何を聞いていたのだろうか。天皇はメッセージを通じて、国事行為以外の、被災地慰問、戦跡地慰霊はじめ公的行為で全国各地を歩き、人々とじかに触れ合うことこそが「天皇の象徴的行為」として最も大切なのであって、「全身全霊をもって」それを果たせなくなるのでは天皇の座にあることに意味がない、と訴えているのである。「国事行為や公務を限りなく減らしていく」ことや、「摂政を置く」ことは、そのことの解決にはならないとも明言している。

憲法にある国事行為は、元首であった明治憲法下の天皇の行いを、形の上だけで引き継いだもので、もし公務を減らして解決するなら、こちらを廃止するのが筋である。この学者どもは、憲法の条文が何より大事で、天皇の心や体がどうなろうと知ったことではないという倒錯に陥っている。

さて、摂政はダメだと言われてショックを受けているのは、安倍晋三首相だろう。皇室典範の見直しとなると、10年前の「女性天皇・女系天皇」や野田政権時の「女性宮家」の議論が蘇ってきかねない。「男系男子」一筋で「万世一系」神話を守りたい安倍やその背後の日本会議系の右翼は、それを何より嫌っていて、現典範の摂政条項の拡大解釈か、1回限りの特別立法で切り抜けようと模索していた。

しかし、そういう姑息な手段でなく、皇室が未来にわたって安定的に存続していけるような抜本的な皇室改革を考えてもらいたいというのが、お気持ちの根本趣旨であるから、安倍は有識者会議を編成して本格的に議論し、しかも早急に結論を出さなければならない。漫然と先延ばししているうちに万が一、天皇が病に伏すようなことがあれば、切腹では済まないことになるからである。

むしろ、秋に憲法審査会を開いて、来年にも「環境権」か何かでお試し改憲を、という安倍の改憲戦略のほうを、大幅に先延ばしせざるを得ないのではないか。安倍が天皇のお気持ちとそれを支持する世論に応えようとすれば、日本会議系からの安倍批判がますます激しくなるという股裂き状態に追い込まれつつある。

3　来年5月以降、天皇と政治の関係に「変化」が生じる可能性（2018年12月27日）

天皇は85歳の誕生日にあたって記者会見し、「平成が戦争のない時代として終わろうとしていることに心から安堵しています」と、いつも通りの穏やかな口調で平和への希求を語った。それを聞きながら、さて来年5月に即位する次期天皇は平和ということについてどんな考えを持っているのかが気になって、小山泰生著『新天皇と日本人　友が見た素顔、論じ合った日本論』（海竜社、11月刊）をひもといた。著者は、皇太子の学習院の同級生の中でも特別に親しい関係であったようで、まあどうせ当たり障りのない学生時代のエピソードを書き連ねているのだろうと高をくくってページを繰り始めたのだが、いや、これは、ちょっと、大変なことが書いてある。

周知のように憲法第3条と第4条には、天皇は内閣の助言と承認によって国事行為を行うけれども国政に関する権能は持たないと規定されている。これをもって我々は、天皇は一切、政治に関与することができないものと信じ込んできた。ところが著者はこう述べる。

「しかし、たとえば、あがってきた法律が憲法上の手続きに瑕疵の疑いがある場合は、第99条の憲法擁護義務によって、法理論上も法律の署名と交付を拒否することができるのです。さらに、国会で可決された法律ができたとしても、天皇がそれにサインをしなければ、その法律は成立しないというのが、この憲法の定めるところです。すなわち、天皇がその法律に反対して、サインを促されるたびに保留してしまえば、いつまで経っても交付されないのです。ですから、もし日本にヒトラーのような危険人物が現れて首相に推されたとき、この憲法上の天皇の権限が役に立ちます」と。

国事行為について天皇は、内閣の言いなりに印を押したり文書を読み上げたりする形ばかりの役目を負わされている、まったくの受動的立場だと思ってきたけれども、そうではなく、それを拒むことで内閣の行為を止めることができて、その根拠は「天皇……及び国務大臣、国会議員、裁判官その他の公務員は、この憲法を尊重し擁護する義務を負ふ」とした憲法第99条にあると言うのである。

本書では、これは著者の説のように書かれているが、副題にあるように彼が皇太子と「論じ合った日本論」が反映されていることは間違いない。となると来年5月以降、天皇と政治の関係は穏やかならざるものとなっていく可能性を秘めているとみなければならない。

4　新元号に便乗して転機をはかる安倍政権の行き詰まり（2019年4月4日）

安倍晋三首相の新元号発表をめぐるはしゃぎぶりに眉をしかめる人が少なくない。あるベテラン野党議員もそのひとりで、「事前に2度も皇太子に面会したり、菅義偉官房長官に任せておけばいいのに自分で記者会見を開いたり、いかにも自分こそが新時代の〝明るい未来〟への扉を開く主人公だとアピールしようとしていて、見苦しい」と嘆く。

しかも、御用メディアを使って、何日も前からこれが大事件であるかのようにあおらせた。

「とくにNHKがひどくて、朝昼晩のニュースやワイド枠で何度も新元号の決定から発表までの手順を図で説明し、『さあ、いよいよあす11時半には……』などとアナウンサーが叫んでいる。日本経済新聞も前日の1面トップは政治部次長の筆で『政治・外交…転機の予感　新元号あす公表』の大見出しだ。安倍が会見を開いて『元号に込めた意味や国民へのメッセージを自ら語るのは、首相として転機を背負う覚悟の表れ』などと、露骨な提灯記事を書いている。日本が転機なのは事実かもしれないが、それと新元号とは何の関係もない。話は逆で、安倍政治が北方領土も拉致も改憲も行き詰まっているので、これに便乗して自分が転機を掴みたいだけ」と手厳しい。

もうひとつの狙いとして、皇太子とは仲良くしたいという思惑がある。今上天皇は徹底した平和主義者、護憲主義者であるし、沖縄県民に深く寄り添う気持ちを何より大切にしていて、そのどれをとっても安倍とは正反対の立場にある。かつて天皇が女性天皇・女系天皇や女性宮家を可能にする皇室典範の改正を政府に働きかけた時に、それをことごとく潰したのは安倍であり、そのため、この生前退位は政府に頼まずに、天皇が自分で直接国民にメッセージを発してようやく実現したのである。このように、安倍は今上天皇とは冷たい関係なので、次の天皇とは何とか関係を良好にしたいという思いがあるのだろう。

しかし、皇太子の学友である小山泰生の著書『新天皇と日本人』を読むと、皇太子は「天皇制には民主主義政治の弱点を補完しうる大事な機能・役割がある」という考えを持っているようで、しかもそれは深い歴史の研究に根ざした信念であるらしい。歴史に限らず何事も勉強不足の政治家など相手にされないのではないか。

5 「令」の字と国書から採ったという宣伝文句に感じる違和感（2019年4月11日）

先週に続き、新元号について。もう決まったのだから素直に受け入れればいいじゃないかというご意見もあろうかと思うが、どうもしっくりこない感じがどこから来るのかを考えている。

ひとつには「令」という字そのものの多義性ということがある。普通は「令嬢」「令息」など「よい」「立派な」の意味で用いられ、だから外務省もこれにビューティフルと英訳をつけた。

しかしそれにしては「令色」（他人の気に入るように顔色をうかがう）といういやらしい使われ方があるのが気になるし、「令見」と書いて「みせしめ」と読ませることもある。「令状」「令書」「令達」など上から下に向かって命令するというニュアンスの場合も多く、もともとは神官がひざまずいて神意を聴く姿から象形された文字なので、上から目線は当然なのかもしれない。そうだとすると、英BBCが最初にオーダーと訳したのは的確だったことになる。

もうひとつには、初めて国書から採ったという宣伝文句への違和感である。万葉集は国書には違いないが、「初春令月、気淑風和」という部分は漢文で書かれた序言の一部で、しかも何百年も前の後漢の人である張衡の「帰田賦」にある「仲春令月、時和気清」をもじったものだというから、要するに中国中心の漢字文化圏の手のひらの上の出来事なのである。

さらに言えば、平成は「地平天成」(書経)、「内平外成」(史記)の四字熟語的な表現から2字を採っているので、文字同士につながりというか緊張感があるのに対して、今度の場合はその1行の中の文字を適当に(?)ピックアップしているようなので、2字の間に意味的な緊迫感が乏しい。

そうはいっても、本文の和歌で使われているのは万葉仮名で、漢字の意味とは無関係の音声記号として並べられているだけなので、その一句から漢字2字の取り合わせを選ぶというのは全く意味がない。だから漢文の部分から選んだのだが、それを国威発揚的に言い立てるのは見当が狂っている。

余談。張衡は皇帝を囲む宦官や儒家の腐敗に腹を立て、官職を辞して故郷に帰り田を耕したいとうたった。中西進は、安倍政権の安保法制と9条改憲に反対する「総がかり行動」の賛同人に名を連ねているほどのリベラル派なので、新元号に政府批判のメタファーを埋め込んだと言う人もあるが、それはいくら何でもうがち過ぎというものであろう。

第8章　日本の食と農を米国に売り飛ばす「農政改革」と「農協潰し」

米国のお覚えをめでたくしようとして擦り寄っていくと、米国のほうが心変わりして日本が取り残されるということが、北朝鮮を巡って起きて安倍は大恥をかいた（第4章）。TTPも同じで、2012年12月の総選挙では「ウソつかない。TTP断固反対。ブレない。日本を耕す‼自民党」というポスターまで作って農家の票を掻き集めた安倍だが、それで政権を獲ったらコロリ転換してTTP参加。国民に説明したくてもできないまま強引に交渉に突き進んで行ったら、今度はトランプが出てきて米国がコロリTTP反対という無茶苦茶な展開となった（本章5）。

本当の政治家なら「国益とは何か、国民が幸せになるにはどうしたらいいか」を熟考して戦略を立て、それこそ「ブレない」で行動するが、安倍は、選挙に勝つためにその場限りの出まかせを言い、勝って今度は米国の歓心を買わなければならないとなれば平気で裏切って正反対のことを言い出す政治屋の典型である。

1　TPP交渉入りの前に「事前協議」で日本を追い込む米国の罠（2013年3月23日）

先週末の安倍晋三首相によるTPP交渉参加表明を受けて、18日の衆院予算委員会で行われた集中審議。そこで私が注目したのは、民主党の松本剛明元外相の質問だ。

TPP日米共同声明について、私もかねて疑問に思っていたことをズバリ取り上げていた。

何かというと、事前協議で相当の妥協を強いられる懸念だ。共同声明の第2段落で「日本には一定の農産品、米国には一定の工業品」のセンシティビティー（微妙な点）があることを米国に認めさせたので、コメなどについて最初から「すべての関税撤廃を約束」することは回避されたと安倍は説明している。

だが、第3段落では、米国の関心項目である「自動車部門や保険部門など懸案事項」について引き続き日米の事前協議を続ける、とされている。

ということは、これから米議会が日本の交渉参加を認めるかどうかの審議が90日間かけて行われるのと並行して、米側の関心項目についての事前協議が進み、それについて日本が妥協しなければ交渉参加を認めないぞ、という圧力が強まるということである。他方、日本はその事前協議のテーブルにコメなどの問題を載せていない。

案の定、米議会は「日米間の未決の貿易障壁を解決するという約束を日本は果たしていない」（下院歳入委員長）、「ＴＰＰで閉鎖的な日本の自動車市場を変革できるとは想像できない」（同委員会民主党筆頭理事）などと声明を出し、業界は「現時点での日本の交渉参加に反対」（米国自動車政策評議会会長）と言っている。

そして政府も「日米事前協議でなすべき重要な仕事が残っており、その進展に応じて議会や業界と（日本の参加の是非について）協議を続ける」（米通商代表部代表代行）と表明している。政府・議会・業界一体となって、日本がＴＰＰ参加を承認してほしいのなら自動車などで事前に屈服するしかないぞ、というところに追い込もうとしているように見える。

自民党のＴＰＰ慎重派も「事前に自動車で譲歩してしまえば、交渉入りの前にカードを失う。農産物が交渉入りしてから俎上に載せられた時に米国は知らんぷりするんじゃないか」と不安を口にする。前のめり姿勢の安倍は見事に米国の罠にはまったのではないか。

2　ＴＰＰ「586品目」のリストも隠す秘密政権（2013年10月24日）

「今さら特定秘密保護法なんか要らない。すでに安倍政権は、都合の悪いことは国民にも国会にも、自民党にさえも知らせずに、好き勝手なことをやっている〝秘密保護政権〟なんだから」と、自民党の農林関係議員が怒っている。ＴＰＰのことだ。

周知のように、コメ、麦、牛肉・豚肉、乳製品、砂糖の農業5項目を「聖域」と呼んで最優先し、

「それが確保できない場合は脱退も辞さない」というのが自民党の選挙公約だった。ところが「年内妥結」の期限が近づくにつれ、その5項目を関税区分の細目586品目に分け、その一つ一つについて関税を撤廃できるかどうか影響を検討すると言い出している。

5項目全体を守るという堤防はいつの間にか決壊し、586品目のうちどれをいけにえに差し出せるかの検討に入ったということだ。当然、国会論戦でもそこが追及の的となるが、安倍や甘利TPP担当相は「守るべきは守り、攻めるべきは攻める」という抽象論ではぐらかすばかりで、何を守り、何を攻めるのか明らかにしない。前出の議員が言う。

「牛肉・豚肉でいえば、もも肉、バラ肉、牛タン、ソーセージ、ベーコンなど細かく分かれて、そのまた冷蔵と冷凍が分かれたりして、100品目になる。焼き肉で人気の牛タンをとれば、もともと1頭からとれる量が少ないので9割は輸入に頼っていて、その関税は12・8％。これを撤廃しても国産品への影響はほとんどないだろう、というようなことが検討対象になると想像される。しかし、そもそも政府は、その586品目の全リストを公表していないんですよ」

私は思わず「えっ、嘘でしょ」と声を上げてしまった。

もちろん、貿易統計を見れば品目ごとの関税は示されているから、ある程度は推測できるが、例えばホットケーキミックスは、誰が考えても小麦製品だが「砂糖など」に入っているとか、分からないことだらけなのだという。

いくら「一強七弱国会」だといっても、ここまで政府が国民をコケにしていいわけがない。

この国に必要なのは秘密保護法ではなく、国民が命を守るのに必要な情報を提供することを政府に義務づける真の情報公開法である。

3　農協を潰せば農業がよくなるという妄言の裏にあるもの（2015年1月22日）

自民党の稲田朋美政調会長が17日、自分の地元の福井でJA組合長や農業者を集めて「農協改革」の説明会を開いたが、参加者からは「自民党の農政が失敗だったことの反省が先だ」などの厳しい意見が噴出して、ほとんど立ち往生の状態に陥った。それもそのはずで、弁護士時代かられっきとした右翼活動家であり、たまたま05年の小泉郵政選挙で「刺客」としてこの地に舞い降りただけの彼女に、農業・農政・農協の「の」の字も分かるわけがない。

そもそも安倍政権の農協改革というのは意味不明で、対象とされた農協さえ「一度も政府から明快な説明を受けたことがない」と首をかしげている代物である。発端は、規制改革会議が昨年5月に、農協中央会を廃止し、経済部門の全農は株式会社化し、単位農協から金融部門を外し、農業委員会制度を変えて農地を流動化させることを通じて「農業に競争力を導入し成長産業化する」との提言を出し、安倍晋三首相がこれに沿って改革断行を表明したことにある。が、この提言は農業の実情を何も知らない素人の幼稚な机上の空論にすぎない。農協を潰して大企業が好きなように活躍できるようにすれば農業が成長産業になる？　自然相手の農業は、工業と違って合理的な経営計画など立たない。

天候の具合でたまたまキャベツの産地で例年より1割増産になっただけで価格が3割も下落してせっかくの作物を捨てるしかないといった非合理が平気で起きるのが農業というものだ。それでも農家は、先祖伝来の田畑を守るために耐えて耐えて、これまで何百年もそうしてきたように、その不条理を生きるだろう。しかし、株式会社は利益が出なければすぐに撤退する。

もちろん農協の在り方には問題が山積みで、本来は農民自身の自治的な互助組織であるはずの協同組合が逆に農民から搾り取る巨大コングロマリットに成り上がってしまっているのをどう改革するかは大きな課題である。しかしそれは、戦後農政が農協を補助金漬けにして行政の下請けにし、それに予算付けをする自民党が票田として利用してきた結果であって、まず改革されるべきは農水省の農政と自民党の農協もたれかかりであるはずだ。

自分を棚に上げて、農協を潰せば農業がよくなるなど妄言で、それでも安倍が通常国会で農協法改正を強行しようとしているのは、大企業のご機嫌取りだけでなくもうひとつ、春に決着したいTPPのためにJAバンクの預金残高90兆円、農協関連保険の総資産50兆円、農業共済の総資産300兆円を米金融界にプレゼントするためではないのだろうか。

4 「農協潰し」は安倍政権の政治的怨念なのか（2015年2月26日）

安倍晋三首相がためらうことなく献金疑惑の西川公也農相の首をハネたのは、通常国会前半の目玉と位置づける「農政改革」に一切の遅滞は許されないという決意を表わすためだろう。

ところが、この農政改革というのがまったく意味不明の代物で、間違いだらけの戦後農政を根本的に総括して日本農業の危機的状況をどう打開するのかという戦略的な議論は最初から欠落している。では何を「改革」するのかと言えば「農協」であり、とりわけその頂点に立つ「JA全中」だ。農協法に裏付けられた協同組合の全国組織という資格を剥奪して一般社団法人に格下げし、さらにそのJA全中が持っていた全国約700の単位農協に対する監査・指導権限を解体して、一般監査法人が市場参入できるようにする（ということは、監査料などの名目で全中が得ていた年間約80億円の上納金を召し上げる）ことに狙いが絞られる。つまりこれは、農政改革でも農協改革でもなく「農協潰し」なのである。

なぜ、このように粗暴なほどの農協潰しに躍起となるのかといえば、安倍や菅義偉官房長官の農協に対する政治的怨念である。民主党が09年に、ヨーロッパ型の「農業者戸別所得補償制度」の導入を掲げた時に農協はそれを支持し、それが政権交代が実現する一因となった。12年に政権復帰した自民党は、その制度を骨抜きにすることに熱心に取り組んだが、一度、自民党から離れた農協はすんなりとは元に戻らず、例えば今年1月の佐賀県知事選では、菅長官と茂木選対委員長が推した自民党候補は佐賀農協の支持を得られずにあえなく落選した。自民党農林族議員によると「安倍はこの結果に苛立って、菅を『何やってるんだ』と叱責し、慌てた菅は『選挙活動ばかりやっている農協の改革は徹底的にやる』と周辺に覚悟のほどを示した。菅は連日、農水省幹部を官邸に呼んで、結局、全中が得ている監査料などの80億円が政治活動やTPP反対運動の資金源になっているというところに目をつけたのだろう。その結果、農業の再生とは何の関係もない農協潰しに走ることになった」という。

もちろん、農協の在り方に数多の問題があるのは事実である。本来は農家の自発的な互助組織である農協は中央機能が肥大化して、その巨大組織を維持するために農家を搾取するかのようになってしまったからこそ、このような理不尽な自民党からの攻撃に屈服せざるを得なくなった。そういう意味では自業自得という一面もある。しかし、こんなデタラメな農協潰しが「農政改革」の名によってまかり通るのを許せば、日本農業の壊滅は必至である。

5 米大統領選、トランプ躍進でもはやTPPは風前の灯（2016年2月25日）

トランプがサウスカロライナ州の共和党予備選で圧勝した一因には、彼の極端な反自由貿易、反TPPの言辞が、同州に多い白人の低所得労働者層に大受けした事実があることを、日本のメディアはほとんど伝えていない。「老いぼれ政治家や外交官どもが通商交渉で大負けしたせいで何百万もの雇用が失われた」「私は、ビル・クリントン大統領がやった北米自由貿易協定を廃止し、いま提案されているTPPはゴミ箱に放り込むことを、皆さんに誓約する」「メキシコや日本や中国（など米国に輸出している国々）には貿易で制裁を科す。メキシコからの自動車輸入には35％の関税をかける。中国からの輸入はすべて45％の関税だ！」と、まあ、すさまじい。

同州はもともと、繊維、化学、自動車・部品、たばこ、乳製品など伝統的な製造業が多く、不況のたびに全米でもトップ級の失業率に苦しめられてきた。しかも、50州のうち24ある「労働権の州」のひとつで、労働者に労組加盟の義務がないので、企業は人材派遣会社を通じて低賃金の非正規労働者を雇用し、景気が悪くなればすぐにクビを切ることができる。そうした経営に有利な条件を狙って工場進出する内外企業は多いけれども、プア・ホワイトは一向に幸せにはならない。そこへ「輸入が雇用を奪う」という単純なスローガンで切り込んでいったのが、トランプの巧み（だが愚か）な戦術である。

共和党エスタブリッシュメントと呼ばれる同党の中心部分のインテリ層は、トランプの発言を「デマゴギーだ」と批判しているものの、民主党の本来的基盤であるプア・ホワイトを取り込まなければ本選で勝てないのは自明なので、全体として反ＴＰＰに傾きつつある。象徴的なのは、まさに同党エスタブリッシュメントの代表格であるロブ・ポートマン上院議員がＴＰＰ反対に態度を転換したことだ。

彼は、昨年オバマ大統領がＴＰＰ協定の議会承認に道を開く第一歩として一括交渉権限を求めた際に、共和党内を説得して賛成票を集めた立役者のひとり。ブッシュ前政権で米通商代表を務めただけに、共和党の自由貿易派の筆頭と目されていたが、それがトランプに背中を押される格好でＴＰＰ反対に踏み切った影響は大きく、オバマの任期中にＴＰＰが議会を通る見通しはほぼ絶望的となった。

日本でも、たった一人で交渉に当たった甘利明大臣が消えて、「事実上の日米自由貿易協定」といわれるTPPはすでに風前の灯となりつつある。

6　参院選の結果が臨時国会のTPP関連法審議を掻乱（2016年7月14日）

参院選の結果を「農業」という面から見ると、自民党の大苦戦である。いずれも農業依存度が高い東北6県と甲信越3県の計9つの1人区で、自民は何と1勝8敗。また農業生産額でも農業就業人口でもダンゼン1位の農業王国・北海道では、3人区に自民、民進とも2人ずつ候補を立てて争い、自民が1人を取り落とした。

野党の農水族議員は「米とTPPが勝因だ。農協を潰し小農を切り捨てるような『改革』が推し進められる中、米価の低迷に苦しむ農家ではTPPへの危機感が強い。民主党政権は、従来の補助金農政に代わってEU型の戸別所得保障制度を導入したが、安倍政権がそれをひっくり返した。それに対し、今回、民進党はその制度を復活させ法制化することを公約に掲げ、農業者から大きな支持を得た」と分析している。

象徴的なのは山形選挙区である。

農水省職員出身で鳩山・菅両政権で農水政務官を務めた舟山康江が無所属の野党統一候補として返り咲きを目指したのに対し、自民党はJA全農山形の元副本部長だった月野薫を立て、珍しい「農農対決」となったが、12万票の大差で舟山が圧勝した。月野は、自公の強固な組織を背に、県内13のうち12市長を陣営に引き入れ、公示初日に小泉進次郎農林部会長を応援に投入するなど手厚い体制をとったが、肝心のJAの政治団体「農政連」が月野を支持せず「自主投票」を決めたことが落とし穴となった。舟山の「安倍政権のTPP推進、『強い農業』一本やりの農政でいいのか」という訴えが功を奏して、県内15万といわれる農家票の多くが舟山に流れたとみられる。

安倍晋三首相は、すでに失敗しているアベノミクスを「成功」と言いくるめ、それをさらに推進すると言っている。そのアベノミクスの成長戦略の柱のひとつに位置づけられているのが、TPPの批准とそれに応じた農政「改革」であるけれども、東日本の農業県はそれに「ノー」を突きつけた。日本農業新聞が「東北の反乱」と呼んだこの選挙結果によって、秋の臨時国会でのTPP関連11法案の審議に波乱が生じ、それを安倍が数を頼みに突破しようとすればするほど、農家の離反が広がることになろう。

7　TPPで「農林水産物の輸出が増える」は悪質な虚偽である（2016年9月29日）

9月26日の所信表明演説で安倍晋三首相は「TPPの早期発効を大きなチャンスとして、農林水産物輸出の1兆円目標の早期達成を目指す。おいしくて安全な日本の農林水産物を世界に売り込みます」と強調した。野党の農林系議員がこう言って首をかしげる。

「今国会の最大課題がTPP承認だと言っている割には、それに触れたのはここだけ。しかもこの言い方では、TPPが発効すると日本からの農林水産物の輸出が増えるかのように聞こえる。何を言っているのか分からない」

確かに、これでは何のためのTPPなのかを国民に説明したことにならない。第1に、TPPが農業との関わりで一番問題なのは、今でさえ農林水産物の輸入が9兆5000億円に達して食糧自給率を39％（カロリーベース）まで押し下げているというのに、今後、米国産や豪州産の安い米、牛肉、乳製品などがドッと入ってきて、輸入額が増えるくらいならまだしも、日本の農業や畜産業の基盤が破壊されかねないということである。そのことを農家も国民も心配しているというのに、安倍はそれには一言も触れない。

第2に、農林水産物の輸出が増えて、昨年は7452億円に達し、この調子でいけば1兆円到達も遠くないとは思うが、その仕向け先は香港が第1位で24％、台湾が第3位で13％、中国が第4位で11％（以上「大中華圏」計48％）、以下、韓国7％、ヨーロッパ6％、タイ5％で、これらの国々はTPPとは関係がない。上位10カ国でTPP参加国は米国（第2位）、ベトナム（第7位）、シンガポール（第9位）で、その合計シェアは22％でしかない。だから、TPPで農林水産物輸出が増えるかのように言うのは虚偽である。逆に米国からの輸入が激増する。

個別品目を輸出金額の大きい順に並べると、ホタテ貝、真珠、清涼飲料水、サバ、菓子、日本酒、ブリ、リンゴ、牛肉、茶が上位10品目だ。おおむね、大中華圏を中心にした東アジア共通の食文化圏で日本の高品質の食品がもてはやされていることが分かる。繰り返すが、TPPとは何の関係もない。

これら輸出を増やすには、日中韓自由貿易協定（ＦＴＡ）、東アジア地域包括的経済連携（ＲＣＥＰ）を先行させるのが有効である。その中でアジアの農業の実情に即した緩やかな農業自由化の論理を構築した上でＴＰＰに対処すべきだと、私は5年前から提唱してきたが、安倍にその戦略観はない。

8　首相の安直な〝対米追従〟のツケが産業や国民に回ってくる（２０１７年３月23日）

米通商代表部（ＵＳＴＲ）代表に指名されたロバート・ライトハイザーが3月14日、米上院での公聴会で、「農産品の市場開放を求める地域として、日本は最優先のターゲットだ」と言い放ったことで、日本の与野党の農林系議員に衝撃が走った。彼は80年代にはレーガン政権のＵＳＴＲ次席として、日本の鉄鋼業界に対米輸出の自主規制という煮え湯を飲ませた張本人。その後も海外企業の反ダンピング訴訟など通商専門の弁護士として敏腕をふるってきた。その彼が、農産品での第一標的は日本だと早々と宣戦布告したわけだから、ＴＰＰに代わる日米ＦＴＡの交渉は最初から波乱に満ちたものとなるだろう。

その日米ＦＴＡ問題は、4月中旬にペンス副大統領が来日して開かれる麻生太郎副首相との第1回「日米経済対話」で議題の一つとなる。その席で早期の交渉開始が決まれば、すぐにでも交渉実務者としてライトハイザーが登場し、日本の農産品に対する関税や自動車に関わる非関税障壁などについて、ＴＰＰを上回る厳しい条件を突きつけてくるに違いない。

農協をはじめ農民層は、安倍自民党が総選挙で「TPP断固反対」を公約に掲げて戦い、勝つとそれをあっさり投げ捨てて締結に走ったばかりか、TPP対応を口実に〝農協潰し〟まで図った経緯に深い不信感を抱いている。その揚げ句に、もっと酷い米国の対日要求に屈することになれば、いよいよ農民一揆が起きるのではないか。

自動車業界も大変だ。軽自動車への優遇税制を撤廃しろというのが米国の前々からの要求で、TPPではそこは何とかかわしたが、今度はそれでは済みそうにない。軽自動車のせいでアメ車が日本で売れないわけではなく、大型で燃費が悪いアメ車は日本には合わないというだけのことで、理不尽極まりないのだが、トランプ大統領ならそれをゴリ押ししてくるに決まっている。さらに自動車メーカーが恐れているのは、米国内での日本車生産を増やして、それを日本に逆輸入しろという要求が突きつけられるのではないかということ。確かに、統計上では米国の対日輸出が増えることになるが、そんな猿芝居まで米国の命令で演じなければならないとは、あまりに情けない。

野党議員がこう嘆く。

「世界の首脳がみなトランプ政権の出方を慎重に見極めようとしている時に、安倍さんは後先も考えずに飛んで行ってゴルフをしたりして、何の警戒心もない。その安直な対米姿勢のツケが農民はじめ国民に回ってくるのです」、と。

9　TPP復活信じ「瑞穂の国」を殺す安倍政権による売国法案（2017年4月20日）

北朝鮮のミサイル騒動の陰に隠れてほとんど注目されなかったが、「種子法廃止法案」が14日の参議院本会議で与党などの賛成多数で可決された。

私が大手紙の編集局長なら、「安倍首相が『瑞穂の国』を殺そうとしている」くらいの過激な見出しを立てて反対キャンペーンを張っただろうが、マスコミのどこからもそういう蛮声はあがらず、したがって多くの国民はそんなことが起きているとは気づかないまま、この売国法案がまかり通ってしまった。

種子法は、正式には「主要農作物種子法」という。1952年に制定され、稲、麦、大豆を対象として、優れた品種を都道府県の農業試験場などの公的機関が責任をもって育種、品種改良、増殖して低価格で農家に普及するための法制度である。この中でも、麦と大豆に関しては、日本はとっくの昔に自給を放棄して米国など海外からの輸入に明け渡してしまったが、稲に関してはそれこそ聖域として、消費量の95%を自給し、その種子は100%国産で賄ってきた。その牙城となってきたのが農業試験場であり、それを制度的に保証してきたのが種子法であったのだが、それをわざわざ解体・廃止しようというのが今回の法案である。

何のためかと言えば、TPPの規制緩和イデオロギーを受け入れて、麦や大豆だけでなく稲も、モンサントやデュポンなど米国の化学・農薬・種子・遺伝子組み換え大企業に明け渡して、米国政府に喜んでもらうためである。いや、トランプ政権になってもうTPPは潰れたのだから今さら……と思われるかもしれないが、まだそれがいつの日か〝復活〟する日を信じて、関連国内法の整備を怠らないように努めているのが安倍政権である。

もうひとつ、情けないのは民進党の中途半端な態度である。参院農水委員会でこれが採択された際には、賛成は自民、公明、維新だが、これに民進も加わった4党による「付帯決議」が共同提案されて採択された。その趣旨は「種子が国外に流出しないように気を付けろ」といった程度のもので、結局のところ民進党が自民党にオロオロとついていくような形になっている。

食料自給率の低下を嘆くのであれば、まずは稲の自給をしっかりと確保し、麦や大豆についても自給回復の手立てを講じるのが本筋なのに、与党も維新も民進も全く問題の本質を見失っている。

10　小規模・家族経営を潰す安倍政権の時代錯誤な〝新自由主義〟（2019年1月17日）

世界の潮流は「スモール・イズ・ビューティフル」に向かっているが、日本はその逆を行っている。マスコミがほとんど報道しないので誰も知らないし、知ったとしてもそれほど多くの人が関心を持たないのかもしれないが、昨年12月8日に70年ぶりに「漁業法」の改正案が、与党プラス維新の賛成で強行的に可決された。

1949年の漁業法は、大企業や地域ボスに握られていた漁業権とその運用権限を、地元の漁業者や漁協に優先的に与えようとするものだったが、今回の改正で第1条「目的」から「漁業の民主化」という根本趣旨そのものが削除された。さらに、その漁業権やそれに基づく漁場の割り当てを企業などに対して金銭譲渡してもいいということになった。

60年には70万人いた漁師が2017年に15万人強にまで減り、しかしその8割までが小規模・家族経営の沿岸・地先沖合操業で生計を立てている零細漁師であるけれども、それを「効率化」とか「大規模化」とかの生産性優先原理に基づいて切り捨てていくのがこの法改正である。

これにはデジャビュがあって、61年の旧農業基本法が99年に「食料・農業・農村基本法」に改正され、その時に「耕地面積30ヘクタール以下、年間販売額50万円以下」は農家ではないという過酷な足切りを行った。それによって放り出されたジジババが露地栽培の野菜を直売所に持ち込んで売るようになり、今では直売所は全国2万4000カ所、総売り上げ1兆円を超す一大産業となった。

同じ問題が林業を巡っても起きている。これまたほとんど誰も知らないと思うけれども、昨年5月に「森林経営管理法」という法律が成立していて、これは「林業経営の意欲の低い小規模零細な森林所有者の経営を、意欲と能力のある〔大規模〕林業経営者につなぐことで集積・集約化を図る」というものである。つまり、農業ばかりか漁業も林業も、地域末端の小規模・家族経営の非効率を叩き潰すというのが安倍政権の新自由主義で、その推進力となっているのは竹中平蔵の「規制緩和」イデオロギーである。

国連は昨秋の総会で「小農と農村で働く人々の権利に関する宣言」を採択し、今年から10年間を「家族農業の10年」と定めてキャンペーンを展開し始めている。こういう世界潮流に逆らって「ラージ・イズ・ビューティフル」をいまだに追い求めているのが安倍政権である。

11 政府発表の統計は都合よく操作されていると思った方がいい（2019年2月14日）

農水省が8日、2018年の農林水産物・食品の輸出額が前年比12％増で過去最高の9068億円に達したと発表した。安倍晋三首相はかねて「攻めの農政を展開して輸出を1兆円に増やす」ことをアベノミクスの柱のひとつとして掲げてきたので、その目標に近づきつつあるのは、何はともあれ、めでたいことではある。

しかしここにも、統計の捏造ではないけれども、都合のいいように数字を操作して、安倍政権が農政に熱心で着実に成果を上げつつあるかの印象をつくり出す作為が働いている、と野党の農林系議員が指摘する。第1に、総額の伸びだけでなく中身をよく見なければならない。品目別の額で多い方から10位までを挙げると、アルコール飲料、ホタテ貝、真珠、ソース混合調味料、清涼飲料水、さば、牛肉、なまこ、菓子、たばこで、食品加工製品と水産品（真珠はここに入る！）、それに畜産品としての牛肉がほとんどで、ここまでには農産品はたばこだけ。土に生えるものとしては13位の緑茶、16位のりんごが続く。

「攻めの農政」という言葉でくくって総額が増えていると言うと、「安倍政権も農業で頑張っているんだ」という印象が醸されるが、実態はだいぶ違う。これをもし安倍に問えば「いや『農林畜水産業と食品加工産業』と全部列記するわけにはいかないので、まとめて『農政』と言っているだけで他意はない」と弁解するだろうが。

さらに第2に、この中には原材料を輸入に頼っているものが多い。アルコール類の3分の1を占める日本酒は国産米からできるが、ビールなど麦を使う酒は、ほとんどが輸入品を加工する。うどん・そうめん・そば、味噌、醤油、菓子類なども同様。農水省は自給率統計の時には、例えば輸入穀物飼料に頼っている食肉は国産にカウントしないので、その分だけ自給率は下がるような数字の取り方をするが、輸出統計の時は輸入原材料頼りのものも国産であるかにカウントして、輸出額を大きく見せているのである。

そういうわけなので、政府が発表する統計というのは多かれ少なかれ〝大本営発表〟というか、政府の都合のいいように操作されたものだと思ったほうがいい。それを見破るには、メディアによる要約を信じないで自分で発表の原資料に当たってみることである。

第9章　福島原発の処理をできないまま原発再稼働を進める支離滅裂

安倍が撒き散らしたウソは数知れないが、その中でも全世界の人々に向かって吐き、その結果に全世界の国々が翻弄されたという意味で最大のものは、２０１３年９月ブエノスアイレスでの「福島第１原発事故はアンダー・コントロール」というそれだろう（本章３）。しかも、そうやってウソの力で誘致に成功した東京五輪・パラリンピックを軽々しくも「復興五輪」と名付け、福島県民はじめ東北の多くの人々が放射能で汚染された故郷に戻れず、家族も離散したまま絶望に喘いでいる深刻な現実を糊塗した。

汚染水の処理のためには、政府・東電が試みている原発サイト周辺を「凍土壁」で囲むという方法では到底無理で、もっと根本的な発想で食い止めなければならない（本章５）。そのことを私は小出裕章元京都大助教との共著『アウト・オブ・コントロール』（花伝社、14年刊）で図入りで解説している。

1 海洋汚染の危険を無視し続けてきた政府の大罪（2013年9月5日）

安倍政権は3日、福島原発施設への地下水の流入を防ぐ「凍土壁」の建設など汚染水対策に500億円の国費を注ぐ方針を明らかにした。

タンクから300トンの汚染水が漏れ出していたことが判明して大騒ぎになったことから、「7日のIOC総会前に打ち出し、五輪招致への悪影響を防ぐ狙い」と『朝日新聞』は解説したが、その通りで、いかにも場当たり的なその場しのぎでしかない。

タンク漏水事件で初めて高濃度汚染水の海への流入の深刻さを知ったという人が少なくないと思われるが、京都大学の小出裕章助教ら専門家が早くから指摘していたように、実は事故直後から海の汚染は始まっていた可能性が高い。というのも、1〜3号機の核燃料はメルトダウンを起こし、さらに原子炉の底を突き抜けてメルトスルーを起こしている。東電は、それでも核燃料は格納容器の中にとどまっているとの見方を取っているが、誰も見て確認したわけではなく、さらに建屋の床に落ち、地面にまで達している可能性のほうが大きい。

そして、そこには1日400トンといわれる大量の地下水が流れ込んでいて、それが核燃料に触れて超高濃度の汚染水となってあちこちから海ににじみ出していると考えなければならない。だから小出助教は事故の3カ月後には、4つの建屋をスッポリ包むように「地下ダム」を急ぎ建設するよう提唱した。が、東電も政府もそれを無視し、事故原発の山側に12本の井戸を掘って流入する地下水を減らすという貧弱な対策を講じただけだった。

井戸から汲み上げ、「汚染される前の自然水だから大丈夫」と言って海に捨てる量は1日100トンだから、まだ300トンは建屋やその地下に流れ込み続けている。

で、今回のタンク漏れが深刻なのは、タンクがその井戸よりも山側にあるので、そこで地下に浸透した汚染水が地下水に混じって井戸から汲み上げられてしまうため、このおざなりの井戸システムさえもが使えなくなってしまうことにある。最初から分かっている海洋汚染の危険を無視するという大罪を2年半も犯し続けてきたこの国の政府に、五輪を招致する資格などありはしない。

2　安倍政権を揺るがす原発事故の「ヤバイ話」（2013年9月26日）

自民党執行部の周辺で「これ、ちょっとヤバイね」と話題になっている新聞連載がある。原発事故の真相を執拗に追及する『朝日新聞』の超長期連載「プロメテウスの罠」だ。9月11日から始まった新シリーズ「追いかける男」は24日現在、第14回。まだ続く気配である。

その何が「ヤバイ」のかといえば、政府・東電は、原発事故は津波で非常用電源が失われたことが原因だと決め込んで、堤防を高くしたり、電源を地下ではなく高いところに置くなど、津波対策をしっかりやれば他の原発を再稼働しても大丈夫だと主張している。それに対して、この連載は、そうではなく、実は津波が押し寄せる前に地震によってすでに配管のヒビ割れなどが生じて冷却水や水素が漏れ始めていたのではないかという重大な疑問を突きつけているのだ。もしそれが本当なら、すべての原発は地震想定が甘く、津波がなくても地震だけで福島のような惨事を引き起こす可能性があるわけで、とうてい再稼働はできない。安倍が言うように「原発事故はコントロール下にある」どころでなく、すべての原発が「アウト・オブ・コントロール」ということになってしまう。

連載でも登場するが、国会事故調の委員だった田中三彦は、地震が起きたときに1号機の建屋4階にいた作業員から「地震直後に非常用復水器から水が噴き出した」との証言を得て、復水器から格納容器につながる配管が破断した可能性があると判断。昨年3月に現地調査をしようとしたが、東電側は何と「真っ暗で入れない」と嘘を言って立ち入りを拒んだ。

ところが、その1年後に同じ疑問を持つ川内博史前衆院議員が、東電部長とともに1号機内部に入り4階の様子をビデオで撮影したことがきっかけとなり、原子力規制委員会が去る5月に設けた「事故原因究明チーム」も真っ先に1号機を調査、現在詳しく分析中といわれる。

田中は8月27日に国会内で会見を開き、「復水器の配管が破損して4階で水素爆発が起きた。4階に津波の影響はなく、破損の原因は地震しかない」と断言した。

東電の「すべては津波のせい」という嘘がバレたら、安倍の「コントロール下」という国際公約も崩壊する。安倍の命取りになりかねないヤバイ話なのだ。

3　「アウト・オブ・コントロール」の汚染水地獄に陥りつつある福島原発（2015年1月29日）

東京電力の広瀬直己社長が23日、福島第1原発構内の地上タンクに保管している高濃度の放射能汚染水の浄化について、「2014年度内に全量を処理する」という目標達成を断念すると表明した。

安倍晋三首相が13年9月、東京五輪招致のためのプレゼンテーションで世界に向かって「福島第1原発事故はアンダー・コントロール」と宣言したが、実際にはその当時、汚染水は何らコントロールされておらず、「嘘つき！」という批判が内外で噴出した。そのため、後追いで安倍が東電に「早く何とかしろ」と強く指示したものの、トラブルが相次いで作業が遅れていた。広瀬社長は「約束が果たせずに申し訳ない。何とか5月末までに」と言ったが、実際にはそれも何のメドも立っておらず、希望的観測にすぎない。このままでは「安倍は世界を欺いて五輪を東京に持ってきた」と言われかねず、大ピンチに陥りかねない。

この日、広瀬が言及したのは、地上タンクにこれまで汲み上げた高濃度汚染水27万トンがためられていて、これを「多核種除去設備（ALPS）」を通してストロンチウムはじめ核物質を除去し、処理済みの水を海に流そうとしてきたが、このALPSが不調続きで、想定の6割程度の稼働にとどまっている、という問題である。

ところが、汚染水をめぐる問題は他にもいろいろあって、第1に、その作業が遅れると、地上タンクが満杯になってしまうが、その地上タンクの増設の余地は限られている上、これはあくまで仮設なので、初期に設置したタンクの劣化による汚染水漏れなどの事故の可能性が高まる。

第2に、しかも、この敷地には毎日1000トンの地下水が流入し、そのうち400トンが破損した原子炉建屋にぶつかって、一部は建屋周辺の汚染水と混じり合うので、汚染水が増え続ける。

第3に、その汚染水増大を抑えるために、建屋の手前に井戸を掘って地下水をくみ上げて海に捨てるという作業を続けているが、その井戸のさらに手前に地上貯水タンクがあって、そこから汚染水が漏れて地下水と混じってしまうので、井戸でくみ上げてもそのまま海に捨てられるのか、疑問視されている。

第4に、そこで、その井戸と建屋の間に巨大な地中遮水壁を新設して建屋への地下水を食い止めることが計画され、凍土式という工法で工事が始まったが、これがうまく進んでいない。仮にうまくいっても、井戸の場合と同じく、地上タンクから漏れた汚染水が地下水に混じっている可能性が濃厚なので、遮蔽した水をそのまま海に流せるかどうか分からない。

福島第1原発はアウト・オブ・コントロールの〝汚染水地獄〟に陥りつつある。

4　水素エネルギーと原発再稼働の二兎を追う愚（2015年4月16日）

安倍晋三首相は13日、都心では初めての水素ステーションの開所式に出席して、上機嫌でテープカットを行った。

「安倍内閣のもとで一挙に規制を改革し、世界で最初に燃料電池車と水素ステーションの商業化が実現した。世界でも類のないスピードと規模でインフラ整備が動き出している。間違いなく、日本は水素エネルギー革命のフロントランナーになった。さらに力強く水素革命のアクセルを踏み込んでいくことを約束する」と誇らしげにあいさつしていた。

私はもともと「日本は世界に先駆けて水素エネルギー社会の実現を目指すべきだ」という主張なので、安倍内閣がこれに熱心に取り組んでいることを大いに歓迎し、評価している。しかし、安倍や自民党がまったく分かっていないのは、水素エネルギーの普及が進めば進むほど、論理的にも現実的にも、原発が急速に無用のものとなっていくということだ。安倍が本当に「水素エネルギー革命のフロントランナー」になるつもりならば、2030年の原発比率を「2割にしたい」(経産省)、「いや25%は欲しい」(経団連)といったたわけた議論をキッパリと断ち切って、「原発の再稼働はしない」というところに踏み込むのが本筋なのだ。

論理的にというのは、水素発電はその本質として、エネルギーの自給自足・地産地消を求めるものだということである。すでに部分的には実用化が始まっていることだが、家庭でもオフィスビル・病院・工場でも燃料電池「エネファーム」と太陽光発電を結びつけて、自然エネで得られた電気で水を分解して水素として備蓄し、必要な時に取り出して熱と電気を得る方法がある。

また、地域レベルでも太陽光・風力・小規模水力・バイオマスなどの自然エネで同じことをして、町の電気と冷暖房を賄う技術が普及すれば、原発はじめ遠隔地の大規模発電所で電気をつくって送電線や電柱を経て各戸にまで電気を送り届ける必要性そのものが消滅する。

しかも、そのようにいったん水素の形にして備蓄することで、太陽光や風力などの「お天気任せ」の不安定性は解消され、自然エネも爆発的に広がる。

水素が脱原発の決め手であるというのは世界の常識だが、それが通ぜず、水素の推進と原発の再稼働という二兎を追う愚を冒しているのが安倍政権である。五輪までに東京だけでも「水素特区」化し、電柱も1本残らず取り除いて世界の賓客を驚かせるというくらいの夢を持ったらどうなのか。

5 福島第1原発「凍土壁」の失敗で東京五輪返上が現実味（2016年7月28日）

7月19日に開かれた原子力規制委員会の有識者会合で、東京電力が福島第1原発の汚染水対策の決め手となるはずだった「凍土壁」建設が失敗に終わったことを認めた。本来なら各紙1面トップで報じるべき重大ニュースだが、ほとんどが無視もしくは小さな扱いで、実は私も見落としていて、民進党の馬淵澄夫の25日付メルマガで知って慌てて調べ直したほどだ。

これがなぜ重大ニュースかというと、安倍晋三首相は13年9月に全世界に向かって「フクシマはアンダー・コントロール。東京の安全は私が保証する」と見えを切って五輪招致に成功した。これはもちろん大嘘で、山側から敷地内に1日400トンも流れ込む地下水の一部が原子炉建屋内に浸入して堆積した核燃料に触れるので、汚染水が増え続ける。必死で汲み上げて林立するタンクにためようとしても間に合わず、一部は海に吐き出される。そうこうするうちにタンクからまた汚染水が漏れ始めるという、どうにもならないアウト・オブ・コントロール状態だった。

それで、経産省が東電と鹿島に３４５億円の国費を投じてつくらせようとしたのが「凍土壁」で、建屋の周囲に１ｍおきに長さ30ｍのパイプ１５６８本を打ち込んで、その中で冷却液を循環させて地中の土を凍結させて壁にしようという構想だった。しかしこの工法は、トンネル工事などで一時的に地下水を止めるために使われるもので、これほど大規模な、しかも廃炉までの何十年もの年月に耐えうる恒久的な施設としてはふさわしくないというのが多くの専門家の意見で、私は14年１月に出した小出裕章助教との共著『アウト・オブ・コントロール』（花伝社）でこれを強く批判していた。馬淵もこの問題を何度も国会質問で取り上げて、別のやり方への転換を主張してきた。

凍土壁は６月にほぼ完成したが、汚染水がなかなか減らず、規制委は「壁になりきらず、隙間だらけで地下水が通り抜けているのでは」と疑問を突きつけた。慌てた東電は「凍土が形成されていないかもしれない箇所にセメントを流し込む」などの弥縫策をとったが、やはりダメで、19日の会合でついに「完全遮蔽は無理」と告白した。つまり、安倍の大嘘を後付けのにわか工事で隠蔽しようとした政府・東電のもくろみは失敗したということである。これが国際的に知れ渡れば、リオのジカ熱どころではない、選手の参加取りやめが相次ぐに決まっている。東京五輪は返上するしかないのではないか。

6　またアベ友？　経団連会長人事は安倍政権の新スキャンダル（2018年3月8日）

日立製作所の中西宏明会長が日本経団連の次期会長に内定したというのは、それ自体、安倍政権の新しいスキャンダルである。

中西は安倍のお友達。葛西敬之ＪＲ東海名誉会長や古森重隆富士フイルム会長らと共に「さくら会」というインナーサークルに入って、銀座で会食をするなどしてきた。

日立は本来、偉大なる田舎企業で、経団連に副会長は出しても、会長を出したことはないし、政治とのニアミスを侵したこともなく、それがある意味、健全さの証しであった。

ところが、中西が社長・会長を務めた２０１０年代前半からおかしくなった。①古川一夫元社長が経産省主管の「新エネルギー・産業技術総合開発機構（ＮＥＤＯ）」の理事長に、②入れ替わるように、経産省の原子力マフィアの望月晴文元次官が日立の社外取締役に、③川村隆元社長が経産省のたっての頼みで東京電力の会長に――という、あからさまにベッタベタの官民人事交流に染まっていって、その揚げ句がこの経団連会長内定である。

裏側で働いているのは、安倍晋三首相が最も信頼する側近の今井尚哉総理秘書官を管制塔とする「原発を何としても生き残らせよう」という陰険な戦略である。

今井ら経産省の原発ルネッサンス派の官僚は、東芝には米ウェスチングハウス社の買収をけしかけて、結果的に東芝滅亡の原因をつくったのだが、同じ時期、日立に対しては英ホライズン社を買収して英国での原発ビジネスに参入するよう促していた。ビジネス的には成り立たないことが分かっていても、「日英両政府が官民で3兆円を投融資し、日立は実質1500億円の負担で済むからやってくれ」という国賊的なプランを描いたのは今井だといわれている。

なぜこんなバカバカしい話がまかり通ったのかといえば、今井らは、3・11にもかかわらず原発推進路線は間違っておらず、その証拠に日本の原発技術は、こんなに世界各国に歓迎されていて巨大な利益を生む可能性があるのだという「幻覚」を日本国民に植え付けたかったからに違いない。

理論的にも現実的にも先行きがないことが分かり切っている原発ビジネスに、東芝はダメでも日立をのめり込ませようというこの今井路線は一体何なのかと、某参院議員に問うと「役人は国が滅んでも企業が潰れても自分のメンツだけは救いたいという下劣なやつらです」と、にべもない答えだった。

7　森を伐り山を崩してメガソーラーを造る悪徳業者の本末転倒（2018年11月8日）

安全でクリーンなエネルギー生活を築くには、まず原発をやめ、次に石炭・石油・天然ガスなどの化石燃料を燃やす火力発電を減らして、その分を太陽光や風力をはじめとした再生可能エネルギーに置き換えていく——とは多くの人が信じる常識だが、事はそう単純ではない。

先週発売の『週刊SPA!』（11月6日号）の特集「再生可能エネルギーの不都合な真実」では、

私が居住する千葉県鴨川市のほとんど手付かずの森林を東京ドーム32個分も伐採し、尾根を削り谷を埋め、平らにして推定50万枚のパネルを敷き詰めるという、とてつもない「メガソーラー」計画が、住民の反対に遭っていることが大きく取り上げられた。

実は同様のことが静岡県伊東市や長野県茅野市など全国あちこちで起きていて、同誌が言うように再生可能エネが「今や悪徳業者の草刈り場に」なっている。

再生可能エネの普及を早めようと、1世帯当たり年間1万円の賦課金が電気代に上乗せされているが、その金が森林を破壊して再生不可能にしてしまうニセモノの事業に悪用されているのである。

太陽光発電そのものは確かに自然に優しいが、本来はエネルギーの自給自足、地産地消に役立つ等身大の技術として生まれてきたものである。それをメガ（大規模）にして、電力買い取り制度が存続している間に荒稼ぎしようというわけだが、砂漠や放置された工業団地用地など使われていない平地を活用するならまだしも、生きている森を崩して造るなど狂気の沙汰ともいえる本末転倒である。そこで環境省もメガソーラーを環境アセスの対象とする法改正に向け動きだした。

他方、石炭火力発電というと環境派の方々からは目の敵で、化石燃料の中でも極端に汚いのが石炭ということになっているが、日本が世界の先頭を切って実用化を進めている石炭ガス化複合発電というのは凄くて、ガスを燃焼させてガスタービンを回し、その燃焼で生ずる熱で蒸気を発生させて蒸気タービンを回すという一度で2回発電する（将来はこれにさらに燃料電池発電を組み合わせて3回）。それによって発電効率を上げ、なおかつCO2などの回収技術を抱き合わせれば、かなりクリーンな発電が可能で、原発を即廃絶した後のつなぎとなり得る。太陽光は○、石炭は×という常識のウソに縛られていると、エネルギーの未来への道を見失う可能性がある。

第10章　疑惑追及を恐れて国会を閉じてしまう安倍忖度政治

安倍が働き詰めなので体調を崩したかのようなことを麻生太郎副総理が言って弁護しているが、冗談ではない。2020年は6月17日に通常国会を閉じて以後、国会答弁の機会がないのはもちろんのこと記者会見も開かず、会食で高級レストランを訪れることもない。たまに午後から官邸に出勤して会議を開いても夕方6時か7時には自宅に帰って犬と一緒に寛ぐという半休暇生活で過ごしていて、かなり優雅である。

もちろん、体調が悪くてそうせざるを得なかったということかもしれないが、彼が国会はじめ国民に向き合うのをできるだけ避けようとするのは体調以前の問題で、例えば2017年について言えば6月に通常国会を閉じてから秋の臨時国会を開かず、翌年1月まで何と7カ月も国会を閉じたままにしておいた（本章3）。理由は、言うまでもなくモリカケ疑惑について野党から追及されるのが嫌だったからである。

1　籠池証人喚問の思惑失敗、森友問題で立ち往生の安倍政権（2017年3月30日）

『共同通信』の25〜26日の世論調査では、安倍晋三・昭恵夫妻が森友学園の国有地取得に関与していないと主張していることに「納得できない」が62・6％で、「納得できる」の28・7％を大きく上回った。昭恵夫人を国会に招致して「説明を求めるべきだ」とする人は52・0％で、その「必要がない」とする人は42・8％だった。

同時期に行われたＡＮＮの調査では、森友学園の籠池泰典理事長の証人喚問で「疑いがますます深まった」が44％、「ほとんど解決しなかった」が43％で、合わせると87％が納得していない。夫人が証人喚問か参考人招致か記者会見のいずれかで説明すべきだとする人は合わせて68％にのぼった。内閣支持率はＡＮＮで４ポイント減の50・5％、共同で前回11〜12日に比べ３・３ポイント減の52・4％だが、前々回２月12〜13日と比べると９・３ポイント減とかなり大きな下落となっている。

これらの数字は、籠池をあえて証人喚問に付して、彼がいかにいい加減な人物かを天下に知らしめることで幕引きを図ろうとした安倍と官邸の思惑が、完全に失敗したことを物語っている。それどころか、多くの人々は、どちらかと言えば籠池が堂々と本当のことを語っていて、安倍夫妻のほうが何やらこそこそと隠し事をしているという印象さえ抱いているということである。

この国民的モヤモヤ感を吹っ切るには、まずは、両者の言い分が真っ向から対立している１００万円の寄付について白黒をはっきりさせるしかない。それには、昭恵を籠池と同じく証人として喚問して国会として、どちらが嘘を言っているのか究明するか、もしくは籠池を偽証罪で告発して司法に解明を委ねるかだが、自民党の下村博文幹事長代行はどちらも「しない」と言っている。

それでいて下村は、籠池の証言には「事実と違う偽証罪に問われるべき発言が多々あったので、司直の手で対処するということも出てくるのではないか」という言い方もしている。その意味は、「昭恵100万円」問題は早々にフタをして、例の3種類の金額の異なる工事請負契約書など別の件で籠池を逮捕させて社会的に葬りたいということである。

しかし、法律の専門家に聞くと、この契約書の件はいかにも怪しいけれども、補助金を実際に詐取していないので補助金適正化法違反に問うのは難しいという。怒りにまかせて籠池を国会に呼んだのはいいが、さあ、次の一手が見つからずに立ち往生しているのが今の安倍である。

2　森友問題で明るみに、「忖度」に覆われたソフトな独裁政治（2017年4月6日）

「忖度」という、それほど使用頻度が高いとはいえない古めかしい言葉が、今年の流行語大賞候補にノミネートされることは確実である。日本維新の会の松井一郎代表が3月25日、森友学園問題に関して「安倍晋三首相が『忖度はない』と強弁し続けるから（火に）油を注ぐことになる。あったと認めて『いい忖度とやってはいけない忖度がある』とはっきり言うべきだ」と語ったのは正しくて、忖度という言葉自体は「人の心を推しはかる」という意味であって、中立的というか、良いも悪いもない。松井はさらに「政治家は有権者の意思を忖度して仕事をしている。ただし、一部の人たちだけがお金をもらったり、いい思いをしたりする忖度をやってはいけない」とも言ったが、ポイントはまさにそこで、国民・有権者の希望を忖度するのでなく、権力者の思惑を忖度するだけの上目遣いの政治家のみならず官僚、外交官、裁判官が激増して、「安倍一強」という名の「ソフトな独裁政治」ができあがっているのが今の日本である。

教科書検定を担当する文科省の役人が、教材に登場する「パン屋」は洋風だから不適切で「和菓子屋」と書いたほうが郷土愛を育てると赤鉛筆を入れる時に、たぶん彼の心を支配していたのは、教育勅語を園児に斉唱させる幼稚園を礼賛している安倍夫妻への忖度だったろう。沖縄・辺野古基地の建設に歯止めをかける地裁判決や、原発再稼働にブレーキをかける地裁判決などが、高裁に上がればまず100%覆ってしまうのも、最高裁やその先に見え隠れする官邸の意向を忖度しなければ自分の身が危ないと思う心情が働くからだろう。

財務省の官僚たちが森友学園に破格の扱いをしたのも同様で、宇野重規東京大学教授が言うように、その「結果として、政治の舞台からは真剣な主張や説得の試みが見られなくなり、聞こえるのはただ騒がしい騒音や、真剣にものを言おうとする人間に対する冷笑ばかり」となって、「日本政治の中枢に怪しげな人物が集まる」ようになる（2日付『東京新聞』）。

忖度には証拠は残らない。だから誰も責任をとらない。籠池前理事長の言葉を借りれば「訳の分からない空気の力」だけが働いて、いつの間にか日本政治を腐朽させていく……。

3　個人的な都合で7カ月もの「国会機能停止」が許されるのか（2017年10月26日）

安倍政権のやりたい放題の政局運営に、最初のうちはいちいち腹を立て批判をぶつけていたのだけれども、5年近くもそういうことを繰り返しているうちに、こちらの感覚がいつの間にか麻痺させられて、少々のことでは驚かなくなってしまっているのではないか……。そう思って愕然とさせられる出来事が最近あって、それは、総選挙で望外の大勝を得た安倍晋三首相が「年内には臨時国会を召集しない方針に傾いている」というニュースに接した時である。

当初は「それはそうだろう。あれだけモリ・カケ疑惑追及を嫌っていたんだから当然だろうな」と見過ごそうとし、そこで辛うじて私の記者根性が働いた。「あれ？　待てよ」と。年内に臨時国会を開かないということは、次の本格的な国会論戦は来年1月の恐らく下旬の通常国会開会まで行われることがないということだ。

総選挙後には特別国会を開いて首班指名を受けなければならず、それは11月1日に召集されて同日中に組閣（といっても8月3日発足の現内閣の再任）が行われる予定だが、たぶんそれだけで実質的な審議はなく、同月5〜7日のトランプ米大統領の来日、10日からのAPEC首脳会議、14日の東アジアサミットなどの外交日程へと流れていく。

ところで、国会はいつから開かれていないのだろうか。今年1月20日に開会した通常国会は、終盤で前川喜平前文科事務次官の正々堂々の国会証言に安倍政権が対応できずに慌てて6月18日に閉会し、その後、モリ・カケ疑惑の審議を求める野党の臨時国会開催要求を無視してひたすら逃げに徹してきた。それでようやく臨時国会開催に応じたのが9月28日ではあるけれども、それは審議のためではなく、冒頭解散のためだけだった。

ということは、皆さん、この事態をよくよく考えていただきたいのだけれども、憲法で「国権の最高機関」と位置付けられている国会が、今年6月中旬から来年1月のたぶん下旬までの7カ月余り、完全に機能停止状態に陥っている。それはどうしてかというと、安倍夫妻のモリ・カケ疑惑を徹底的に隠蔽したいという歪んだ超個人的な都合のためである。

こんな馬鹿げたことをまかり通らせているのは、私を含めて国民の側の感覚麻痺である。

4　昭恵夫人という「巫女」の安倍政権における役割（2018年4月12日）

月刊『文藝春秋』5月号の巻頭総力特集は「安倍忖度政治との訣別」。森友文書改ざんで自殺した近畿財務局職員の父親の手記をはじめ計7本の論考・対談のいずれもがおもしろく、どういう角度から見ても、もはや安倍政治は訣別の対象でしかないことが実感できる。

その中で私が注目したひとつは、石井妙子の「昭恵夫人『主人の応援団』の末路」である。それによると、昭恵は「家庭内野党」などではなく、「内助の功を彼女なりに尽くそうとしている一首相夫人であり、夫の考えに染め上げられた〈安倍チルドレン〉のひとりである」という。だからこそ安倍晋三首相も、彼女の、時に天真爛漫を通り越して奇矯にさえ走る言動を許容し、公費で秘書を5人も付けて活動させてきたのである。しかも、単にチルドレンの一人というにとどまらず、彼女は夫にとっての「巫女」なのだという。

「昭恵は『あなたは天命で総理になったんだから』と夫にいう。それは彼を安心させる。一種の暗示。だから昭恵は晋ちゃんにとっての巫女なんです」（夫妻と親しい友人）

その昭恵の周りを神道関係者やスピリチュアリストたちが二重、三重に取り巻くようになったのが、第2次安倍政権になってからで、16年の主要国サミットを「伊勢神宮のある伊勢で開催しよう」と焚きつけたのも、そのスピリチュアリストや昭恵の進言による。そうと決まった時に彼らは「泣いて喜び」、あるいは「世界の首脳がアマテラスに頭を下げた」と絶賛したのだという。

昭恵が15年ごろに、国産大麻の必要性を訴えるようになったのも、船井ファミリー系のスピリチュアリストの一人で「国粋主義的な平和活動家」の中山康直の影響である。彼女は彼と一緒に全国の神社巡りをする仲で、彼の著書『奇蹟の大麻草／人類への贈りもの』の「戦前の神国日本は、天皇、国家神道、大麻で守られてきた」という考え方に共鳴したのである。

こうしてみると、安倍政権は一面において、神道系を中心とするスピリチュアリストたちが昭恵という巫女を通じて安倍にマインドコントロールをかけている神懸かり政権だということになる。

だとすると、森友事件がいよいよどん詰まりにきて、安倍が昭恵をどうにも守れなくなった時には、総理の座を捨ててでも彼女を守り切るのか。それとも逆に、すべてを昭恵のせいにして自分だけは生き残ろうとする罰当たりの態度をとるのか。その決着の時が迫っている。

5　嘘が嘘を呼び関係者が増えて収拾がつかなくなる悪循環（2018年5月31日）

古来「嘘」についての格言は数知れず、その中では「嘘が嘘を呼ぶ」という趣旨のものも少なくない。「1つの嘘を通すために別の嘘を20も発明しなければならない」とは、英作家ジョナサン・スウィフトの言葉だが、ごく最近では愛媛県の中村時広知事の「嘘というものは、それは発言した人にとどまることなく、第三者、他人を巻き込んでいく」というのがなかなかの名言である。せっかくだから愛媛県庁ホームページから5月11日の会見での当該部分を引用しておこう。

「まあ、これは一般論ではありますけれども、真実ではないこと、偽りのこと、極論で言えば嘘というものは、それは発言した人にとどまることなく、第三者、他人を巻き込んでいく、そういう世界へ引きずり込むということにもなってしまうケースも、ままあることでございます」

言うまでもなく、その前日に参考人招致された柳瀬唯夫元首相秘書官が「加計学園関係者には会ったが、そのとき後ろに愛媛県、今治市関係者がいたかどうかは記憶がない」と述べたことへの感想である。これでは、県職員がまるで役立たずの「子どもの使い」と言われているのと同じで、知事としてはその職員の名誉を守るため、意地でも面談当日の記録や柳瀬の名刺を捜し出さざるを得なくなる。

そうして新たに出てきた愛媛県の文書に、安倍晋三首相と加計学園の加計孝太郎理事長が2015年2月に会った際、安倍が獣医大学の構想について「いいね」と言ったことが記載されていて、それが本当なら安倍は17年1月まで加計が獣医学部新設を計画していることを知らなかったと言ってきたのが嘘とバレるので、慌てて加計側と相談したのだろう、その話は柳瀬との面談に同席した加計関係者の作り話だということにした。そうすると、これは逆に、一民間法人の職員が総理の名を騙って政府の事業認可を取り付けようとした詐欺か名誉毀損かの犯罪に当たるので、安倍がこれに抗議したり法的措置をとらないのはおかしいということになる。ひとつの嘘が次の嘘を呼び、その分だけどんどん関係者が増えて収拾がつかなくなっていくという悪循環に、すでに安倍政権は嵌まっている。

総理がこんなだから、大臣も高級官僚も、あちこちのダメ社長やセクハラ市長、さらには日大アメフト部監督までもが、みな見習って嘘を重ねて責任逃れをしようとする風潮が蔓延する。潔さを本領とする侍は、愛媛県知事と日大の宮川泰介選手以外にいないのだろうか。

6 図書館に本がない？ 加計獣医学部の大学設置認可は前代未聞（2018年7月12日）

早稲田大学法学部の水島朝穂教授が毎週月曜日に発信しているメルマガ『直言』は、いつも新鮮な問題意識で書かれていて、私も長年の愛読者のひとりだが、今週の愛媛県今治市「加計学園獣医学部」訪問リポートにはビックリ仰天した。なんと、管理棟3階の図書館の書架には本が一冊もないというのだ。

水島教授が職員に尋ねたところ、上階に8000冊ほどあり、年内に1万4000冊になるというので、その上階を見ると「政治や哲学などに10冊程度が並ぶだけで、あとはスカスカ。獣医学専門書はまだ一冊もなく、洋書も専門の獣医学書はまだ入っていない。いくら今は教養教育中心の1年生しかいないといっても、獣医学関係の本が揃わないで授業が始まるということ自体が異例かつ異様だ」と、水島も驚きの連続である。しかも「法律関係の『憲法』のところを見ると十数冊あったが、その一冊が何と私のものだった（笑）」というオチまで付いている。

大学にとって図書館は命のようなもので、従って、よく知られているように、大学の新設にあたっては、図書館にどのような本がどれだけ備わっているか大学設置審議会によって厳格に審査される。本がないのに設置を認可された大学など前代未聞である。「国家戦略特区」だからこんな超法規的な優遇措置がとられたとでも言うのだろうか。

学部棟では「3階、4階の基礎実習室は高校の理科室程度の印象だった。これからもっと整備するのだろうが、このスペースで専門的な実習や実験が可能なのか疑問が生まれた」という。水島自身が「獣医の4代目を継がずに憲法研究者になったという事情があり、また息子が獣医学部卒で獣医師をやっている関係」があって、ただの素人の見学者では気がつかないところまで見えてしまうのだろう。

さらに、管理棟の斜め前の大講義室は建設中で、今年度中に完成するという。つまり「現段階で全学年を集めて講義をする大教室はないということで、これも驚きだった。私の体験でも、教養課程の講義は哲学や法学など、選択科目とはいえ、一応、全学年が受講できることが前提となる。認可の前提となる大教室が建設途上にもかかわらず授業を開始するというのは本来あり得ない」と水島は書いている。

筆者の知る限りでは、この話題の学部の赤裸々な実態が明るみに出たのは初めてのことだ。国会もマスコミも、なぜこのような実地調査をきちんと行って安倍政権の腐敗堕落を指弾しないのだろうか。

7 「三権の長」のごとく振る舞う超憲法的政権の異常人事（2020年2月13日）

黒川弘務・東京高検検事長を超法規的に定年延長させて、次期検事総長に据えようという官邸主導の異常人事が話題になっている。

検事一般の定年は63歳で、それに従えば2月8日でその年になった黒川は退官しなければならないが、検事総長だけは定年が65歳なので、安倍政権ベッタリで有名な黒川を半年間、定年延長すれば、検事総長に就けることができる。この見え見えの小細工は、どうも菅義偉官房長官の仕掛けで、そこには実は自身が〝真犯人〟であるカジノ汚職疑惑にフタをしたいという思惑が働いているともいわれている。

しかし、その低レベルの政治的思惑を超えて憂慮を深めているのは、自民党の中堅議員である。

「ご記憶かどうか、安倍晋三首相は2回も3回も、自分が『立法府の長』だと国会で発言しています。その上で今回の検察人事ということになると、『司法府の長』でもあるかの振る舞いですよね。こうしてみると、安倍さんは『三権分立』という憲法の基本原理を、まったく理解していないと思わざるを得ない」と。

そう言われて資料を繰ってみると、安倍は2016年5月16日の衆院予算委で山尾志桜里議員の質問に答え「私は立法府の長であります」と答弁し、また翌日の参院予算委でも福山哲郎議員の質問に答え「私は、立法府の……」と言いかけて寸止めしている。それでいったんは「私が間違っていた」と謝罪したというのに、18年11月2日の衆院予算委での奥野総一郎議員とのやりとりの中で、またもや自身を「立法府の長」と述べた。直後に「行政府の長」と訂正し、謝罪したけれども、これを見ると安倍の憲法理解が中学生以下であることがわかる。こんな人に「憲法改正」とか何とか言われたくないという思いが募るのである。

ところで、私は気付いていなかったのだが、9日付『東京新聞』「本音のコラム」で前川喜平が書いているところによると、このような省庁トップへの「異例の人事」は文科省でも起きていて、官邸にお覚えめでたい藤原誠官房長は18年3月の定年を延長されて10月に事務次官に就き、そのため「官邸と距離を置く人物」だった本命の小松親次郎は退官したという。

こんなふうにして、首相が「三権の長」であるかに傲慢放題に振る舞う超憲法的政権は、もうお引き取り願いたいものである。

8　森友と桜と河井の3大疑惑が同時に司法の手にかかり断末魔（2020年5月28日）

安倍晋三首相は、賭けマージャンの黒川弘務前検事長を「訓告」処分で済ませて、この問題にサッサと終止符を打とうとしているが、そうは問屋が卸さない。

第1に、「森友学園」の国有地売却問題を担当していた近畿財務局職員の赤木俊夫が、佐川宣寿元国税庁長官の指示で文書の改ざんを強要され自殺に追い込まれたとして、赤木の妻が佐川と国に約1億1000万円の損害賠償を求めた裁判が、大阪地裁で始まる。彼女のアピールに対しては、署名運動サイト「Change.org」で35万人近い人々が支援を表明していて、裁判所もいくら何でも門前払いのような真似はできない。佐川の安倍への忖度が赤木を死に追いやったという構図が浮き彫りにされることだろう。

第2に、このタイミングで、「桜を見る会」前日の安倍後援会主催のパーティーが公職選挙法および政治資金規正法違反にあたるとして、600人以上の弁護士・法学者が集団で刑事告訴した。

さらに第3に、河井克行前法相とその妻・案里参院議員の選挙違反事件は、広島地検に大阪・東京両地検からも応援が入る異例ともいえる大掛かりな捜査が進められ、すでに十分すぎるほどの自白や物証を得ているもようで、検察側としては国会会期中であっても逮捕許諾請求をするか在宅起訴にとどめるかはともかく、早期に起訴に持ち込む構えである。

事実上の自民党候補同士の接戦となったこの選挙では、案里側に1億5000万円という破格の資金が投じられ、それが大々的な買収の原資となったわけだが、焦点のひとつは、この金が誰の指示でつぎ込まれたかということ。検察側には、対抗馬の岸田派のベテラン溝手顕正を安倍が忌み嫌っていたこと、安倍秘書の名刺を持った運動員が大動員されて溝手票を案里側にひっくり返して歩いたことなどから、安倍の関与を疑う見方が根強い。

こうして、安倍がこの数年間、ひたすら嘘とごまかしで逃れようとしてきた森友と桜の2大疑惑が、司法の手にかかることになった上、案里の選挙違反の張本人であるとの嫌疑も降りかかってくるわけで、これはいよいよ断末魔の様相である。特に案里の件は、もしここで止めたら「何だ、黒川が失脚してもやっぱり検察は安倍に忖度するのか」といわれるので、検察は意地でも事件にするだろう。

第11章　公明党の「平和の党」という看板は偽りだったのか

自公連立は小渕政権時代の１９９９年に始まって、途中、民主党政権時代の3年3カ月の中断を挟むけれども、はや21年間に及ぶ。公明党は単独で政権を獲る可能性がない以上、こうやって与党の一角に座っているのが居心地がいいに決まっているし、自民党ももはや単独で過半数を確保するのが覚束ないほどの足腰の弱り方なので、１選挙区当たり2～3万と言われる創価学会票を頼りにせざるを得ない。利害が巧く合致するがゆえのもたれ合いだが、これがいつまでも続く保証はない。

公明党側では、創価学会そのものの会員減と高齢化による組織力の低下に加えて、とりわけ安倍政権下では、憲法、防衛、沖縄など基本政策をめぐっての与党間の亀裂も拡大した（本章2など）。私の予想では、そう遠くない将来に公明党が連立を解消し、自民党を大敗させて野党連合側に政権をプレゼントするという場面が来るのではないかと思う。

1　安倍政権と公明党の間に吹き始めた隙間風（2013年11月14日）

暴走する安倍政治に対して、「歯止め役になる」と公言してきた公明党は何の役にも立っていないじゃないか。そう問うと、ある同党関係者は色をなして「そんなことはありません」と反論してきた。

「ひとつは、8日付の読売が書いたとおり、安倍首相が年内にもと意気込んでいた集団的自衛権の解禁を来年夏まで先送りさせたこと。もちろん背景には、肝心のアメリカが『中国・韓国をむやみに刺激するな』とブレーキをかけていることがあり、また内閣法制局もこれには組織の存亡を懸けていて、官邸との間で調整が進んでいないということもある。しかし、それだけではなく、公明党が慎重姿勢を曲げていないことも大いに影響して、菅義偉官房長官の先延ばし決断になった」と彼は言う。平和志向の強い創価学会婦人部が「これはダメ！」と突き上げている事情もあるようだ。

もうひとつは「消費税増税に伴う軽減税率の問題だ」と、この公明党関係者は言う。

「あまり注目されていないが、11月5日の会見で山口那津男代表は、2015年10月からの消費税10％への引き上げは『軽減税率とセットで判断しなければならない。逆算すれば、基本的な方向性は今年末の税制改正で打ち出すことが、国民に安心を与えるには重要なタイミングになる』と語った。方向性とは『詳細な制度設計を準備する段階的な取り組み』を決めることで、それなしには今後の議論は進められないというくらいに『そこは極めて重大に考えている』と、ちょっと珍しいほど強い表現を用いた」と言う。これも低所得者への徹底配慮を求める創価学会の突き上げがあってのことだろう。

軽減税率の方向性を年内に決めるとなると、これはまた大変で、食料品や新聞代などの品目をどう軽減するのか、族議員や業界が絡んだ激しい駆け引きになるし、それ次第では税率10％で収まらず11～12％にしないと税収が確保できないという問題も浮上する。インボイス制度も導入必至といわれているが、中小企業団体は絶対反対だ。増長する一方の安倍と公明党との間に流れ込みはじめた隙間風がどんな波紋を呼び起こすのか、年末に向けての政局のひとつの注目点である。

2 「平和と福祉」の党なのになぜ連立を解消しないのか（2014年5月22日）

集団的自衛権解禁をめぐる与党協議が始まるのを前に17日、公明党の支持母体である創価学会が、安倍晋三首相がもくろむ解釈改憲に反対し、「本来、憲法改正手続きを経るべきである。……慎重の上にも慎重を期した議論によって、賢明な結論を望む」とするコメントを発表した。

「政教分離」原則からして政治向きのことは党に任せて口を出さないという建前からしても、党は学会の付属機関なのだから意に反する言動をするはずがないという本音からしても、学会がこのようなコメントを出すのは異例のことで、波紋が広がっている。

菅義偉官房長官は19日の会見で「与党協議や閣議決定に影響はない」と平静を装ってみせたが、自民党内では早くも「これで、9月の臨時国会前に閣議決定をするのは難しくなった。臨時国会では、PKO法の改正による〝駆けつけ警護〟の容認とか、自衛隊法改正による離島防衛など個別的自衛権のいわゆる〝グレーゾーン〟対策などをやるのが精いっぱいで、集団的自衛権そのものには踏み込めないだろう」という声が出始めた。

何しろ、自民党の国政選挙は今や学会頼りで、現在の300近い衆院議席も公明党との選挙協力なしには200近くまで減るといわれているから、学会の動向にはピリピリせざるを得ない。

そうだとすると、夏に閣議決定、秋に一気に法改正して年末から始める日米防衛協力ガイドラインの再改定作業を迎えるという安倍の目算は、大きく狂う可能性が出てきた。

学会側としては、マスコミから見解を求められたので、これまで公明党の山口那津男代表らが繰り返し表明してきた慎重論の線に沿って、穏当な表現でまとめただけなのに、「おっ、学会がいよいよ反対論で動き出した」という話になって、いささか戸惑っているらしい。

しかし、公明党は「平和と福祉」の党として創立されて今年11月には結党50周年を迎える。その記念すべきタイミングを、安倍の「戦争のできる国」路線に屈服した姿をさらしながら迎えるというのでは、創価学会としてはいくら何でも我慢がならないだろう。

民主党はじめ野党がヘロヘロ状態の中では、公明党が結党の原点に立ち返って、連立離脱も辞さずという覚悟で突っ張ることが、安倍の暴走を止めるひとつの鍵である。

ここで存在感を示せないようでは、公明党は創価学会から見放されることになるのではないか。

3　公明党と気脈を通じた二階自民党幹事長の「不規則発言」（2016年9月15日）

二階俊博自民党幹事長の不規則発言（？）が続いている。まずは8月26日のテレビ番組で「女性天皇を認めないのは時代遅れだ」と言い放った。次は訪問先のハノイで10日、同行記者団の質問に答えた2連発で、「共謀罪」について「今国会で決めなければならないかというと、まだ時間がある」と言い、また、カジノ＝IR法案についても「IRがなければ観光が維持できないというのはいかがなものか。もう少し冷静に対応し、正々堂々と国民の理解を得る努力をすることが大事だ」と言った。

面白いことに、この3件には共通性があって、第1に安倍晋三首相のメンツを潰す話ばかりである。安倍とその背後の日本会議系右翼は、女性・女系天皇には大反対で、男性・男系の万世一系主義にこだわってきた。また共謀罪は、秘密保護法、安保法制の延長上で官邸が成立を重視してきた。IRとはカジノを中核とした都市型複合リゾート施設のことで、安倍がフジテレビの日枝久会長とゴルフや会食を繰り返して、お台場のフジテレビ本社の隣地に「国家戦略特区」まで設定して日本のカジノ第1号をつくるという談合が成立していた。

共通性の第2は、いずれも公明党が反対もしくは慎重姿勢の案件だということである。同党は女性天皇には賛成だし、共謀罪には慎重、カジノには反対である。

二階はもともと公明党・創価学会と太いパイプがあり、安倍はそれを重視して、公明党の引き留め策のためにも彼を幹事長に据えたのだが、それが裏目に出て、二階が公明党と気脈を通じて安倍の暴走を抑えるという図式が出来上がりつつあるのではないか。

さらに面白いことに、では安倍は二階を幹事長にしたことを悔やんでいるかというと、どうもそうではないらしい。

田原総一朗が8月31日に官邸に安倍を訪ねて1時間懇談した中身をネット・メディアで公開していて、それによると、安倍は憲法9条の第1項、第2項には手を着けずに第3項を〃加憲〃して自衛隊の存在を明記することにして、すでに公明党と調整に入っているという。また女性・女系天皇の容認についても「やらざるを得ない」と明言した。

となると、日本会議系の右翼は収まりがつかず、安倍を「裏切り者」呼ばわりすることになるのではないか。安倍における「右翼と保守」の矛盾が顕在化して、政権が迷走状態に陥る可能性が増している。

4 日本の政治を著しく歪める創価学会と公明党の「急所」（2016年12月1日）

先日、元公明党議員の話を聞く機会があった。創価学会、そして公明党が陥っているアイデンティティー危機は想像以上に深刻なようである。何よりも、カリスマ的指導者に祭り上げられてきた池田大作名誉会長が、もはや巨大な学会組織の統合力としての機能を失っている。周知のように、池田は

2010年5月の本部幹部会に出席して以降、今日まで6年半にわたって一切、人前に姿を現していない。その原因は元議員によれば重病で「正常な判断力を示すことができない生ける屍」状態にあるからである。

学会が昔のように日蓮正宗の信者団体という位置づけであれば、会長が交代すればいいだけの話だが、教義やご本尊の扱いをめぐる対立が高じて、91年に日蓮正宗から破門された後は「池田教」として組織の存続を図らなければならなくなったのだから、これは存亡の機である。

ところが、700年からの歴史を持つ教義とご本尊を捨てて、別の何かを立てるのが容易なことではないことは、門外漢にも分かる。混乱続きの末に、13年には信濃町に「大誓堂」を建設し、それに合わせて「日蓮世界宗創価学会」という世界的な宗教団体を立ち上げ、その会長を日本創価学会の会長が兼ね、その配下に「創価学会インタナショナル（SGI）」加盟の世界156団体を支部として組み込むという組織構図に移行しようとしたが、異論続出でまとまらず、結局、今も教団としての形すら定まらない。その状態で池田が生ける屍ではまずいので、「元気にしておりますよ」という話にして、その虚構を維持するために流行作家並みの勢いで本を出したり、写真展を開いたりしているが、もちろんすべて本部スタッフの代作である。

学会それ自体がどうなろうと世間とは無関係だが、問題はこの教団が公明党という政治部隊を抱えていて、教団が危機に陥れば陥るほど、権力からの介入・弾圧を恐れて限りなく自民党にすり寄っていこうとしていることで、これが日本の政治を著しく歪める原因となっている。現在、ミイラ同然の池田の威光を背に学会を仕切っているのは原田稔会長、谷川佳樹・八尋頼雄両副会長ら「東大閥」で、彼らは組織崩壊を恐れて自民党にしがみつこうという路線に徹している。

それに対して、正木正明前理事長はじめ「創価大閥」は、もうこんなことはやめて、連立解消、小選挙区制撤退、平和の党に戻ろうという路線だが、今のところ前者の「毒を食らわば皿まで」派の優位は変わりそうにないという。

5 無理を重ねた「自公協力」の限界が露呈した沖縄県知事選（2018年10月4日）

沖縄県知事選で玉城デニーが圧勝して、誰よりもショックを受けているのは公明党・創価学会である。とにかく、5000人とも6000人ともいわれる同党の地方議員や秘書、学会の選挙運動のセミプロ活動家らを全国から動員して告示前から那覇市に投入し、学会の原田稔会長自ら乗り込んで陣頭指揮を執るという、異様ともいえる熱の入れようで自公の推す佐喜真淳候補を何が何でも当選させようとしてきた。

今年2月の名護市長選でも同様の自公協力が行われ、辺野古基地建設反対の現職を追い落とすのに成功。今回は県知事選ということで、桁違いの動員態勢をとったのだが、失敗に終わった。

そもそも公明党の沖縄県本部は辺野古基地建設に反対している。しかも、佐喜真候補は本欄でも指摘してきたように、右翼団体「日本会議」の活動家。日本会議の主柱は神社本庁で、同会議の沖縄県本部も那覇市若狭の沖縄県神社庁内に置かれている。戦前に国家神道の名によって弾圧された経験を持つ創価学会が、そんなものを支援できるはずがないと思うのだが、それを無理やり選挙活動に駆り立てたのは、もっぱら公明党中央の都合である。

ご承知のように、公明党が安倍の推進する安保法制強行の共犯者となったことで、本来、平和志向の強い学会員の間では、まさにアイデンティティー崩壊が起きていて、それが昨年衆院選で5議席減という形で表れた。そこで路線を戻して自民と距離を置くというのであれば健全だが、山口那津男代表率いる執行部は真逆で、史上空前の選挙協力を行って自民に組織力を見せつけつつ恩を売って、来夏の参院選で自民の協力よろしきを得て議席減に歯止めをかけようともくろんだ。

しかし、こういうふうに無理に無理を重ねるやり方は必ず破綻する。現に、今回の選挙中には学会の三色旗を打ち振って公然と玉城を応援する学会員が出てテレビでも大映しになった。また、公明党が得意とする、支持者を期日前投票に連れて行って確実に投票させる作戦もマスコミ各社の出口調査によると、公明党支持者の何と25％が玉城に入れたという結果が出ていて、自民に組織力を見せつけるどころの話ではなくなってしまった。これで、参院選に向けて自公の選挙協力には暗雲が立ち込め、オール野党の統一候補樹立には弾みがついたといえる。

6　沖縄の「自公必勝パターン」粉砕が全国の地方選に波及か（2018年10月18日）

ローカルな話題で恐縮ながら、私の居住する房総半島・鴨川市の隣の君津市で14日に市長選挙が行われ、連合千葉の推薦を受けた市民派の石井宏子前県議が勝利した。

当日有権者数7万2292人、投票率50％余りというこの小さな選挙が注目されるのは、第1に、この君津市を中心に富津市、木更津市は、かつての「ハマコー王国」の中心地で、東京湾岸の埋め立てや、それに伴う漁業権の調整、アクアラインの建設などを取り仕切った故・浜田幸一が作り上げたガチンガチンの保守地盤であること。第2に、これまで3期を務めて今回引退した鈴木洋邦前市長は、祖父が町長、父が市長という申し分のない地元名門で、その後継として地盤をそっくり引き継いだ保守系無所属の渡辺吉郎元県議会事務局長は断然有利とみられていた。そして第3に、渡辺は鈴木から「自公推薦」による選挙態勢も受け継いでいた。が、蓋を開ければ渡辺の1万4736票に対し、1万6084票を得て県下54市町村で現職唯一の女性首長の誕生となったのである。

14日にはもう一つ、沖縄県の豊見城市でも市長選があり、「オール沖縄」の山川仁前市議が20年続いた保守市政を転覆した。

私の直感は、沖縄県知事選で玉城デニーを支えた「オール沖縄」が自公一体の選挙協力態勢を打ち砕いたことが、全国の地方選、ひいては来夏の参院選にまでボディブローのように効いていくというものである。本欄でも触れたように、自公ともに全国総動員のように運動員を沖縄に投入して総力戦を挑んだにもかかわらず、肝心の地元で特に創価学会員の造反が激しく、デニーの街頭演説で学会三色旗を打ち振って応援する学会員の姿が何度もテレビに映し出された。

これが刺激となって、安保法制の強行採決への不満から始まった学会底辺部の発熱状態が、あちらこちらで発火現象を引き起こすことが予感される。つまり、安倍晋三首相が先の公明党大会で「山口那津男代表は私にとっての必勝のパートナー」とお世辞たっぷりに持ち上げてみせたその「自公必勝パターン」が、明らかに沖縄から崩れ始めたのである。

そういう観点から、21日投開票の那覇市長選でのオール沖縄の現職＝城間幹子と自公などが推す翁長政俊前県議の対決、28日の新潟市長選での共産、社民、自由、立憲民主、国民民主の「オール野党」が支持する小柳聡の戦いぶりに目を向けていきたい。

7　落ち目の旦那をめぐる本妻争いのような維新と公明の茶番劇（2019年5月16日）

安倍晋三首相を真ん中に挟んだ日本維新の会と公明党との駆け引きが隠微さを増している。

公明党大阪府本部は11日の幹部会合で、維新が主張する「大阪都構想」への賛否を問う住民投票の再実施に反対してきたこれまでの態度を転換し、容認する方針を打ち出した。維新の大阪での勢いに恐れをなして、尻尾を巻いて下手に出ている公明党の姿が惨めである。

維新は4月7日の大阪府知事・大阪市長のダブル選挙で完勝したのに続き、21日の衆議院大阪12区補選でも圧勝し、それを背景に同党の実質的な名誉会長である橋下徹元大阪市長がテレビに出演して「公明党がいる6つの衆院選挙区すべてに維新のエース級を立てる」と宣言した。これは公明党を震え上がらせるに十分な恫喝で、なぜなら同党は衆議院の小選挙区では8議席しか確保できておらず、そのうち4議席が大阪、2議席が兵庫（残りは東京と北海道）である。もし関西の6議席を失えば、近畿比例区の4議席も到底維持できなくなり、致命傷を負うことになる。

しかも事は関西ローカルの選挙事情にとどまらない。橋下はさらに「第2幕は公明党を壊滅させる。そうすると日本の政治構造が大きく変わる。自民党との協力が公明党じゃなく維新となって憲法改正の方に突入していく」とも語っていて、これは要するに自民党に対して自公連立を解消して維新と組んだ方が安倍の宿願である改憲は進みますよ、という誘いかけである。

確かに、創価学会員の間では、公明党が安倍の安保法制、辺野古基地建設、改憲などの方向に引きずられるばかりであることに対して、学会本来の反戦平和路線に対する冒涜だとする反発が広く深く行き渡りつつあって、ここで無理に9条改憲に突き進めば組織は崩壊する。自民党中堅議員に聞いても「自公政権である限り改憲はないと見切っている」とまで言う。

とすると、橋下の「自維連立に切り替えませんか」という誘いは、安倍には悪魔の囁きと聞こえるだろう。「しかし」とその議員が言う。「国会内の数合わせだけで考えれば自維連立もないではないが、維新はあくまで大阪中心で全国組織がなく地方議員も格段に少ないので、選挙協力が成り立たない。

学会票なしには生きていけない自民党は簡単に維新に乗り換えることなどできるわけがないのだ」

さあ、この落ち目の旦那をめぐる本妻争いのような茶番劇は、日本をどこへ導くのだろうか。

8　参院選で公明党が比例得票数を大幅に減らした3つの要因（2019年8月1日）

参院選後、公明党幹部の顔色が冴えないという。

「候補者を立てた7選挙区で全勝、比例でも7議席を確保し、改選11議席を3つも伸ばして大勝利のはずなのに、なぜ?」と関係者に問うと、意外な答えが返ってきた。

「議席ではなく比例の得票数ですよ。14議席獲得は過去最多タイですが、比例得票数653万6336票は自公連立が始まって以来の20年間で最低。ピークは2005年衆院選の899万票で、そこからだんだん減ってはきているが、6年前と3年前の参院選ではまだ757万票前後を保っていた。ところが17年衆院選では初めて700万を割って698万票。大変な危機感を持って何とかそのライン復帰をめざした今回の選挙だったのに、3年前より100万票以上も減らしてしまった。それでも議席を増やせたのは投票率が低かったおかげ」と。

その要因として彼は3点を挙げた。

第1に、創価学会員そのものが減り、なおかつ高齢化が進んでいること。学会員数はもちろん非公開だが、何人かのウオッチャーの説では350万人程度で、それが1人ずつ支持者（彼らの用語でF

票）を集めたとして700万票。その線がすでに持ちこたえられなくなったということだろう。

第2に、もともと平和志向の強い学会員は、15年の安保法制への公明党の追従にはまだ我慢していたが、17年5月の安倍晋三首相の「9条に第3項を付け加えて自衛隊の存在を明文化」という改憲案発表に対して公明党が明確な反対を打ち出さなかったことで失望がドッと広がった。

そして第3が、沖縄の辺野古基地建設問題。沖縄県の創価学会も公明党も一貫して辺野古反対の立場をとっているが、東京の両本部は何としてもこれをねじ伏せようとして、18年2月の名護市長選では学会の会長まで現地入りして陣頭指揮し、反対派の稲嶺進市長の追い落としに狂奔した。

ところが同年9月の県知事選では、学会員でありながら公然と創価学会旗を打ち振って辺野古反対派の玉城デニー候補を応援する人が現れて、全国的な話題になった。

それが野原善正で、今回、東京選挙区でれいわ新選組から立候補し、同じ選挙区の山口那津男公明党代表に正面勝負を挑み、落選したとはいえ、山口の82万票に対し21万票も獲得した。その多くが公明党の安倍への追随ぶりに不満を持つ学会員であると推測され、公明党幹部がパニックを起こす原因となっている。

9 「雪駄の雪」は公明党ではなく自民党の方ではないのか？（2020年7月16日）

このところ自民党と公明党の間は隙間風どころではない冷たい風の吹き抜け方で、自民党のベテラン秘書に言わせると「公明党はすでに安倍晋三首相に見切りをつけ、ことあるごとに『安倍と心中するつもりはありませんからね』というサインを繰り出している」のだという。

麻生太郎副総理が10月解散論を打ち出すと、すかさず公明党トップが口々に早期解散への慎重論を唱えたり、陸上イージスの計画断念で自民党内に「敵基地攻撃」論が高まると、山口那津男代表が「政府は敵基地攻撃を想定していないとの答弁で一貫している」とバケツで水をかけるような発言をしたり、はっきりモノを言うケースが目立っているのは確かだ。山口が安倍に直談判して例の「10万円給付」への切り替えを実現したあたりから、強気になっているということか。

「いや」とベテラン秘書はこう言う。

「私の聞いている限りでは、やはり河井克行・案里夫妻の事件が大きい。公明党は参院の広島選挙区では前々から溝手顕正を支援してきたが、昨年は学会本部からの指示で無理やり案里支援に切り替えさせられた。だから夫妻逮捕にはカンカンに怒っていて、斉藤鉄夫幹事長は『政権にとって大きな打撃。総理に任命責任がある』とまで言った。安倍に対して、もういい加減にしろという気分なんでしょう」

この状況で、自民党内では「公明党がいろいろうるさいことを言うなら、連立相手を日本維新の会プラス前原誠司グループに切り替えた方がいい。維新や前原なら改憲にも積極的だし」という意見も出ていると聞く。それをベテラン秘書に問うと、彼は「あり得ない」と断言した。

確かに、先の東京都知事選では維新が推した小野泰輔元熊本県副知事が予想を超える大健闘の第4

位で、れいわ新選組を率いる山本太郎の65万票に迫る61万票を得た。これなら、維新の会が次の国政選挙では東京で議席を得て、それを足掛かりに大阪ローカル政党から全国区デビューする可能性もある。

しかし、問題が2つあるとベテラン秘書は言う。「第1に、維新がこだわる大阪都構想は超ローカルで全国区の話題にはならない。第2に、維新は大阪以外には組織基盤がないので、自民党との選挙協力ができず、公明党の代わりにはならない。自公選挙協力がないと自民党は最大100議席減らし、政権が維持できない」と。

何のことはない、「下駄の雪」は実は自民党なのである。

第12章　野党が大きくまとまって再び「政権交代」を迫る日は来るのか

ようやく立憲と国民が合流してやや大きめの野党が出現したが、肝心なのはそのこと自体ではなく、同党が基軸となって共産党まで含めた「政権構想」を打ち出すことである（本章14、18）。1つの党になるには、綱領や基本政策での一致が必須となるけれども、連立政権構想なら、次の4年間に実行すべき中心課題での合意と、それを担うにふさわしい首相候補の明示、そしてそれを裏打ちする選挙協力の態勢があれば十分である。

小選挙区制の利点を生かして政権交代がごく普通に行われる政治風土を耕していくことが政治改革の目標だが、それには必ずしも「2大政党制」は必要なく、「2大勢力」による連立政権構想の競い合いを通じて選挙のたびごとに有権者に政権選択を迫ることである。日本と同じ時期に同じような選挙制度を採用したイタリアでは、保守とリベラルの双方が複数の党による連立構想を掲げて戦い、みごとに政権交代のある政治を実現している。

1 「リベラル・シフト」の世界潮流から置き去りの日本（2015年9月17日）

9月14日のオーストラリア自由党の党首選で、リベラル派のマルコム・ターンブル前党首がアボット現首相を破って返り咲き、その2日前のイギリス労働党の党首選では、当初泡沫扱いされていた「民主社会主義者」を自称する党内最左派ジェレミー・バーナード・コービンが圧勝した。佳境を迎えているアメリカ民主党の大統領候補予備選でも、やはり「民主社会主義」を標榜するバーニー・サンダース上院議員が、連日の演説集会にヒラリー・クリントンをはるかに上回る1万人、2万人の熱狂的な支持者を集めて旋風を巻き起こしている。

どうやら先進国は、保守政党の中では、行き過ぎた緊縮財政や自由市場を否定して人権や環境を重視するリベラル派が力を増し、中道政党の中では、保守との境目をはっきりさせて格差解消や福祉充実を主張する最左派が人気を博する、という「リベラル・シフト」の時代を迎えつつあるようだ。

構造的な理由は明白で、水野和夫が「資本主義の終焉」として論じているように、欧米中心の世界資本主義は周辺から辺境へと貪欲に拡張して数世紀にわたって成長を続けてきたものの、もはやむさぼるべき外部がなくなってきた。それでも利潤を求めるとすれば、自国の内部の中間層を食い潰す以外に術がなく、そのため、格差の拡大とそれによる社会の荒廃が多くの先進国で共通の現象となっている。そこから湧き起こる不満や怨念に旧来の政治では対応しきれなくなりつつある。

日本も抱える問題は同じで、例えば安倍首相の戦争法案に反対するデモで注目を集めている「シールズ」のアジェンダを見ても、立憲主義の尊重や、対話と協調による平和的な外交・安保政策と並ぶもうひとつの大きな柱は「健全な成長と公正な分配による人々の生活の保障」である。「派遣村、就職難、ワーキングプアなどかつてない貧困」を引き起こしている「格差の拡大と弱者切り捨てに支えられたブラックな資本主義」に反対を唱えている。

そして彼らの結論は、「現政権の政治に対抗するために、立憲主義、生活保障、平和外交といったリベラルな価値に基づく野党勢力結集が必要だ」というところに行き着く。野党第1党の民主党はこの間、本来のリベラルの旗を投げ捨てることに急で自らをいまさら「中道」と呼んだりしているが、それでは新しい「リベラル・シフト」の世界潮流に乗り損ない、ジリ貧に陥るしかないのではないか。

2 しょせんは大阪ローカルの話題しか提供できない橋下維新（2015年11月26日）

大阪ダブル選挙が橋下維新の2勝という結果となり、マスコミは「野党再編にどう影響するか」とか「橋下自身が参院選に出るのか」とか大げさに書き立てているけれども、全国民的にみれば、ほとんど論じるに値しないほどマイナーな話題である。

第1に、自ら火を放って騒ぎを起こし、架空の争点を仕立てて抗争に持ち込んで、敗れればまた次の奇策で「起死回生」を図るという橋下流の単調な作劇術に、誰もがウンザリしている。

第2に、それがまだ通用するのは、政治をお笑い番組のドタバタ劇のように楽しむ人が多いという独特の風土を持つのは大阪だけなので、橋下は維新を引っかき回して四分五裂に陥れた末に、結局「大阪維新の会」に立てこもり、最後の砦だけは死守しようとした。

第3に、それで何をするのかといえば「大阪都構想への再挑戦」だという。5月の住民投票で否決されたものを、「僅差だったからもう一度」というのもどうかと思うが、それ以前に、そもそもこの構想が奇怪なのは、大阪のことだけを想定していて、何ら全国的な普遍性を持たないことである。御厨貴東大名誉教授が「必要なのは、全国の地方分権にどう一般化していくのかという視点だ。全国の地方が変わっていくという話にならないと、みんなが関心を持たない」（23日付『朝日新聞』）と言う通りである。府県と政令指定都市とが「二重行政」の弊害を抱えているのはどこも同じで、そうだとすれば神奈川県と横浜市・川崎市も、愛知県と名古屋市も、兵庫県と神戸市も、みな同じように市を解体して府県が「都」を名乗ればよいということなのか。それとも、大阪は特別だから東京に対抗して「都」を名乗る権利があるというのか。

さらに、これまでいろいろ議論されてきた「道州制」構想との接合はどうなるのか。全国を9の道州に再編する案だと、大阪府は解体されて関西州に統合されるが、12道州案だと今の大阪府が独立して「大阪副首都特別州」になるという考え方もある。いずれにせよ、道州制なり何なりで国の姿を抜本的に改革しようという時に、その全体的な制度設計がまずあって、その中で大阪はどういう形をとりたいのかという順序で物事を考えないと話にならない。

結局、この何度目かのドタバタ劇で再確認されたのは、橋下が大阪ローカルの域から一歩も出られない程度の政治家だったということである。

3　安倍政権打倒の最大の障壁が民主党という情けなさ（２０１５年12月17日）

今年1年間を政治面から振り返って、何といっても最大の出来事は、国会周辺を中心に全国各地にまで広がった安保法制反対のデモである。これは後々、１９６０年の「60年安保闘争」に匹敵する「15年安保闘争」として、歴史に刻まれることになるだろう。その両方に（かつては高校2年生で、そして今は70歳を越えた高齢者として）参加した私の実感で言えば、今年の国会デモは、参加者の多さや機動隊・右翼との衝突の激しさなど「量」的な規模では60年を上回ってはいないが、シールズの諸君の「民主主義って何だ？　これだ！」のコールや、憲法学者の「法案は違憲」という指摘に導かれて、民主主義とか立憲主義とかへの国民の理解が格段に深まったという意味での思想的な次元の「質」的な到達においては、60年を凌駕したのではないかと思う。

だから、60年には、樺美智子が亡くなって、その4日後に安保条約が自然成立、岸信介内閣の退陣によってアッという間に運動は収束に向かったが、今回はそうはならない。国会デモの枠組みをつくってきたのは、民主党リベラル派や社民党系が中心の「戦争をさせない１０００人委員会」、共産党系の「9条壊すな！実行委員会」、それにシールズ、学者の会、立憲デモクラシー、ママの会など市民派の3者が大同団結した「総がかり行動実行委員会」だが、彼らは安保法案廃止と辺野古基地建設反対を2本柱に、引き続き集会やデモを開きつつ、同法案廃止を求める「2000万人」署名運動を展開、それを背景に、野党が来夏参院選の1人区で統一候補を擁立するよう迫っている。

誰が考えても、安保法制に反対した野党がバラバラのままでは安倍政権に打撃を与えることは不可能で、このデモのエネルギーを丸ごと選挙への力に変換することが必要であるのは自明のことであるけれども、そこで煮え切らないのが民主党執行部とその後ろにいる連合である。

民主党の岡田代表は、前原誠司元代表ら集団的自衛権賛成もしくは部分容認を主張して共産党との共闘に絶対反対の党内右派を、説得することも叩き出すこともできずにオロオロするばかり。連合の新しい事務局長もゼンセン同盟出身のゴリゴリ右翼で、共産党は真っ平ごめんだし、結局は連合推薦の比例候補が当選すればそれでいいという無責任な立場。

せっかくの「15年安保闘争」のエネルギーを雲散霧消させてしまいかねない最大の障害が、実は民主党と連合であるという、あまりに情けない年末の政治風景である。

4　本物のリベラル新党でなければ政権交代はできない（2016年3月17日）

新党名は「民進党」に決まり、「民主党」の20年の歴史が幕を閉じた。1996年の旧民主党結成に関わり、その結党宣言草案の執筆にまで参画した私としては、感慨もまたひとしおである。

この時は、政党同士の合流ではなく、社民党やさきがけや日本新党をいったん離党した政治家個人が、新党の理念・政策に賛同して再結集するという手続きを重視し、そのためマスコミには「排除の論理」とか呼ばれて酷評されたが、創業者の鳩山由紀夫はそこは頑として譲らなかった。それだけ、この党をつくって何をしたいのかがハッキリしていたということである。

何をしたかったかというと、94年12月に小沢一郎の新生党をはじめ公明党の一部、民社党、日本新党などが合流して新保守主義を標榜する「新進党」が誕生し、マスコミは「保守2大政党制の時代」などとはやし立てたのだが、そんな2大政党制なんてあるわけないじゃないかというのが我々の立場で、その構図をブチ壊して「保守対リベラル」の構図に置き換えることで本当の意味の政権交代を実現することを目指した。

95〜96年当時の新進党はなかなかの勢いがあって、新党参加者の中には「ここで我々が新党をつくっても第3党になるのが精いっぱいではないか」と不安を語る者もいたが、中心幹部も私も「そんなことはない。リベラル新党が打って出れば、新進党は必ずバラバラに崩れる」と主張した。実際その通りになって、石破茂はじめ保守派の多くは自民党に戻り、羽田孜は太陽党、細川護熙はフロムファイブ、旧民社党は新党友愛を経て98年に民主党に合流し、そのため新進党は97年、わずか3年の命で解散に追い込まれた。残された小沢は「自由党」をつくったが行き詰まり、結局は03年に民主党に流れ込んだ。

こうして野党第1党になった民主党は、09年に政権交代に成功。「保守対リベラル」構図で政権を取りにいくという当初の基本設計は正しかったことが証明されたのだが、問題は、98年と03年の2度の合流を通じて肝心のリベラル理念そのものが薄まり、最後はどこかへ行方不明になってしまったことである。枠組みはよかったのだが、理念・政策の中身がついていかなかったことが、民主党政権の失敗の最大原因である。

さて、民進党はどうなるかというと、次に再び本物のリベラル新党が立ち現れた時に、昔の新進党と同様、たちまちバラバラに分解するように私にはみえる。

5　参院選では予測不能な「未体験ゾーン」が出現するのでは（2016年4月7日）

4日付の『読売新聞』の世論調査では、せっかくの民進党の評判は散々だった。同党に「期待する」31%に対し「期待しない」60%、政党支持率では自民37%に対し、民進はわずか6%、参院選の比例投票先では自民39%に対し、民進11%という惨状である。本欄はこれまで民維合流は政治的にも政局的にも意味がないことを説き続けてきたが、その通りの結果となった。

民進党単独では参院選大敗は必至で、岡田克也代表の辞任くらいでは済まず、同党の分解という事態にもなりかねない。そこで同党としては、いよいよ野党選挙協力に懸けるしかなくなった。3日付の毎日新聞1面トップ記事によると、32の1人区のうち野党の候補一本化が成立した選挙区は15に及び、さらに協議中の選挙区は10もあるという。計25選挙区で一本化が成功し、そのうち半分で自民から議席を奪い返すことができれば、自公を過半数割れに追い込むことも不可能ではない。『毎日新聞』によると、15選挙区の統一候補の内訳は無所属9人、民進5人、生活が1人で「市民団体などが推す無所属の立候補予定者を各党が相乗りで支援する形が広がっている」。

これがどのくらい当選の可能性があるかを予測する場合に、過去の選挙での各党の得票数を合算して自民を上回るかどうかを見るのが普通だが、私は、それだけでは済まない「未体験ゾーン」が出現するとみている。

第1に、共産党が出馬を取り下げて統一候補を推す効果。これまでも、反自民票の受け皿がないので死票となることを覚悟で共産に入れるという投票行動はあったが、共産も入った統一候補となれば、死票とならずに現実に自民を破ることができるかもしれないので、迷わずに投票する人が増える。

第2に、18歳投票権の効果。一般の調査では、若者層では保守志向が強いとされているが、シールズ系の学生団体は各地の市民連合で積極的な役割を果たしているし、大人では考えつかないユニークな選挙活動に取り組んでいるケースもあって、その影響力は馬鹿にならない。

第3に、市民連合の役割。統一候補が成立した各地を見ると、市民連合が推す候補を各党が推薦したり、そうでなくとも政策協定に政党と共に市民団体が当事者として署名していたりする。市民団体が投票を呼びかけられる側ではなく呼びかける側に立って、市民プラス政党という陣形で戦う選挙がどのくらいの広がりを示すのかは、どんな選挙予測のプロにとっても不可測な未体験ゾーンである。

6 「初めて尽くし」が参院選の結果にどう影響するか（2016年6月16日）

今度の参院選は「初めて尽くし」である。第1に、安倍政権は昨年、一片の閣議決定で憲法の根本精神を覆して、安保法制を強行成立させた。それが違憲であるという世論が大きく広がると、安倍晋三首相は、安保法制に合わせて憲法のほうを変えてしまおうという魂胆で、参院でも与党で3分の2の議席を確保することを目指している。時の政府が公然と憲法を踏みにじるという前代未聞の事態を国民が容認するのかどうかがかかった、初めての国政選挙である。

第2に、それに対して野党は、32の1人区すべてで統一候補を立てるという初めての戦術で対抗しようとしている。今のところ各種の調査で野党の情勢は厳しいが、1人区で10を超えて15〜16の選挙区で勝てるかもしれないということになると、「お、これは安倍のやりたい放題にお灸を据えられるチャンスかも」と考える人が増えて〝風〟が巻き起こり、複数区や比例にも影響を与える可能性がある。安倍はそれを最も警戒していて、すでに事実上始まった選挙戦の冒頭、もっぱら1人区を遊説して回っている。

第3に、しかしこの統一候補擁立には、野党4党だけでなく「市民」が加わっている。各地の政策協定には昨年の安保デモを担ってきた平和団体や市民団体が当事者として参加し、またシールズ、ママの会、学者の会などが全国的な「市民連合」を結成してその動きを促している。3人区の千葉や北海道では、自民2、民進2、共産1が立候補する中、「安保法制にはっきりと反対する民進や共産の候補を応援して自民党を少なくとも1議席に追い込む」という勝手連的な運動が始まっている。また、北海道衆院補選でも活躍した「でんわ勝手連」の活動もめざましい。このように、市民が投票を働きかけられる側にとどまるのでなく、働きかける側に回って全国的に選挙活動に携わるというのはこの国の政治にとっての「未体験ゾーン」で、それが選挙結果にどれほどのインパクトを与えるのかは誰にも分からない。たぶん安倍は、この要因を甘くみている。

第4に、言うまでもないが、選挙権が18歳に引き下げられて初めての選挙で、総じて保守志向が強いといわれる240万人の若者たちの中に、シールズなどの影響を受けて、自分の頭で考え行動する者がどれだけ現れるのか。これもやってみなければ分からない。面白い選挙になりそうだ。

7　安倍悪政の下地つくった野田が幹事長で自公民大連立の悪夢（2016年9月22日）

「野田佳彦幹事長」には驚いた。旧民主党OBの何人かと話をすると、みな「安倍政権下で起きている悪いことのほとんどは、野田政権時代に始まった。そのことを蓮舫新代表は知らないとでも言うのだろうか」と怒っている。その通りである。

第1に、安保法制。野田政権の国家戦略会議フロンティア分科会は12年7月、憲法解釈を変えて集団的自衛権を行使を認めるべきだと提言し、それを「能動的な平和主義」と名付けた。それと連動して自民党もほぼ同時期に「国家安全保障基本法（概要）」を発表して政権交代後に備えた。

第2に、武器輸出。藤村修官房長官は11年12月、佐藤・三木両内閣以来の武器輸出3原則を見直して「包括的な例外協定」案を発表した。それを受けて安倍は14年4月、同3原則を廃止した。

第3に、オスプレイ配備。米国の言いなりで受け入れ、12年10月に沖縄に配備を強行させた。

第4に、尖閣国有化。12年9月、中国への根回しを欠いたまま尖閣諸島の国有化に踏み切り、日中関係が一気暗転、安倍政権の扇情的な「中国脅威論」キャンペーンに絶好の材料を提供した。

第5に、原発再稼働。野田内閣は12年6月、3・11後初めて大飯原発3、4号機の再稼働を決定し、7月から運転させた。また同時に、再稼働の「新安全基準」を定め、それを担う「原子力規制委員会」を設置する法案を成立させた。同委員会は12年9月に発足し、せっせと再稼働推進に取り組み始めた。それを受けて安倍は、全面的な原発復活・輸出路線に突き進んだ。

第6に、TPP。最初に「参加を検討する」と言ったのは菅直人首相だが、野田は11年11月「参加のため関係国と協議に入る」と表明、12年に入り各国に政府代表団を派遣し始めた。それを引き継いで安倍は13年3月、TPP参加を正式表明し、甘利明特命大臣を任命して交渉をまとめさせた。

第7に、消費増税。野田内閣は12年2月に「社会保障・税一体改革」大綱を閣議決定し、8月に「14年に8%、15年に10%」とする消費税法改正案を成立させた。これをめぐる安倍との駆け引きの中で、やれば負けると分かっている解散・総選挙を打って、同志173人を落選させ、安倍に政権をプレゼントした。その野田が蓮舫の傀儡師になって、一体どのように自民党と対決して政権を奪い返すというのだろうか。見えているのは「自公民大連立」という悪夢の予兆だけである。

8　大企業エリートの連合が「民進党最大の支持基盤」は幻想（2016年10月27日）

民進党のリベラル派議員が「民進党はもう連合労組とは決別したほうがいい」と怒っている。先週の本欄で新潟県知事選をめぐる連合と民進党のゴタゴタぶりに触れたが、とりわけ蓮舫代表が選挙戦終盤で野田佳彦幹事長の制止を振り切って現地応援に入ったことに対する連合の神津里季生会長の怒りはすさまじく、「火に油を注ぐ背信行為」と非難した。

さらに神津は23日投開票の2つの衆院補選についても、「野党4党首が並んで応援する映像を撮らせるな」「共産党幹部が出る集会に候補者を出させるな」と野田に厳命し、それが守られなかったと言って、投票日の数日前に東京10区の鈴木庸介陣営の選挙事務所から労働組合員を総引き揚げさせたという。

民進党候補なんか落選してもいいから共産党を遠ざけろという、常軌を逸した反共路線であり、自民党を喜ばせるだけの利敵行為である。

前出のリベラル派議員がこう言う。

「確かに、連合の主流を成している民間大企業の大労組は、かつて共産党系の第2組合などと血で血を洗う抗争を繰り広げてきた歴史があるので、アレルギーが強いのは分からないでもない。しかし、冷戦も終わって、共産党も柔軟化し、何とか安倍政治の流れを阻止する野党共闘をつくろうと真剣に努力をしているし、それに応えて野党第1党として主導的役割を果たす以外に民進党再生の道はないことは分かりきっている。私だって、次期衆院選で野党協力がなければ落選する可能性が大きい。もう野田や地元の連合が何を言おうと、野党共闘の道を進むしかない」

1989年に連合が誕生した時には800万の組合員を持っていたが、今は690万人。最近も化学総連が連合離脱を決めるなど、連合そのものが全労働者の1割強を組織しているだけの、言わば〝衰退産業〟である。しかも、神津自身が東大卒の新日鉄エリートサラリーマンの出身であることが象徴するように、民間大企業の正規社員が中心である。自分らの特権的地位を守り賃上げを実現することに夢中で、格差・貧困問題など社会が抱える深刻な問題で闘いの先頭に立つことになど何ら関心がない。そして実際に組合員の意識調査をすれば、一番多いのは自民党支持で、一般的な世論調査と何ら変わりはない。

その連合をマスコミは「民進党の最大の支持基盤」という常套句で呼ぶけれども、それは全くの幻想にすぎない。だから、野田が慌てて連合にお詫びしたりしているのは滑稽極まりないことで、民進党が壊滅を避けるには連合とさよならするしかないのである。

9 民進党は「前原代表」を選んで破滅への道を突き進むのか（2017年8月10日）

まだ始まってもいない民進党代表選に口を挟むのは尚早かもしれないが、これが前原誠司と枝野幸男の対決になるとして、前原が勝てば同党は破滅に向かうしかなく、枝野が勝つことでかろうじて蘇生への活路を開くことができるだろう――というのが私の見立てである。

前原は、最近は井手英策慶大教授の理論に従って、格差是正・福祉充実と財政再建とを両立させる政策研究に熱心に取り組んでいることは大いに評価できるけれども、外交・安保政策では昔も今も自民党国防族とほとんど変わらないタカ派であり、中国は「現実的脅威」であるとの基本認識の下、米軍との共同行動を可能にする集団的自衛権の解禁、自衛隊の敵地攻撃や先制攻撃の検討を含めた活動拡大、最終的な憲法改正などの主張を抱いている（例えば2005年12月の米ジョージタウン大学での講演）。改憲については、昨年9月の代表選でも最近の発言でも「9条1項、2項は守った上で、『加憲』で自衛隊の位置づけをすべき」（16年9月4日付『朝日新聞』）という持論を吐いている。

安倍晋三首相と同じことを言っている――というより、前原の主張を安倍が横取りして「これなら民進党も引き込めるだろうし、少なくとも分裂させられるに違いない」と思って仕掛けてきているのが、今の改憲攻勢なのである。その時に、民進党が前原を代表に据えたのでは、「安倍改憲に協力します」と申し出ているのと同じことになって、同党は壊滅どころか消滅する。

それに対して枝野は、15年の安保法制が中途半端に集団的自衛権の容認に道を開いたことを「違憲」だと主張していて、もし憲法9条に触るのであれば、「自衛権は個別であれ集団であれ海外では行使しないことを明記すべき」とも言っている（『週刊エコノミスト』16年8月30日号）。

ところで、いま水面下で始まっている野党4党の選挙協力協議では、「安保法制とその根拠となった14年7月の解釈改憲の閣議決定を取り消し、『専守防衛の日本』を取り戻す」ことが政策合意の第1項目となるはずで、枝野ならその方向で野党共闘を推進できるだろう。「脱原発」については「30年代に原発ゼロ」の民進と「即廃絶」の他党とは隔たりがあるが、「可能な限り速やかに原発ゼロ」ということでいいのだろう。枝野は「我々が野党のままでは脱原発が遅れる。政権につけばどんどん早まる、ということでいいのではないか」と私に語ったが、その緩やかさが枝野の持ち味だろう。

10　民進党の前原新代表は「野党協力」の意義を理解しているか（2017年9月7日）

前原誠司が民進党の代表に選出されて、先走りが大好きな永田町情報通たちの関心は、小池百合子東京都知事が国政に乗り出して「日本ファースト」とかの新党で打って出てきた場合に、かつての細川護煕＝日本新党で初当選同期という縁のある前原が手を組むのではないか、といったところに注がれている。しかし、私に言わせればこれは戯言である。

前原にとって最大の試練は、気息奄々の安倍政権に最終的に引導を渡して、政権交代を実現できるような明確な理念・政策を打ち出せるかどうかであり、またそれを軸にして共産党を含む野党と協調し、統一候補を押し立てられるかどうかである。

前原はこの代表選を通じて、改憲論すなわち（安倍とうり二つの）9条3項加憲論を封印。集団的自衛権容認論も一切口にすることなく、党内リベラル派からの批判が出るのを回避した。しかし、小池は明々白々の改憲派であり、国会議員時代には右翼的な「日本会議・国会議員懇談会」の副幹事長や副会長を務めてきた。仮にも前原と小池が結べば、小池が前原の隠された本音を引き出す形になって、手に手を取り合って剣呑な方向に転がり込んでいくだろう。これでは安倍改憲路線への対抗軸になるどころか、大政翼賛会のようなことになって、民進党は死ぬ。

その半面、共産党を含む野党選挙協力については、前原からは「やらないでもない」という程度の曖昧なメッセージしか聞こえてこない。彼は「理念・政策が一致できなければ一緒にやれない」と繰り返し述べているが、改憲をはじめ集団的自衛権、辺野古、脱原発、消費税など重要課題をめぐって民進党自身の理念・政策がはっきりしていないのに、人さまに向かってそんな偉そうなことが言えるのか。

さらに、そもそも「理念」まで一致するならひとつの党になってしまえばいいわけで、理念が違っても「当面の中心政策」で一致すれば選挙協力もできるし、その先で連立政権を組むこともできる。これを「最小限綱領」による一致といって、統一戦線論のイロハだが、こういうことも前原は理解していないようにみえる。それで、もし野党協力をやらなくて、例えば、目前の10月衆院トリプル補選をどうやって最低でも2勝1敗、できれば3戦全勝して一気に安倍政権を追い込むことができるのか。妙案があるなら聞かせてほしい。逆にこれが全敗か2敗なら前原は早々に引責辞任だろう。

11　民進党をブチ壊した前原代表の政治的幼稚さは万死に値する（2017年10月5日）

私は8月10日付本欄で民進党の代表選について、「前原が勝てば同党は破滅に向かうしかなく、枝野が勝つことでかろうじて蘇生への活路を開くことができるだろう」と予測した。ところが案に相違して前原が勝ってしまって、その直後の9月7日付では、早くも取り沙汰され始めた前原と小池百合子都知事との連携話に関して「戯言」と断定し、その理由について次のように述べた。

前原は代表選を通じて、安倍のそれとうり二つの「9条加憲論」を封印して党内リベラル派からの批判を回避したが、ホンネがそこにあることには疑いがなく、もし小池と結べば「手に手を取り合って剣呑な方向に転がり込んで」いって、「安倍改憲路線への対抗軸になるどころか、大政翼賛会のようになって、民進党は死ぬ」と。

まさに前原の迷妄によって民進党は死に、そのがれきの中から枝野による「リベラル新党」結成という「かろうじて蘇生への活路」が切り開かれることになった。だから私が言ったように、初めから枝野を代表に選べばよかったのだ。彼の下で、2015年安保法制反対の国会包囲デモの統一戦線から16年4月北海道5区の衆院補選と同年7月参院選、そして今年7月の仙台市長選での野党プラス市民の選挙協力へという積み重ねを正しく継承しつつ深化させていく方向に踏み出せばよかった。そうすれば、党内の保守派や改憲派はいたたまれずに出て行って、何もこんな恥ずかしいドタバタ劇を演じなくとも、民進党はリベラル路線ですっきりまとまって総選挙に挑むことができたはずなのだ。

直近の代表選にはそのような党の方向性が懸かっていることを、どうも民進党の皆さんの大多数は理解していなかったらしく、安易に前原を自分らの代表に選んで酷い目に遭うことになった。

それにしても、前原の政治的幼稚さにはあきれる。06年の「偽メール」事件で代表を辞任した際には、鳩山由紀夫幹事長、野田佳彦国対委員長が芋づるで辞任して執行部が崩壊したくらいで済んだけれども、今回は自分が代表する党そのものをブチ壊そうという話で、現職の国会議員だけでなく立候補予定者や地方議員、支援団体関係者まで含めて、何とかこの党をもり立てようと頑張ってきた何千何万という人たちの生き方を愚弄した。しかも、蓋を開けてみれば「全員が離党して希望に移行する」というのは真っ赤な嘘だったのだからお話にならない。万死に値しよう。

12 新党誕生でハッキリ、この選挙は民権主義と国権主義の戦い（2017年10月12日）

枝野幸男が立憲民主党を創建して、「リベラル派の受け皿ができてよかった！」と喜んでいる人が多い。前原誠司による民進解体・希望合流劇は、脚本がずさん、演出も下手くそで観客をシラケさせてしまったが、その思いもよらない副産物として、より〝純化〟されたリベラル新党が誕生したことの意義は大きい。

状況は20数年前と似ている。94年12月に自社さ政権に対抗して214人を抱える巨大野党＝新進党が結成され、マスコミはさかんに「保守2大政党制の時代」と囃し立てた。が、鳩山由紀夫、横路孝弘らは「2大政党というなら保守対リベラルだろう」と言い出して、旧民主党を立ち上げ、96年秋の最初の総選挙で52人を得た。どうせ自民と新進のはざまに埋没してしまうだろうと見る人が多かったが、当時、私は「旧保守に対する新保守という小沢一郎のコンセプトは筋が悪すぎる。小なりといえども民主がリベラルの旗を掲げて打って出ることで、必ず新進が壊れて民主が政権交代を狙う勢力になる」と唱え、その通りになった。政治には「筋」が大事で、ブレずに筋を通した人たちが持つ爽快感こそ有権者を惹き付けるのである。

さて、立憲民主党ができて、改めて「リベラル」とは何かがあちこちで論じられている。私は、リベラルあるいはリベラリズムには「心構え」と「政治思想」という2つの側面があるという説に賛成で、前者は、自分は間違っているかもしれないと思う自己相対化、異論の許容と熟議の重視、つまり寛容さのことである。後者は、左翼とは違って個人の自由を尊重しそれを保障するような社会や経済のあり方を求めるという意味だとされる。山口二郎法政大学教授は8日付東京新聞のコラムで、日本政治におけるリベラルの源流は、戦前に軍部を恐れず戦争と独裁に反対した石橋湛山だと指摘しているが、もう少し物差しを伸ばせば、明治早々からの自由民権思想から大正デモクラシーを経て昭和に活躍する湛山らにつながる滔々たる流れがある。

考えてみると、近代日本の政治は結局のところ、民権と国権——人民が自ら立って下から多様性ある社会を編成していこうとする民権主義と、権力者が権限を振るって上から統合を強制しようとする国権主義との抗争の歴史だった。この総選挙もまたその両者の戦いなのである。

13 立憲民主党の支持率の高さは有権者の〝スッキリ感〟が理由（2017年11月30日）

27日付の『日本経済新聞』の世論調査で、野党の中の立憲民主党の「1強」ぶりが明らかとなった。同党の支持率が11月初旬の前回調査と同じく14％を維持したのに対し、共産3％、維新と希望は2％、民進は1％、社民と自由はゼロにとどまった。

自由は先の総選挙で、小沢一郎と玉城デニーが党籍を残したまま無所属で立って当選し、参議院に山本太郎ら4人がいるので辛うじて政党要件を維持したものの、もはや組織の体をなしていない。社民も、沖縄2区と大分2区で議席を得たが、いずれもオール野党の統一候補となったからで、党として存続することが難しい。民進の1％というのも、旧民進分裂の抜け殻にすぎず、まともな政党とは認められていないことを示す。

希望、維新の2％というのは、それぞれ単独ではもちろん、提携ないし合流してもなお、自民党に対する対抗軸となり得るという期待感が全く持てないということで、だとすれば何のために存在するのかを鮮やかに示さない限り、たちまちのうちに見捨てられていくという、アイデンティティー危機ラインすれすれに追い込まれている。共産の3％は本来の実力通りである。

立憲民主の14％は、安倍政権になって以降の旧民主・民進では達成したことのない高さで、その要因は何かを同党の中堅議員に尋ねると、こう言った。

「ひとことで言うとスッキリ感だろう。前原誠司をはじめ長島昭久、細野豪志、松原仁ら、本来なら自民党から出たかったような親米保守派や改憲タカ派が希望に行ってくれたので、立憲としては9条改憲反対を何のためらいもなく掲げられるようになった。それで、『どうも民進党はまざり物が多くてハッキリしないなあ。仕方がないから共産に入れるか』と思っていた広範なリベラル層が一挙に戻ってきたのだろう」

そうだとすると、立憲民主としてはジタバタする必要はなくて、枝野幸男代表が初めから公言しているように「永田町ご町内の政治はやらない」で、1、2年かけて川の濁りがおのずと収まるのを待てばいい。この日経調査でも旧民進系が「ひとつにまとまる必要はない」が61％を占めていて、有権者がこのスッキリ感を大事にしてくれるよう望んでいることが分かる。その上で、さらに原発ゼロ、辺野古再検討など旧民主ではタブーだった政策テーマに踏み込みつつ、野党選挙協力を主導していけば、ますます野党第1党としての存在感が増すのではないか。

14 「この国の行方」のカギを握る 立憲民主による野党共闘（2017年12月7日）

先週、立憲民主党の中枢幹部と懇談する機会があった。いちばん印象的だったのは、次の言葉だった。

「永田町の記者さんたちは全く分かっていなくて、朝から晩まで『バラバラになった旧民進党が早くひとつにまとまらないと安倍政権にとても太刀打ちできないだろう』という質問ばかり繰り返している。我々の感覚は正反対で、『理念や路線なんかどうでもいいから、希望と一緒になって数を増やせば政権交代が可能になる』という前原誠司前代表のいい加減さに反発して、立憲民主党を立ち上げたわけですから、いい加減なところで妥協して数だけ増やせばいいという発想はない」

これは重要なポイントで、96年9月に結成された旧民主党は、「常時駐留なき安保」とか、それなりにユニークな路線を掲げて米大使館を慌てさせたりしたのだが、1年半後の98年4月になると、羽田孜や細川護熙や中野寛成ら新進党からこぼれてきた人たちが次々に合流して、そのような路線はどこかに吹き飛んでしまった。

その後も、理念も政策もなき党勢拡張が進み、最後の完成形がかつての新進党のオーナーだった小沢一郎の民主への合流だった。そのような民主の数的な膨張に意味がなかったわけではなく、そのおかげで同党は09年に政権を取ることにもなるのだが、しかしそこに至るまでに理念・政策はどんどん薄まって、結局のところ、何のために政権を取ったのか分からなくなってしまって迷走した。そこが、前節で書いた「スッキリ感」という問題につながる。

枝野は、3日付毎日新聞の第1面のリードから第4面の全ページを費やした長大記事に取り上げられていて、その中でも「政権交代のために（野党が）一つにまとまること〔という前原的発想〕がいかに有権者に嫌われているか痛感した」と語っている。一言でいえば「量よりも質」ということである。

それで、立憲民主党は年内には綱領と基本政策を出すという。そこには、安保法制違憲、そのための閣議決定廃止はもちろん盛り込まれ、さらに原発ゼロ方針、辺野古基地建設のゼロベース見直しも盛り込まれるという。そこまで踏み込むのであれば、社民・自由・共産の各党や市民連合との共闘体制も組みやすくなる。19年春の統一地方選から夏の参院選にかけて、このような野党共闘ムードがどれほど熟してくるかが、今後のこの国の行方を決めるだろう。

15　野党共闘に消極的？　立憲民主党の枝野戦略は奏功するのか（2018年11月15日）

来夏の参院選に向けて、可能な限りの野党選挙協力を実現させて安倍政治に終止符を打ってもらいたいと願っている人は少なくないが、野党間の協議は遅々として進まない。

国民民主党の玉木雄一郎代表は、野党第1党の立憲民主党との共闘を軸に、1人区だけでなく複数区での候補者調整や、比例選の統一名簿まで含めた全面的な協力を盛んに働きかけているが、立憲の枝野幸男代表はむしろ冷ややかなように見える。

昨年秋に玉木らが小池百合子の希望の党との合流に走り、旧民進党が大分解した時の遺恨がまだ後を引いているのだろうか、と立憲のベテラン議員に問うてみた。

「それはないとは言わないが、本質はそんな感情問題ではない」と彼は断言する。というのも、民主党政権の失敗の教訓がある。旧民主党は96年の創立当初こそ理念・政策を熱心に議論したが、その後、新進党からバラけた個人やグループが次々に合流して、最後には小沢一郎まで入って来た。その過程で、確かに数は増えたけれども政策議論は薄まり、09年に政権は得たものの中身はスカスカ。そのため、野党＝自民党と官僚体制にブロックされてあえなく敗れた。

「だから枝野さんは、原発ひとつとっても政策が一致しないのに、安易に共闘することには否定的なんだろう」と彼は言う。

では、せっかく自公に3分の2議席を割らせる絶好の機会なのに、1人区の選挙協力も進めないのか？

「いや、1人区では野党統一候補の実現を徹底的に追求する。それは、与野党対決で安倍に3分の2を割らせるというこの選挙の意義を端的に示すシンボリックな意味があり、それを多くの有権者が熱烈に歓迎するだろうからだ。しかし、複数区や比例にまで協力を広げるには広範な政策の一致が必要で、そもそも何をしたい党だか分かりにくい相手と妥協して、我々の主張をあいまいにする必要はない。比例や複数区では各党が主張を鮮明にして戦ったほうが票が伸びるに決まっている」

そうはいっても、早く1人区だけでも決めたほうがいいのではないか？

「逆に、まだ半年もある。いろいろ仕込みをしていって、最終的には来春の統一地方選後にふたを開けたら、お、ここまで煮詰まっていたのか、と言われるような状況をつくりたい」

さあて、この枝野戦略で安倍政治に致命傷を負わせられるのか、もう少し見極めたい。

16 いまや存続さえ危ぶまれる社民党が生き残る道はあるか？（2019年3月14日）

立憲民主党と国民民主党の野党第1党の座をめぐる確執が続く中で、すっかり埋没して政党としての存続さえ危ぶまれているのが社会民主党である。同党の事情に詳しい古参党員に話を聞くと、夏の参院選が瀬戸際の選挙になるという。

「今や国会議員は衆院2、参院2なので、参院選で3人を当選させて計5議席を確保するか、比例の得票率が2%を超えるかしないと政党要件を失うのだが、かなり厳しい情勢だ」と表情は暗い。

「やはり、イデオロギーの時代は終わったということか」と、慰めにもならない言葉を返すと、彼は「そうには違いないが、実はいま世界は再び社会主義、社会民主主義のブームなんだ。我が党も、もうちょっと頑張って続いていけば、そのブームに乗れるかもしれないのに……」と、そこに一筋の光明を見いだしたい様子である。

それは本当で、たまたまその日の『ニューヨーク・タイムズ』では人気コラムニストのロジャー・コーエンが「社会主義と2020年の米選挙」と題して、欧州ではアングロサクソン風の自由市場至上主義への反発として社会主義がキーワードとして蘇っており、それが米国に渡って16年のバーニー・サンダースのブームを生んだが、次の20年選挙にはサンダースの後継者アレクサンドリア・オカシオ＝コルテスら若い世代の社会主義者の台頭が焦点になる、と書いている。

「21世紀の米国の選挙の争点が社会主義だなんて。何てこった。30年前にベルリンの壁とともに共産主義が崩壊し、全世界が資本主義に覆われてイデオロギー闘争は終わったはずだというのに」――。

ただし、この社会主義は、コーエンも言うように、社会民主主義（すなわち共産主義と決別した社会主義）で、経済政策でいえば、自由市場と公共部門、企業利益と社会的保護といった両極価値のバランスを重視する。だから例えば、高度福祉国家であるスウェーデンは、実は、法人税率が米国よりも低い。この辺をよく研究しないで、コルテスのように「金持ちには70％の富裕税を課せ」などという単純な旧左翼的スローガンを叫んでいるのでは、トランプに勝つのは難しいだろう。

日本の社民党も、生き残るにはそのあたりの脱皮が必要なのではないか。

17 参院選の結果が示す野党と労組の関係が激変している事実（2019年7月25日）

参院選の開票結果の中であまり注目されていないのは、野党と労組の関係に激変が起きている事実である。

周知のように、1998年の第2次民主党結成で、旧社会党系やさきがけ系を中心とした第1次民主党と、小沢一郎の新進党から分かれた旧民社党系とが大合流して以来、連合労組は一貫して「民主党（後には民進党）支持」で政治との関係を形作ってきた。

とはいえ、それはまさに呉越同舟で、官公労中心の旧総評系労組は主に旧社会党系を、民間大企業中心の旧同盟系労組は旧民社党系をそれぞれ支援し、とくに参院選比例ではそれぞれに労組幹部出身のいわゆる「組織内候補」を抱えて全国キャンペーンを張り、お互いのメンツにかけて必勝を期してきた。

ところが2017年秋の衆院選を前に勃発した前原・小池騒動で民進党が立憲民主、国民民主、無所属に3分解してしまい、しかもその騒動に連合の神津里季生会長も一役買っていたことから混乱が始まり、結局、今回の参院選では旧総評系労組が立憲民主支持、旧同盟系労組が国民民主支持と、別の党で選挙を戦うことになった。

結果は、立憲側が比例票792万を得て8人を当選させたうち、自治労、日教組、JP労組、情報労連、私鉄総連の労組候補5人を上位当選させたのに対し、国民側は348万票しか集められず、ゼンセン（繊維・流通など）、日産＝自動車総連、関西電力＝電力総連の3人を当選させたものの、東芝＝電機連合、金属機械労連などは落としてしまった。電力の代表も、常にトップ当選が当たり前だったのに今回は3番目で、危うかった。

電力と電機が比例の最上位を占めているために、民主党＝民進党はなかなか思い切って「原発ゼロ」を主張しにくいという事情がずっとつきまとっていたのだが、これで立憲民主党はスッキリしてしまい、今回の公約でそれを前面に打ち出し、共産・社民両党などとも歩調を合わせられるようになった。

他方、苦しいのが国民民主党で、野党共闘の絡みもあるので「原子力エネルギーに依存しない社会」を基本政策に掲げざるを得ない。連合はそれをやめさせれば野党連合が壊れるし、まあ目をつむって同党の比例名簿で戦うしかない。結果、どうも力が入らず、電力は入ったが東芝は落ちてしまい、原発推進圧力はこの面からも著しく弱まることになった。

さて国民民主は野党らしくなるのか、大労組におもねるのか、再生の道がそこで分かれるだろう。

18　立憲民主と国民民主の合流は「当たり前」か？　3つの疑問（2019年12月19日）

立憲民主党と国民民主党の「合流」について、マスコミでは「何をもたもたしているのか、さっさと一緒になって政権構想を打ち出さないと安倍政権に太刀打ちできないじゃないか」と、合流するのが当たり前であるかの論調が圧倒的に多いが、それは果たして本当か。

第1に、まずは両党のそれぞれが、どんな日本にしたいのかという意味での理念と基本政策をはっきりさせるべきではないか。立憲民主のほうはまだ、旧民主党以来の政策資産を何となく引き継いでいるようには見えるが、枝野幸男代表自身の言葉で改めて国民に結集を呼びかける宣言が必要だろう。一方の国民民主は、基本的には、小池百合子を首相にして政権を取りに行こうという前原誠司らのばかげた構想に思い惑った人たちという以外に何のアイデンティティーも共有しておらず、それでいて連合労組との関係で原発推進だけははっきりしているという妙な集団である。理念・政策がはっきりしない者同士がどうやって新しい党の理念・政策を擦り合わせるのか。

第2に、来年にはたぶん総選挙があるだろうから、連立政権構想は早く立てたほうがよい。しかしそれは、壮大な未来ビジョンを語るというよりも、アベノミクスはじめ安倍政治の害毒を断ち切るための緊急対策が中心となるもので、しかも共産党を含めて合意し、それに基づく強力な選挙協力体制で裏打ちされなければならない。従ってそれは、立憲・国民の合流いかんとは直接には関係がない。

第3に、それでも野党第1党は大きいほうがよいと思っている人が多いのは、「2大政党制」による政権交代こそベストだとする幻想が根強く残っているからだ。日本と同じ時期に同じような選挙制度を導入したイタリアでは、2大勢力による連立政治が当たり前で、保守側もリベラル側も複数の政党が連合して政策を掲げ、場合によっては首相候補も明示して選挙を戦い、頻繁な政権交代を実現している。日本も、巨大野党の出現を待望するより、連立政治の技法に習熟すべきではないか。

ある立憲のベテラン議員も「確かに、旧民主党は理念・政策よりもまず数の力だということで無原則に合流を受け入れて、ブヨブヨの体で政権に就いたために持ちこたえられなかった。その轍を踏みたくない」と、またも沸き起こる合流話に警戒気味である。

19　野党第1党の代表が次期首相になる可能性はあるのか（2020年2月27日）

お花見疑惑をめぐる安倍晋三首相の答弁は、いよいよ支離滅裂になってきて、久しぶりに内閣不支持率が支持率を上回りつつある。

支持率が40％ラインを割ると政権の行方にともる信号は黄色になり、やがて赤の点滅に変わる。そろそろ次はどうなるのかを予測しなければならないが、どの調査を見ても「ポスト安倍」の1位は石破茂で、以下、安倍晋三、小泉進次郎、河野太郎と続き、その下で菅義偉、枝野幸男、岸田文雄あたりが5位争いをしている。つまりは野党第1党の立憲民主党代表である枝野が次期首相となる可能性はほとんどゼロということだ。

こんなことでいいのか、やはり国民民主や社民との合流を急ぐべきではないか、と同党幹部に問うと、やや意外な答えが返ってきた。

「確かに、いまの立憲は衆参合わせて91人で、自民党の396人の4分の1しかないので、合流して大きな塊になるに越したことはない。しかし半面では、1つの党になるということは理念と政策で完全一致しなければならず、その議論には大変な時間とエネルギーが必要。それを抜きにして形ばかり一緒になって数を増やしても、ブヨブヨ体形になるだけで、政権を取ってもたちまち分解する。それが民主党政権の最大の教訓だろう」と。

そうは言っても、秋口には解散・総選挙があるかもしれない。急がないとまずいと私は思うのだが、彼はさほど焦っていない。

「理念・政策の一致にエネルギーを割くよりも、いま一緒に院内会派を組んでいる立憲、国民、社民、無所属を合計すると、衆議院で121人になる。その中で当面急いでなすべき課題で連立政権構想を掲げ、選挙協力体制をしっかりと調整して戦えば、政権交代は不可能ではない」と、この立憲の幹部は言う。

でもねえ、121議席じゃあ、なかなか政権に手が届かないだろうに。

「いや、そんなことはない。覚えてますか、2009年に民主党が政権奪取する前は、衆院で112議席しかなかった。それで政権を取りにいって、308議席を得て勝った。121がまとまれば大丈夫」と彼は言い切る。

では候補者擁立は進んでいるのか？　この立憲幹部によれば、「小選挙区289のうち立憲130、国民80、共産40、社民4で計254。ほぼすみ分けができている。小選挙区があと35空いているので、誰かいい人がいたら紹介して下さい」だと。

安倍政権を自分の手で転覆しようという意欲のある若い方、とくに女性は応募してみたらどうか。

第13章　コロナ禍でごまかしようがなくなった安倍政権の黄昏

秋の日の暮れやすいことを釣瓶落としと言うが、まさにその表現にふさわしい安倍長期政権の幕切れだった。首相個人が抱える難病が悪化したのは同情に値するけれども、それ以前にこの政権自体が世界と国民に嘘ばかりついて、それがバレても言い逃れをしたり黙りを決め込んだりしてばかりいる病的な体質で、それがコロナ禍という本物の病の襲来に遭って持ち堪えられなくなったということだろう。

ポスト安倍の政権は1年限りの「後始末」政権であり、コロナ禍を終息させるだけでなく安倍政権の数々の負の遺産をできるだけ大掃除して次の政権に明け渡すことが使命となるだろう。その上で2021年10月までに行われる総選挙が、本当の意味で「コロナ後の社会」（本章18）へと踏み出していく第一歩となる。そこでは、コロナ前に戻るという選択がない以上、より説得的なコロナ後の社会ビジョンを提示し得た勢力が勝利を収めることになるだろう。

1　逃げ回る安倍首相、国会答弁恐怖症で総理大臣が務まるか（2017年11月2日）

先週の本欄（第10章4）で、7カ月あまりも国会審議が行われないなどということが許されるのかと指摘したのが、多少は役に立ったのかもしれない。翌日のテレビ朝日『報道ステーション』が、この7カ月の空白問題を大きなパネルを使って解説したのをはじめ、あちこちから声が上がり、その結果、ようやく官邸も、11月1日召集の特別国会を首班指名だけで終わらせるのはまずいという判断に傾いた。

今のところ、首相の所信表明演説と、それへの各党代表質問、さらに予算委員会も開催して8日までの会期とする案が有力だが、しかしこれではほとんど実質的な審議はない。1日は首班指名と組閣で、2日衆院、3日参院で本会議を開いたとして、もう週末。5日にトランプ米大統領が来日して7日まで滞在し、安倍晋三首相はそれに付きっきりだから、国会には出てこない。8日は少しだけ顔を出して、それで閉会ということか。

仮にもう1週間会期を延ばしたところで、10〜11日はベトナムでAPECサミット、続いてフィリピンでASEANサミットで、早くても14日の帰国だから、やはりほとんど国会には出られない。それでも野党の質問に答えるのが嫌な安倍は、何と、議席数に応じて与野党の質問時間を配分するという、これまた前代未聞の野党封殺策に出てきた。すでに確立されている従来の慣例は、与党2割に対して野党8割で、それは単に少数意見の尊重という民主主義の基本ルールというにとどまらず、国民から直接選ばれた国会が行政権力の暴走をチェックし続けるという、それこそ立憲主義の根幹に関わる原則であって、そのような国会運営のイロハも無視してこんなことを言い出すほど、安倍は「国会答弁恐怖症」に陥っているのだろう。総理大臣が野党の質問を受けたくなくて逃げ回るというのは異常事態で、この病は治療が必要な域に達しているかもしれない。

ところで、国会と国民への説明責任を果たせないほど忙しい安倍が、5日は横田空軍基地に降り立ったトランプをそのまま霞ケ関カンツリー倶楽部に案内して、松山英樹をはべらせてゴルフに興ずるというのはいかがなものなのか。つまり、北朝鮮のミサイル危機が「国難」だというのは嘘だったことを自白しているに等しい、緊張感のカケラもないおぞましい日米首脳会談の設営で、金正恩だけでなく世界が「な～に、彼奴ら」と大笑いするのではないか。

2 「解散権制約」議論は自民党内に広がる〝安倍包囲網〟か（2017年12月14日）

10日付『毎日新聞』第2面の「自民内『解散権制約を』／改憲論議で浮上」という記事にはいささか驚いた。周知のように、憲法には総理大臣に「解散権」があるとは一言も書いていない。第69条で内閣が不信任とされた場合に10日以内に衆院を解散するか総辞職するかしなければならないと規定されていて、この場合の解散は内閣の義務であって権利ではない。

ところが他方、第7条で天皇が「内閣の助言と承認により」行う「国事行為」を列記した中に「衆議院を解散すること」と書かれているために、これを歪曲解釈して、内閣の長たる総理大臣が解散したいと思えばいつでも、そのように「助言と承認」を天皇に与えて解散することができるという前例を、第3次吉田内閣が1952年8月の「抜き打ち解散」の時に編み出した。以来、首相は好きな時に解散ができるということで「伝家の宝刀」だとか「総理の専権事項」だとかいわれてきた。解散権の制約とは、この7条の歪曲による勝手な解散をできないようにするということである。

自民党内にいったい何が起きているのか、さっそくベテラン秘書に聞いてみた。

「いま自民党内にジワジワと広がりつつある安倍晋三首相への不満というか、もっと言えば、来年9月の『安倍3選』阻止の包囲網の一環ですよ」と彼は言う。先の解散・総選挙は、「モリ・カケ疑惑」の追及から逃れたいという安倍夫妻の自己都合によるもので、結果的には民進・希望のドタバタのおかげで与党3分の2議席を再確保できたとはいうものの、それがなければ、過半数は切らなくとも、多数の同志が次々に討ち死にするのは必然だった。自民党にとって、もはや安倍は迷惑な存在となりつつあり、解散権問題も「もう彼奴に勝手な真似はさせない」という意味なのだという。しかも、総選挙をやったのに人事もいじらないというのだから、不満が鬱積するのは当然といえるだろう。

しかし、それが本当に「安倍包囲網」になっていくのか。秘書氏はこんなヒントをくれた。

「まだはっきり形になって見えていないが、こういう『空気』というのは一度動きだすと止まらないから怖いんだ。石破や岸田はもちろんのこと、河野太郎、小泉進次郎、参院幹事長の吉田博美、竹下亘、福田達夫らキーパーソンたちの選挙後の言動を注意して見ると、主流だった人が半主流・非主流へ、非主流だった人が反主流へ、ジリッ、ジリッとお尻をずらし始めたことが分かると思いますよ」と。

3　保守層もウンザリ、自民総裁選では地方票が安倍3選阻むか（2018年1月25日）

安倍晋三首相が先週、東欧訪問中の日本人記者団との懇談で、野田聖子総務相が今秋の自民党総裁選に立候補することを歓迎するかの発言をした。

前回2015年の総裁選では、野田の立候補を阻止するために官邸が先頭に立って血眼で切り崩し工作を行ったことを思えば、百八十度の転換で、「これも安倍1強が揺るがないという自信の表れなのか」と問うと、自民党中堅議員は「いや、野田が立てば、本命対抗馬の石破茂に地方票が集まり過ぎるのを防げるんじゃないかという、弱気の表れ」と言う。

ご記憶と思うが、12年の総裁選の第1回投票では石破が地方票で圧勝して第1位となり、第2位の安倍との決選投票となったが、決選投票は国会議員票だけで争われるので、安倍が108票で石破の89票を上回って当選を果たした。結局は永田町内部の権謀術策で決まってしまうというこのカラクリに対する地方の不満は強く、「実は昨年3月の党大会で安倍3選を可能にするように党則を改正する以前、14年1月の党大会で地方の党員票の比重を大きくするよう総裁選の仕組みも大きく変えたので

す」（同議員）

えっ、そんなの知らなかった。

「はい、世間では割と注目されていませんが、ひとつには、地方党員票は300だったのが、国会議員数と同じに改められた。国会議員が今、408人だから地方票も対等な408。もうひとつには、決選投票になった場合、国会議員票だけで決めるのでなく各都道府県に1票ずつ割り振られた47票と合算されることになった。これだと、12年のような場合、安倍は石破に勝てなかったかもしれません」

確かに、安倍が細田派、麻生派、二階派を固め切ればそれだけで199人で、国会議員票の半分近くには達する。しかし100万人超といわれる地方の党員の意識は、どちらかといえば一般的な世論に近いので、内閣支持率がなかなか上がらず、安倍3選や安倍流の改憲への支持を不支持が上回るという、各種世論調査に共通の安倍に対する「ウンザリ感」はかなりの程度、地方党員層にも浸透しているとみて差し支えない。

今週から通常国会が始まって、早速、モリ・カケ疑惑だけでなく、スパコン詐欺やリニア談合など、どれをとっても安倍の「お友達政治」の薄汚さが金太郎飴のように出てきて、もうウンザリという声は、保守層にもますます広がることになるのではないか。

4　薩長史観にからめ捕られた「明治150年」安倍政権の危うさ（2018年10月25日）

安倍晋三首相が23日午前に東京・憲政記念館での「明治150年記念」の政府式典に出て、その後に北京に向かい「日中平和友好条約40周年記念」の日中首脳会談に臨むというのは、歴史の皮肉な巡り合わせというほかない。

安倍政権の明治150年の迎え方の基本は、「明治の精神に学び、日本の強みを再認識することは大変重要」（内閣府ホームページ）というもので、明治以降のこの国の歩みをノーテンキなほど肯定的に捉えて、それを「日本の強み」に自信を深めるバネにしようとしている。しかし、その150年を中国はじめアジアの側から見れば、日本に侵略されてその傷跡が今なお癒えないでいる惨憺たる時代である。それを何とかしなければいけないということで日中国交が正常化されて46年、さらに平和友好条約を結んで40年も経ったのに、いまだに両国はまともな隣人関係を築くことができないでいる。

そもそも「明治の精神」とは何か。私に言わせれば、薩長中心政府の野蛮な国権主義と対外拡張主義による「大日本主義」のことである。その代表的なイデオローグである吉田松陰は「北海道を開墾し、隙に乗じてカムチャツカ、オホーツクを奪い、琉球にもよく言い聞かせて幕府に参勤させるべき。また朝鮮を攻めて古代の昔のように日本に従わせ、北は満州から南は台湾・ルソンの諸島まで一手に収め、次第次第に進取の勢を示すべき」（「幽囚録」、著作集＝講談社学術文庫所収）といっていた。

1869年北海道併合、79年琉球併合、95年台湾併合、1910年朝鮮併合……と、薩長政府はそこに書いてあることをほとんどその通りに行い、中国からさらに南進してルソン島まで攻めていって自滅した。

戦後になって日本人はその大日本主義の罪をきちんと総括して歩み始めなければならなかったが、それがどうもうまくできないのは、松陰の侵略主義の流れを引く岸信介、佐藤栄作、安倍晋三らが長く政権を支配して、薩長史観によって歴史の真実を覆い隠してきたからではないか。

明治150年が安倍の歪んだ視点にからめ捕られ、再びこの国が大日本主義の道を暴走して、中国はじめアジアに禍をもたらすきっかけとならないようにしなければならない。

5　「明治維新以来、最低」と言われる国会審議の知的衰弱ぶり（2018年12月20日）

10日に閉幕した秋の臨時国会について、元自民党参院幹事長の脇雅史が「明治維新以来、最低の国会だ」と言っている、その言い方が面白い（『サンデー毎日』12月23日号）。「政治家が自分の言葉に責任を持たなくなり、言論の府が成り立っていない」というのがその理由。今年はくしくも明治維新から150年で、明治23年の第1回議会から数えても128年目に当たるが、ここに至って「明治維新以来、最低」と言われてしまうのは、「人間、100年も経てば少しは利口になるだろう」という素朴な進歩史観が打ち砕かれるような由々しき事態である。

佐伯啓思京大名誉教授の区分法によれば、明治150年は「73＋4＋73」だという。伊藤博文、山縣有朋、桂太郎ら長州出身者主導の藩閥政治がやがて国権主義、対外侵略主義へと暴走した揚げ句に、73年目にして太平洋戦争に転がり込んで4年間の地獄を見た。戦後、もう一度やり直しで走ってきて、73年目の今年、長州の不出来な末裔の安倍晋三を頂いたこの国が再び破滅に突き進もうとしていて、その象徴が先の国会審議の知的衰弱ぶりなのである。

各社の世論調査で、軒並み内閣支持率が下落しているのも、個々の案件それぞれへの賛否というよりも、そのどれにも共通する、真面目な議論をばかにして、その場限りの言い逃れや先送りばかりを繰り返す安倍政治のおぞましさに対する、何やら底深い不快感、違和感が広がっているからではないか。

例えば、『共同通信』の調査では、外国人労働者の受け入れそのものには56・6％が賛成なのに、先の国会での入管法改正を評価しない人が65・8％もいる。改憲については、『共同通信』では安倍の言う「2020年施行」反対52・8％、賛成37・6％。『毎日新聞』では「急ぐな」61％、「急げ」22％。『読売新聞』でさえ「20年施行」に反対47％、賛成36％。バタバタしないでじっくり議論をしたらいいじゃないかというのが世論の大勢であることが分かる。

『日本経済新聞』が首相に期待する政策を複数回答させたところ、社会保障（46％）、景気回復（40％）、教育充実（30％）、財政再建（28％）、外交・安保（26％）、政治・行政改革（16％）に対し、最下位が憲法改正（10％）である。国民のほとんどが関心がない改憲を最優先テーマにしている安倍政治の矛盾が、来年爆発する。

6 秋の内閣改造は〝やる気バージョン〟か〝お疲れバージョン〟か（2019年8月22日）

安倍晋三首相は、山中湖の別荘に逗留してゴルフやバーベキューを楽しみつつも、じっくりと秋の内閣改造と党人事の構想を練っているという。そこで、旧知の自民党大物秘書に見通しを尋ねた。彼はいきなりこう言った。

「いちばん大事なのは、やる気満々バージョンなのか、お疲れ気味バージョンなのかということで、私はどうも後者なのではないかという気がしている。実際、先の参院選後、首相は周りに『疲れた』と漏らすことがあるという噂も流れているからね」

その両バージョンのどちらなのかを見分けるポイントはどこにあるのだろうか。彼はまた端的な言い方をした。

「政権の要である麻生太郎副総理兼財務相、菅義偉官房長官をポストから外すならやる気バージョン、そこに触らないのならお疲れ気味バージョンだ。その2人を松葉杖のように頼ってやってきた安倍だが、総裁任期はあと2年。もし彼が『改憲』という残された最後の旗印を掲げて、五輪後の総選挙、改憲発議、国民投票まで全力で駆け抜けようというのであれば、国民ばかりじゃなく与党内でももうウンザリと思われている2人をそのまま置いておく惰性は許されまい。松葉杖をかなぐり捨てて、スックと独り立ちして難局に突き進む『ニュー安倍』を演出して、政権をリセットし再起動しなければならない」と。

果たして安倍にそれだけのエネルギーが満ち満ちているだろうか。それに、何よりの問題は、肝心の「最後の旗印」である改憲を発議できる条件を整えるのが著しく困難になっていることだ。大物秘書氏は言う。

「だから、たぶん人事はお疲れバージョンに終わる可能性が高い。ということは、五輪後の安倍退陣もありうるとみなければならないだろうな」

その場合、世上言われているように菅に禅譲？

「まあ、岸田文雄政調会長が迷走気味だから、禅譲なら菅が有利だという人が多いが、私個人の好みで言わせてもらえば、菅は総理には向かない」

どうして？

「暗すぎる。安倍は利口じゃあないが、まあ明るいのが取りえだ。菅は反対で、利口だが暗くて、裏から手を回してライバルを葬るというようなことが平気でできる。何というか、冷血性が顔に出てしまうのが致命的な欠点だ」

というわけで、やる気かお疲れか、改憲をやるかやらないか、麻生・菅を外すか外さないか、五輪後に辞めるか辞めないかという政界双六がこれから始まる。

7　解散も改憲もできず安倍の政治的命脈が尽きようとしている（2019年11月7日）

安倍晋三首相の政治的命脈が尽きようとしていることについて、年季の入った永田町ウオッチャーたちの見方はほぼ一致している。自民党のベテラン秘書が言う。

「内閣改造から1カ月あまりのうちに2人の大臣が辞任するというのはもうすでに非常事態で、安倍が『任命責任は私にあります』と口先だけで言って謝罪もしないで済ませようというのは無理。これでもう1件何かが起きて、さらに1人……となれば内閣総辞職にならざるを得ないだろう」と。

もうひと揺れあれば船が転覆する危険水域に突入しているということか。

「『安倍1強』と誰も言わなくなった。1強というのは、安倍が頂点にいて両辺を菅義偉官房長官と二階俊博幹事長が支えているという三角形が立った状態を指すが、今はそれが寝てしまって、フラットな立場で三者三様に駆け引きをしているから、バランスが悪く、ひっくり返りやすい」と、彼は分かりやすい解説をした。

安倍は、10月前半には年内もしくは年明けの解散・総選挙をやりたくて仕方がないようなことをにおわせていたが、この思いのほか急激な行き詰まり状態を打開するために、それに懸けるという可能性はあるのかどうか、政治記者に尋ねると、即座に「ない」と言い切った。

「外的条件としては、3つの台風の被害が甚大で、まだ家にも戻れない人がたくさんいる時に、『政権浮揚』などという自己都合のためのお遊びのような解散・総選挙などやれば、国民が怒り出すでしょう。それでもやるという場合は、一応『改憲』とか言うのでしょうが、そもそも国民はそれを望んでいないどころか関心もない。内的条件としては、そもそも国会でまだ議論も始まっていないことについて何を問いかけるのか。与党の中を見ても、公明党は気乗りしないことを隠していないし、自民党の中でさえ安倍のインチキ改憲案への反発があるし、伊吹文明元衆院議長にいたっては『改憲は国会が発議するもので、首相がそれを理由に解散権を行使すること自体が違憲だ』とまで言っていて、安倍はすでに手も足も縛られた状態だ」と指摘する。

改憲もできない安倍は何のために政権を続けるのか。

前出の秘書は「もう名分がないから、なおさらもたない。来年の東京五輪が終わって、それから解散を打つとか改憲を発議するとかのエネルギーは残っていないだろうから、もったとしてもそこまでじゃないですか」と見通すのである。

8　芸能界スキャンダルで目くらましする官邸の手法は見抜かれている（2019年11月21日）

沢尻エリカの合成麻薬所持による逮捕は芸能ニュースとしてはトップ級で、11月17日付のスポーツ紙はみな大騒ぎ。『日刊スポーツ』の場合、1面と31面のほぼ全部、さらに30面の半分の合わせて2ページ半を費やす大特集だったが、同紙が面白いのは、そういう中でもけっして冷静さを失わず、さりげなく事の本質に触れて安倍政権のやり口にクギを刺していることである。30面の下の方のわずか15行ほどの小さな囲み記事に、こうある。

「沢尻エリカ容疑者の逮捕を受けて女優の東ちづるが、ツイッターを投稿。『芸能人の逮捕に、必要以上に大騒ぎしなくていいです。私たちの暮らしに支障はありません（擁護ではありません）。騒ぐべきは、政治家や特権階級の人たちが法を犯しても逮捕されてない現実にです』と主張した。タレントのラサール石井も『まただよ。政府が問題を起こし、マスコミがネタにし始めると芸能人が逮捕される。次期逮捕予定者リストがあって、誰かがゴーサイン出してるでしょ』とツイートした。安倍首相の『桜を見る会』をめぐる問題などを踏まえた発言とも受け取れる」

いやあ、東ちづるもラサール石井も鋭い。9月の内閣改造後、すでに2人の閣僚が辞任に追い込まれ、「3人目が出たら内閣は終わり」と言われている中で、何と安倍晋三首相自身が3人目になりかねない〝お花見疑惑〟が火を噴いた。こうなると、陰謀好きの菅義偉官房長官が官邸に巣くう「官邸ポリス」を使って行うことは決まっていて、とっておきの情報爆弾を投げて世間の目をくらませることである。

２０１６年には、前年の国会包囲デモに熱心に取り組んだ日教組の委員長が池袋のキャバレーのホステスと不倫関係にあることを尾行で確かめ、週刊誌に流して失脚させた。17年には加計学園問題の隠蔽に加担しない元文科次官が、新宿の出会い系バーに出入りしていることを同じ手法でつきとめて、読売新聞に書かせ、人格破壊を試みた。官邸出入りのＴＢＳ記者が準強姦罪で逮捕されそうになると、裏から手を回してそれを差し止め、逆に被害者の女性に非があるかの噂を振りまいた。

こんなことばかりやっている官邸だが、その陰険さがすでに芸能人にもすっかり見抜かれてしまっているという「裸の王様」ぶりが哀れである。

9　大勝負の「全国一斉休校」宣言が広げた安倍政権のヒビ割れ（2020年3月5日）

安倍晋三首相の唐突極まりない「全国一斉休校」宣言で安倍政権は死期を早めたというのが、永田町の政局プロたちの読み筋である。

これほどまでに社会的に大影響をもたらす指示を、閣議も開かず、関係省庁による法律的・制度的・行政的・予算的な準備作業の検討にも委ねることなく、感染症対策本部の会合でいきなり発表してしまった。そうすることが首相による強力なリーダーシップを示す演出だと思い込んでいるところに、シナリオライターである今井尚哉首相補佐官と、彼に心酔しきっている〝裸の王様〟安倍の末期的な精神状態が表れている。

自民党の中堅議員が言う。

「今回、安倍さんは盟友の麻生太郎副総理にも、政権の支柱である菅義偉官房長官にも、側近中の側近でしかも直接担当の萩生田光一文科相や加藤勝信厚労相にすら相談せずに、今井の言うことだけを聞いて暴発したようです。推測するに、今井が『誰にも漏らさずにいきなり発表する方が総理の指導力を見せつける演出になりますよ』とか、小ざかしい進言をしてこうなったのだろうが、致命的な失敗でしたね」

致命的ですか？

「私の見るところ、これで菅は安倍を見限るでしょう。安倍は必ずしもそう思っていないのかもしれないが、今井は菅が嫌いだし菅も今井は嫌いで、まあこれは陰湿タイプの側近同士のせめぎ合いということでしょう。ところでポスト安倍については、安倍はおそらく五輪後に退陣し、岸田文雄政調会長を後釜に指名して自分の影響力を残そうとしているのだろうが、菅は岸田が嫌いで、その安倍シナリオをひっくり返して、石破茂を担ぐ方が面白いと思っているようだ。この辺りがどう転がるかは、実は、二階俊博幹事長が鍵で、菅が二階と組んで石破を担ぐことになれば形勢は一気に石破に傾くでしょう」と彼は言う。

そういう、なかなかに微妙な空気が漂う中での今回の大勝負だったので、ここはもっと丁寧な党内と政権内の根回しが必要だったはずなのだが、安倍＝今井が猪突猛進して政権のヒビ割れを広げてしまった。それを「もう勝手にすれば。俺は後始末は引き受けないからね」とでもいうような冷めた表情で見ている菅の目付きが不気味である。

10　感染症に立ち向かう時に重要な政府への信頼を失った日本（2020年3月12日）

米外交問題評議会のシニアフェローで世界的な健康対策の専門家のヤンゾン・ファン教授が、感染症の大流行に立ち向かっていく場合にいちばん大事なのは「政府への信頼」だと言っている。「公衆衛生は信頼を基盤にしている。政治への信頼は社会資本であり、これが効果的な公衆衛生上の対策をとる上で極めて重要になる」と（『フォーリン・アフェアーズ・リポート』3月号）。

この観点からして、近隣で最も見事な対応を見せたのは台湾の蔡英文政権である。初動でもたついた中国で、12月30日にようやく武漢市当局が「原因不明の肺炎を発見」と公式発表するや、台湾は何とその翌日の31日に衛生福利部（厚労省に当たる）が専門家会議を開いて、最初の「注意喚起」を発した。

さらに1月16日、まだ中国もWHOも、従って日本も「ヒトからヒトへの感染はない」と言っていた段階で、台湾はそれをあり得るとする独自の判断から「法定伝染病」指定を発し、警戒レベルをシフトアップした。これは北京より4日早く、日本より12日早い。

このスピード感とともに印象的なのは、政府トップが先頭に立って戦う姿である。2月3日に武漢から台湾人247人を乗せたチャーター便が着くと、ターミナルではなく格納庫に誘導して完璧な準備で接受し、14日間1人1室の検疫・観察態勢下に置いた。その格納庫で24時間徹夜で陣頭指揮に当たったのは衛生福利部長（厚労相に当たる）の陳時中で、彼は2月4日、全員をしかるべき場所に送り出した後に記者会見し、政府のとった措置を事細かに説明して、その中で早くも感染者1人が見つかったことを報告。「残念なことだが、逆にこれで彼の命を救えると思えば……」と言ったところで肩を震わせ、言葉が出なくなってしまった。国民の方を向き、命懸けで使命を果たそうとする政治家の姿として美しかった。

こうして危機を通じて国民の「政府への信頼」はむしろ深まっていく。翻って日本はどうか。そもそも安倍政権はこの7年間、嘘つき、言い逃れ、はぐらかし、証拠隠しといったことを繰り返し、最近に至ってはカジノ汚職やお花見や検察人事などが折り重なり、通常国会が始まって間もなく1カ月が経つのに、我々は首相がつまりながら嘘の弁解をしている様子しか見たことがない。すでに「政府への信頼」という社会資本を失っている安倍が「緊急事態宣言」などを叫んでも、誰も本気にしてくれないことに、本人だけが気付いていない悲劇である。

11　会見でいい加減なことを口走る安倍首相をたしなめないのか（2020年4月2日）

安倍晋三首相が28日、記者会見を開いた。相変わらずプロンプターに映した原稿を棒読みするだけの木偶の坊のような会見だったが、それでも突っ込みどころはいくつでもある。ところが居並ぶ記者のほうも事前に用意したメモを見ながら質問したりしているので、一向に深まらない。

例えば、安倍は新型コロナウイルスとの闘いは「長期戦を覚悟していただく必要がある」と見えを切ったすぐ後に、延期した五輪を「遅くとも来年夏までに開催する」と宣言した。ここはすかさず「総理のおっしゃる〝長期〟というのは1年以内ということですね」という確認を求めなければいけない。何かムニャムニャ言ったら、「ということは1年以内にウイルス禍が収まるという見通しを持っているはずだが、その根拠は?」「開会の数カ月前には収まっていないと、選手も役員も観客も参加を決断できないはずだが、大丈夫?」と畳みかけてほしいところだ。

安倍が五輪の2年延期を最初から考慮に入れず、「1年延期」と決めたのは、そうしないと自分が首相として開会式に出られないという、まったくの自己都合のためでしかないから、なぜ2年でなく1年延期なのかの問いには、まともに答えられないはずなのだ。

「一日も早く皆さんの不安を解消できるよう、有効な治療薬やワクチンの開発を世界の英知を結集して加速してまいります」と言って、新型インフルエンザの治療薬アビガン、エボラ出血熱の治療薬レムデシビル、膵炎治療薬のフサンなど具体的な薬品名を挙げて、研究と治験を進め増産を図っていくようなことを言ったのは、1年以内にパンデミックが収まらず再延期という泥沼に転げ落ちることのないようにと願うあまりの希望的観測——今にでも薬が完成しそうな気分にさせるための印象操作だが、一国の総理がこんないい加減なことを口走ってはいけない。

現にWHOのテドロス・アダノム事務局長は、この前日の会見で「新型コロナウイルスに効果があると実証されていない治療法を使うのは見合わせてほしい。歴史上、論文や試験管では機能したが人体では実際は有害だった例がいくつもある。ワクチンの開発にはまだ少なくとも12～18カ月かかる」と警告している。

こんなことは国際常識なのだから、その場で安倍の一知半解の軽口をたしなめる記者がいて当たり前ではないのか。

12 米国が日本のコロナ対応に抱く疑念と対米盲従のギャップ（2020年4月9日）

在日米国大使館が4月3日にホームページを通じて、在日米国人に早期帰国を促したことは、本紙でも既報のとおりだが、その原文を読むと、米側が日本のコロナ禍対応に対して抱いている疑念の深さが改めて感じられる。

第1に、米大使館は「アトランタのCDC（米疾病対策センター）と連携して、東京のみならず大阪、名古屋、福岡、札幌、那覇の医療システムの能力を注意深く監視を続けており、今のところそれに信頼を寄せてはいるものの、今後数週間内にコロナ禍感染者が急増した場合にそれが機能するかどうかを予測することは困難で、その場合に、既往症を持つ米国人が従来通りの医療を受けられないだろう」と判断し、そのような米市民に帰国を促している。つまり、一言でいえば、日本の「医療崩壊」が近いと予測しているということである。

第2に、その原因として、「米欧に比べて日本の感染者数は少ないが、それは日本政府が検査を広く行わないと決定したからで、そのため感染者の割合を正確に把握することが困難になっている」と指摘している。日本の検査数が韓国やドイツと比べても10分の1とか20分の1という桁違いの少なさであることは、2月段階からさんざん指摘されていることで、安倍晋三首相は国会で「検査数を抑えていることはない」と抗弁しているけれども、米大使館は検査を増やさないのは日本政府の「決定」だと言っている。日本国民は、政府がそう決定したとは聞いていない。もし米大使館がそう聞いていたのだとしたら、政府は米国には本当のことを言って自国民には嘘をついていたことになる。逆に、米大使館が間違っているのなら、安倍は抗議し訂正させなければならない。

第3に、やや次元が別だが、米国との関係で安倍にしっかりしてもらいたいことがある。田岡俊次が『AERA』最新号で書いているように、在日米軍に関する地位協定によって米軍人・軍属とその家族はパスポート、ビザ、検疫などのチェックなしに自由に日本に出入り出来る。そのため各基地で感染者が出ていても日本側は把握できない。このとんでもない「抜け穴」について、河野太郎防衛相は「在日米軍としっかりやっているので問題ない」と逃げ、対米盲従ぶりを示している。

13 苦難の時に机上の空論ではない知恵を出せる政治家を求む（2020年4月16日）

営業自粛要請と言いながら、事実上は休業強制命令に等しい上からの圧力が加えられて、繁華街や町工場はすでに仮死状態に陥っている。

新型コロナウイルスの感染拡大を食い止めるにはそうするより仕方がないのかもしれない。しかし問題は、これが事実上の政府命令であるにもかかわらず、あくまでも民間の自粛であるという建前を維持し、あとは山本七平言うところの「空気という絶対権威のような力」が作動して全国民が従わざるを得ないように仕向けていくという仕掛けになっていることである。このカラクリによって、政府は自粛によって生じる莫大な経済的損失を補償する義務から免れることになる。

もちろん、困窮者への30万円給付制度とか中小企業への融資枠とかは設定されているけれども、いかにもお上が、下々の者どもから申し出があれば面倒を見てやらないでもないとでもいうような複雑怪奇な仕組みで、実効性は期待できない。こういう苦難の時期には、上からの机上の空論ではなく、生産や生活のいちばんボトムのところでどんなニーズがあるか、視線を下げて知恵を出すことが政治家の役目だろう。

その点で、最近感心したのは、フランスのギョーム農相の大都市での失業者に対する「農場労働に応募しませんか」という呼びかけに、なんと20万人を超える応募があり、政府が５０００人の職員を配置してその割り振りを進めているという話だ（4月11日付『日本農業新聞』）。

農業大国のフランスでは、いまアスパラガス、イチゴ、トマトなどが収穫期を迎え、また畜産業では本格的な繁殖期が迫っているけれども、今年はコロナ禍の影響で外国人の季節労働者が入国することすらできない。そこをすかさず、同農相はラジオやテレビで「閉店して仕事がなくなった美容師の皆さん、畑でのイチゴの収穫や加工場でのヨーグルト製造の仕事はどうですか」と呼びかけ、大反響を引き起こした。

これは単に、失業対策のアイデアというにとどまらない。肥大化した大都市、何もかも他者に依存することで成り立つグローバルなネット社会といったものへの警告がコロナ禍にあるとすると、世界はたぶんこの先、身の丈に合った暮らしぶりへの回帰を構想せざるを得なくなり、都市から農村へ、工業から農業へという思想の流れが生じる。この危機の最中にそういう文明論的転換を仕込む知的な大臣がいるフランスが、心底うらやましい。

14　コロナ対策の不可解、相談4万7千件も申請受理わずか214件（2020年4月23日）

共産党の小池晃書記局長は13日の記者会見で、新型コロナウイルス対策の一環として政府が打ち出した「雇用調整助成金」の特例措置について、「4月3日の時点で、相談は4万7000件に上る一方、手続きに入ったのは2859件、申請が受理されたのは214件、支給が決定されたのは2件だった」と発表した。

この助成金制度そのものは昔からあるものだが、今回の事態で休業せざるを得なくなった事業主に何とかして従業員の雇用を守ってもらおうと、条件を緩和したり、助成率をアップしたりする拡充策をとり、4月1日から6月30日を「緊急対応期間」として受け付けを始めた。最初の3日間だけで5万人近くが相談に訪れたことに、いま特に中小の経営者が陥っている苦境が表れている。

ところが実際に支給を受けられることになったのは、この中で2件だけ。もちろん、それから20日間が過ぎているので、今ではだいぶ増えているのだろうが、それでも、相談に訪れた人の1割以下が手続きに入り、そのまた1割以下が書類を受理され、そのまた1割以下がようやく支給を受けることができるといったビックリの比率は、あまり変わらないのではあるまいか。

このありさまは他でも似たようなもので、一斉休校で仕事を休まざるを得なくなった保護者に給料を払い続けた企業に日額8330円を助成する「小学校休業等対応助成金」では、3月18日から4月5日までに全国で1000件が申請され、6件の交付が認められた。同じくフリーランスで休校のため仕事ができなくなった保護者に日額4100円を支給する「小学校休業等対応支援金」では、全国で500件が申請され、6件が交付となった。

なぜこんなことになるのかといえば、そもそも役人が机上の空論でつくった制度なので人々の生活の実情にそぐわないことに加え、10枚も20枚もややこしい書類に記入して持参しても窓口で何度も突き返され、暇でやっているわけではないので、もう嫌になって手続きを諦めてしまう人が多いためだ。

それでも政府は、制度はちゃんとつくってやっているんだから、それを利用しない国民が悪いという、完全に上から見下す態度である。麻生太郎副総理の「手を挙げた人には10万円を出してやる」という発言も同じ。この政府の下では国民は不幸になるばかりである。

15　アベノマスクも10万円給付も根本は同じ小政治家の戦略不在（2020年5月14日）

大政治家はいつも最悪の事態を予測し、そこに転がり込まないようしっかりと戦略を立て、そこから逆算して当面の手だてを考えるので、今の手がダメなら次の手も、次の次の手も、繰り出すことができる。

それに対して小政治家はいつも希望的観測に頼ってその場限りを戦術的にのみ切り抜けようとするので、それがダメだった場合のプランBもCも持ち合わせず、破滅に突き進みやすい。しかも、今の手がダメだと分かっても、そもそも単なる思いつきで始めたことであることがバレてしまうのが怖くて、かえって虚勢を張って最初の案にしがみつこうとする。

安倍晋三首相はもちろん、東條英機などと同様、後者のタイプなので、彼が「第3次世界大戦」と呼ぶ新型コロナウイルスとの戦いで敗戦に行き着く公算が大きい。

その象徴が「アベノマスク」である。対策がよろず後手後手に回る中、「全戸に布マスクを2枚ずつ配れば不安はパッと消えますよ」という官邸の小役人の進言を真に受けてこれに踏み切ってはみたものの、配布開始から2週間を経た4月末までに配り終えたのは全戸のわずか3・4％だという（1日付毎日新聞）。しかも、なぜ小さな布マスクなのかの説明は今もなく、それを無理やり数を揃えようとむちゃな発注の仕方をしたので一部は衛生上の欠陥が露見して回収という体たらく。そのうちに連休明けの今ごろになると、普通のサージカルマスクがだんだん市場に出回るようになってきて、今さら布マスクが届いてもほとんどの世帯では使いようがない。完璧に間抜けな話になってしまった。

実は、「全国民に一律10万円」給付というのも、これと同じなんですね。当初の「特定困窮者に30万円」よりはだいぶマシかもしれないということで、これを批判する人は少ないが、アベノマスクと同様、手続きが面倒でなかなか全国民の手元に届かないし、届いても今さら、こんなはした金をもらっても仕方ないという人もいる。逆に、いやもらうのは涙が出るほどありがたいが、1回限り10万円をもらっても焼け石に水で、2回目はいつなんですかという人もいるかもしれない。

このように、戦略的な思考に基づいて国民を説得し同感を得てコロナ禍に立ち向かっていこうとする大政治家が不在であることが、この国の根本的な不幸の原因である。

16　思い込みを排し事実に基づいて淡々と検証することが必要だ（2020年6月11日）

米国や日本の保守系メディアでは、新型コロナウイルスの発生源である中国が対応の初期段階で情報を隠したために パンデミックが起きたとして、中国を非難する論調があふれている。

典型例を1つ挙げれば、『文藝春秋』7月号で藤原正彦が、中国が発生源となったこと自体の責任は問えないが「決定的に重要な初期の段階で、隠蔽を重ねWHOにも報告せず、パンデミック化させ、世界で数十万を殺し、世界経済を破壊してしまった責任は問われる」と書いているのがそれだ。

私も、中国の初期対応は決して褒められたものではなかったと思うけれども、それは未知の感染症に突如襲われた場合に地方と中央の政府が陥るであろう混乱やもたつきは大体そんなものだろうという程度であって、（意図的にというニュアンスを込めて）「隠蔽を重ね」たとか「WHOにも報告せず」とか断定するのはいかがなものか。

私が資料を集めた限りでは、昨年12月31日段階で正体不明の肺炎が集団発生した事実は武漢から中央を経てWHOにまで伝達され、そのためWHOは1月1日に本部・アジア地域・中国の3レベルで緊急管理事態支援チームを発足させ、5日には第1回の感染発生情報を世界に発している。9日には中国当局が患者からコロナウイルスの新種らしきものを採取、12日にその遺伝子配列情報をWHOと全世界に公開した。ここまでの経過で、中国は何の「隠蔽を重ねた」のだろうか。

もちろんこの間に、有名になった李文亮医師のネットへの書き込みが警察にとがめられた一件があったが、これも、仲間内に症状を伝え「新型SARSの再発」と述べたことが不正確な情報の拡散と判断されたようで、当局が「隠蔽」しようとしているのに勇気をもって内部告発したという話ではないようだ。

しかし、その李が発症して2月7日になって亡くなったため、ネット世論が高まり、中央が湖北省と武漢市の幹部を更迭して、李の名誉回復の手続きをとったのであって、これはむしろ中国におけるそれなりのネット民主主義の働きを示す出来事であるように思われる。

こういうことを言うと、「おまえは親中派か」と糾弾されそうだが、中国は共産党独裁だから隠蔽・抑圧をしているに決まっているという思い込みであの国を論じても、生産的なものは何もなく、事実に基づいて淡々と検証して教訓を導くことが必要ではないか。

17　独自性を打ち出した者ほど「ポスト安倍」に浮上する政局（2020年6月25日）

国会の会期末前後から、「秋に解散・総選挙か」という観測が永田町内で盛んに流れていて、出元を探るとたいていは安倍晋三首相の周辺である。典型的には、首相の盟友と呼ばれる甘利明自民党税制調査会長で、「（解散を）秋にやった方がいいと言う人もいる。秋以降、経済対策と合わせてする可能性はゼロではない」と、18日に時事通信に語っている。翌19日には、安倍が約3カ月ぶりに夜の会食を解禁し、麻生太郎副総理、菅義偉官房長官、それにこの甘利と4人で都内の料理店で2時間半も過ごしたので、「安倍はいよいよ本気か？」と緊張する議員もいる。

いよいよ何もかも行き詰まって、最後の手段で血路を開こうという賭けなのか？

自民党中堅議員に聞いた。

「逆ですよ。もう解散もできないほど行き詰まっているので、口先だけでそういう噂を振りまいて、『まだ力があるんだぞ。見くびるな！』と強がっているだけです」と、彼は言下に否定した。「だって、誰が考えても無理ですよ。国民は経済が大変で倒産・失業続出、コロナ禍だっていつ第2波が来るか、五輪はできるのかどうかというこんな時期に、誰も解散騒ぎなど望んでいない。安倍の政権延命のためだけの自己都合解散に付き合っていられない。また議員にしてみれば、このありさまの安倍を担いで当選できるとは誰も思わないでしょう」と。

ということは、安倍の下での解散・総選挙は、もうない、ということなのか。

「最近の『共同通信』の調査で、『次の首相にふさわしいのは』の問いに、石破茂がダントツの23・6％。以下、安倍14・2、河野太郎9・2、小泉進次郎8・8ときて、次が何と枝野幸男3・5、岸田文雄はそのさらに下の3・3ですよ。今年にせよ来年にせよ、岸田を事実上、後継指名して改憲への努力を継続させることを含め影響力を残そうという計画も、既に破綻した。ジタバタせずに早く辞めて石破に政権を渡せというのが国民世論で、党内もだいぶそちらに傾いてきたということだ」と、まあ彼は石破に近い立場なので当然ではあるけれども、党内感情の変化をそう解説する。

こうなると、イージス・アショア導入停止でワンマンショーを演じた河野が上位に躍り出たことが示すように、安倍を恐れずに独自性を打ち出した者ほどポスト安倍の舞台で浮上することになる。小泉もここで踏ん張って、石破、河野と共に安倍劇場の早期終演を促す側に立つべきではないか。

18　災いを転じて福となすつもりで考え直す「コロナ後の社会」（2020年7月9日）

コロナ禍のさなか、欧州では、単に以前の経済生活を早く取り戻そうというだけでなく、これを機会にむしろこれまでの暮らしぶりを見直して、新しい社会のあり方に向かって踏み出すきっかけにしようという、文明論的な機運が生じつつある。

たとえば、「グローバル化」は無条件にいいことだと信じられてきたけれども、ヒトもモノもカネも情報も、こんなにも大量かつ高速に国境を越えて移動させることが本当に必要だったのかどうか、といったことである。

日本では、政治が哲学的に貧困であることもあって、なかなかそのように問題が深まっていかないけれども、芽生えは見え始めていて、陸上イージス計画の断念後、中谷元・石破茂両元防衛相が辺野古海兵隊基地の建設を強行しつつある政府の姿勢に公然と異を唱え始めたのは、そのひとつの例であろう。

また、安倍晋三首相が〝お友達〟の葛西敬之ＪＲ東海名誉会長のために事業費の３分の１に当たる３兆円を血税から補充し国家プロジェクトとして推進している「リニア中央新幹線」が、川勝平太静岡県知事の抵抗で頓挫しかかっているのも、もうひとつの例といえる。

同県とＪＲ東海との間で直接の争いになっているのは、工事によって県民60万人以上の水源となっている大井川の枯渇の危険性の問題で、これはＪＲ東海としては「やってみなければ分からない」としか答えようがないので、解決の道は見いだせない。しかも、仮にその問題がクリアできたとしても、この計画は難問山積みで、例えば、ほとんどがトンネルであるリニアにはたくさんの非常口が設けられるが、その中でも南アルプスや中央アルプスを貫通する箇所では、仮に電磁波障害を免れ、徒歩で何キロも階段を上る脚力があったとしても、出口の外は標高１５００ｍの山の中だったりするので、冬だと雪で遭難する危険がある。

あるいは、もっと根本的なことだが、時速５００㎞のリニア同士が至近距離ですれ違った場合に電磁波に何が起きるかは、まだ技術的に検証されていないのだ。だから「実用技術〝完成〟は嘘八百」だということは、会員制情報誌『選択』２０１９年12月号などがとうに指摘していることだが、大マスコミは一切書いていない。

災いを転じて福となすつもりで、今まで当たり前と思っていたことをよく考え直してみよう。３・11の災禍に遭いながら、原発からキッパリ卒業することに失敗した愚を繰り返さないために。

19 間抜けの象徴「アベノマスク問題」今なおだらしなく進行中（２０２０年７月23日）

アベノマスクをいまさら話題にするのもうっとうしいが、依然として進行中のことなので問題点を指摘しておきたい。第１に、４月１日に安倍晋三首相が誇らしげに宣言して17日に配布が始まり、菅義偉官房長官が「６月15日におおむね完了する」としていたアベノマスクが、７月になってもまだ届かない家がある。７月７日付『朝日新聞』に載った千葉県の62歳主婦の投書によると、この人のところには６日昼を過ぎても届かない。厚労省に電話してどの部署の誰が責任者なのかを問うと「そういう部署も人もいない」と言われてあぜんとしたという。

第２に、幸いにも届いた人たちはそのマスクを使っているかを１８６３人を対象に尋ねた調査結果が、18日付朝日の週末別刷版『ｂｅ』に載っているが、驚くべきことに95％が「いいえ」。理由は、小さい、使い捨てが入手できる、無駄の象徴だから使いたくない、首相以外であまり見たことがない……などで、その4分の3の人たちは「家に置いてある」と答えている。

第3に、多くの人々が、あの小さなマスクが安倍の顔にチョコンとのっているのを見ただけで「これは役に立ちそうにないな」と直感的に判断したのは正しくて、後に環境疫学の専門家が実験したところでは、布マスクやガーゼ製のアベノマスクの「漏れ率」は１００％。つまり、空中を漂うウイルスを吸い込まずに済む確率はゼロである（7日付『朝日新聞』夕刊）。

とはいえ、自分が感染者であった場合に大きな咳やくしゃみで飛沫を周りにまき散らすのを防いだり、ウイルスが付着した手で直接鼻や口を触って感染してしまうのを防いだりすることは可能。いま普通に出回っている使い捨ての不織布マスクも、普通に着けたのでは布やガーゼと同じく漏れ率１０0％だが、正しく着けると漏れ率を80～50％程度まで下げることができる。いちばん効果的なのは、医療用の米国基準Ｎ95、日本基準ＤＳ２の高性能マスクで、正しく着ければ漏れ率１％、つまり空気中からの感染をほとんど遮断することができる。

政府がなすべきは、マスクの種類と性能についての正しい知識を広め、そのどれをどこで入手すべきかを、台湾当局のようにアプリを通じて刻々と告知して国民を安心させることであったはずだが、日本は最初から間抜けの連続で、それがまだ総括もされずにだらしなく続いている。

20　7条解散に異議「解散権」に関しては石破茂の正論に期待（2020年7月30日）

安倍内閣がよろず行き詰まりに陥る中で、政権批判のトーンを上げつつある石破茂元幹事長だが、そのテーマのひとつが「解散権」。彼は7月2日の共同通信社での講演で「7条解散は憲法論から『すべきではない』との立場。69条解散に限定すべき」との持論を改めて強調した。

前にも書いたように（第13章2）、憲法では衆議院の解散についてはっきりした規定はなく、ただ69条で、衆議院が内閣不信任案を可決（もしくは信任案を否決）した場合に内閣が取り得る方策として、国会の意思に対抗する形で解散を打つか、おとなしく総辞職するかのどちらかであると定めている。

これだと、国権の最高機関である国会が内閣に対してダメを出した時にのみ内閣が解散に踏み切ることができることになる。

ところが吉田内閣以来、安倍政権に至るまでの24回の総選挙のうち1回が任期満了、4回が内閣不信任案可決で、残りはすべて内閣の自己都合による解散・総選挙だが、そんなことをやっていいとは憲法のどこにも書かれていない。

そこで考え出された理屈が「7条解散」。天皇の国事行為を定めた同条には「天皇は、内閣の助言と承認により……（3）衆議院を解散すること」とされているので、内閣が天皇にそのように助言して承認すれば内閣が好きな時に解散を打てるというのである。これはいかにも条文の隙間をスリ抜けるような解釈だし、結果として天皇を政治目的に利用していることにもなる。それを「伝家の宝刀」とか呼んで容認しているマスコミもおかしい。

このような内閣の自由裁量による議会の解散を認めているのは世界の国々でもごく少数で、立命館大学の小堀眞裕教授によると、OECD加盟35カ国で日本、カナダ、デンマーク、ギリシャの4カ国だけ。日本と同じく議院内閣制の英国やドイツでも解散権は制約されているという（2017年9月26日付『毎日新聞』）。

この7年半を振り返っても、14年のアベノミクス解散、17年の国難突破解散のいずれも、政権の気合の入れ直しだけが目的で、国民にとっては何を選択すればいいのかわからないまま投票所に駆り出された不快な思い出でしかない。もう、こういうバカげたことを繰り返さないよう、石破の正論がまかり通ることを期待したい。

21 民主党政権にも及ばなかった「戦後最長の景気拡大」の嘘（2020年8月6日）

安倍政権が嘘ばかり言って、それがバレそうになると言い訳や言い逃れを並べ立て、それでも済まなくなると国会を閉じて総理の記者会見も開かないというのは、これまでもさんざん繰り返されてきたことなので、いまさら驚かないけれども、アベノミクスのおかげで「景気拡大が戦後最長になった」というのが嘘だったという最近の報道には、ホトホトあきれ返った。

マスコミの扱いが小さかったので見過ごした方もあるかと思うけれども、内閣府で7月30日に開かれた景気動向指数研究会（座長・吉川洋立正大学学長）で、第2次安倍政権が発足した2012年12月に始まった景気拡大は実は18年10月に山を迎えていて、それ以後はかなり厳しい後退局面に入っていたと認定が下された。

実際、内閣府ホームページが掲げた「景気動向指数の推移」という折れ線グラフを見ると、18年10月を境につるべ落としのような勢いで急降下していて、「えっ？　こんな事態を国民が1年半も知らされずに過ごしてきたのか」と絶句してしまうほどである。

勘違いしないでいただきたいが、コロナ禍による経済停滞でこうなったという話ではなく、コロナ禍が始まる1年4カ月も前に景気後退に入っていたことが、今頃になって分かったというのである。

ということは、19年1月に当時の茂木敏充経済再生担当相が自慢げに鼻をひくつかせて「戦後最長記録のいざなみ景気（02年2月～08年2月）の73カ月を上回った」と表明していたのは嘘だった、ということになる。

またその結果、この期間の経済成長率は年平均1・2％程度となり、高度成長期のいざなぎ景気（65～70年）の11・5％、バブル景気（86～91年）の5・3％を大きく下回るのは当然としても、安倍晋三首相が「悪夢」と呼んでやまない民主党政権時代（10～12年）の1・6％にも及ばないことが明らかになったということでもある。

ということはさらに、経済のこのような衰弱化ともいえる下降局面の中でコロナ禍を迎えているというダブルショックの深刻さについて、国民のほとんどは明確に認識し、覚悟を持って立ち向かっていないということである。チャラチャラと国民に嘘ばかりついて、いたずらに在任期間だけ延ばしてきた安倍政権の下では、この国はコロナ禍の国難をはねのけることは難しい。

あとがき

安倍晋三首相が辞意表明したのが8月28日の金曜日で、週が明けて火曜日から水曜日までのほんの数日のあれよあれよという間に菅義偉官房長官に後を託すという流れができてしまうというのは、私に言わせれば、自民党の強さよりも弱さの表れである。

安倍は第1次政権を「投げ出した」と批判されたことをずっと気に病んでいて、そのため今回は密かに退陣を決意した後、中3日を置いて、冬に向けてのコロナ禍およびインフルエンザの総合対策を政府として決定し最後まで責任を全うしたという形を作ってから辞意表明に臨んだ。しかしその後がこれでは、同政権の7年8カ月の功罪を振り返る機会は、国民にはもちろんのこと、自民党にとってさえも与えられず、従って安倍は何の責任も問われないままフェードアウトしていくことになる。だからこれは、政権の「投げ出し」よりももっと悪い「夜逃げ」である。

安倍が仮に、失政を批判され総選挙で大敗したとか、スキャンダルで身動きもとれなくなったとかで辞任表明したのであれば、この政権の全期間を官房長官として支えてきた菅義偉は、安倍と一緒に責任をとって真っ先に辞めているはずで、後継候補の1人に名前が上がることなどありえない。たまたま安倍の辞任理由が病気であったために、菅にもチャンスが転がり込んできたというおかしな因縁である。

とはいえ、病気辞任の場合に最も自然かつ無難なのは、麻生太郎副首相が臨時代理を務め、来年9月の時点で本格的な総裁選を実施することである。内閣法は第9条で「内閣総理大臣に事故のあるとき、又は内閣総理大臣が欠けたときは、その予め指定する国務大臣が、臨時に、内閣総理大臣の職務を行う」と定めていて、その予め指定された職務代行者を俗に副総理と呼び、それが麻生だからである。

そうならなかった最大の理由は麻生の年齢で、今年9月20日で80歳となる彼は、たとえ1年間でも臨時代理を務める体力・気力を維持するのが難しいだろうし、まして来年9月の総裁選に改めて立候補してその先も政権を続けることなどあり得ない。とすると、その総裁選は岸田文雄政調会長と石破茂元幹事長を軸とした戦いとなり、石破が勝つ可能性が出てくる。それが安倍も麻生も死ぬほど嫌なので、ここで岸田に政権を引き渡してしまうのが得策だということで一致したのだろう。

自民党の派閥は現在、大きい順に、安倍が実質的に率いる細田派98人、麻生派55人、竹下派54人、二階派47人、岸田派47人、石破派19人、石原派11人、菅派9人、無派閥41人。最大派閥の細田派と、麻生派を中心に岸田派・谷垣派の旧宏池会系の3派が手を組めば215人で、国会議員票では岸田が圧倒的に優勢になるのはもちろんのこと、地方党員票でもかなり善戦に持ち込める。

ところが安倍と麻生には不安があって、岸田がどうにも頼りなく、ここで岸田を立てても1年後に本当に石破を押さえ込めるだけの力をつけられるのかどうか怪しい。2人のその不安心理を見抜いて機敏に動いたのが、81歳になってもまだ色気満々の二階俊博幹事長である。岸田政権となれば自分が幹事長を外されることは確実。それを避けるために、無派閥の菅を二階派が担いで、それを主要派閥が支持せざるを得なくなるように仕向けるという奇策を用いて、一気に政局の主導権を握った。

しかも二階が巧みなのは、これが事実上の派閥ボス間の「密室談合」による政権作りであるにもかかわらず、その批判をかわすために総裁選を形ばかり実施することにし、さらに念の入ったことに、それで石破が多くの地方党員票を獲得して活躍することがないように、大掛かりな投票を避けて各都道府県3票ずつを割り当てる簡略方式を編み出すという芸の細かさである。

これによって二階は菅政権でも幹事長の座を確保することに成功したのはそれでいいとして、その結果として次を担うことになった菅政権というのは国民にとって一体何なのか。菅が発表した政策集を見ると、キャッチフレーズは「自助・共助・公助」という陳腐極まりないものだし、6項目の政策も要するに安倍政権時代のすべてを踏襲するというだけの気の抜けたものでしかなかった。元々この人には策略はあっても政策はないのだが、それにしてもこういう時にはもう少し気の利いたことを言えないものなのか。

コロナ禍でいままでの世の中のあり方そのものが問い直され、誰もがこれからの生き方を模索せざるを得なくなっているこの未曾有の難局にあって、指導者が国民に語ることがあるとすれば、それはこの先に一体どういう国、社会を作って行くべきかの哲学、文明論、歴史観でなければならない。本当なら、安倍政権の7年8カ月を徹底総括しながらこの国の行く末について大議論を巻き起こすべき時節だというのに、そういうことに一番縁のない人が永田町内の都合だけで首相になってしまうというのがこの国の不幸である。

とはいえ菅政権はおそらく1年限りの短命で、来年は政治的大変動の年となるだろう。その時に大事なのは、安倍政権の功罪を改めてきちんと総括して前へ進むことであるはずで、そのための素材集として本書が役立つことを願っている。（2020年9月10日記）

高野　孟（たかの・はじめ）
1944年東京生まれ。1968年早稲田大学文学部西洋哲学科卒。通信社、広告会社勤務の後、1975年からフリー・ジャーナリストに。同時にニュースレター『インサイダー』の創刊に参加。80年に㈱インサイダーを設立し、代表取締役兼編集長に就任。94年に㈱ウェブキャスターを設立、日本初のインターネットによる日英両文のオンライン週刊誌『東京万華鏡』を創刊。08年に《THE JOURNAL》に改名し、現在は千葉県鴨川市に在住しながら、半農半ジャーナリストとしてインサイダーを主コンテンツとする週刊メルマガ「高野孟のザ・ジャーナル」を発信中（講読は http://bit.ly/vmdxub から）。
主な著書に『東アジア共同体と沖縄の未来』『アウト・オブ・コントロール』『民主党の原点』（以上共著、花伝社）、『滅びゆくアメリカ帝国』『沖縄に海兵隊はいらない！』（以上、にんげん出版）、『原発ゼロ社会への道程』（書肆パンセ）等。

安倍政権時代——空疎な７年８カ月

2020年10月５日　初版第１刷発行

著者 ——高野　孟
発行者 —平田　勝
発行 ——花伝社
発売 ——共栄書房
〒101-0065　東京都千代田区西神田2-5-11出版輸送ビル2F
電話　03-3263-3813
FAX　03-3239-8272
E-mail　info@kadensha.net
URL　http://www.kadensha.net
振替 ——00140-6-59661
装幀 ——佐々木正見
印刷・製本—中央精版印刷株式会社

ISBN978-4-7634-0942-3 C0031

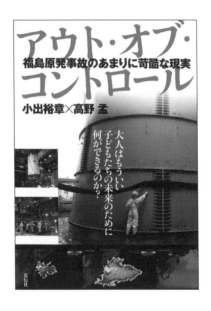